영상으로 즐기는

태국어

สนุกกับภาษาไทยจากวีดิทัศน์ไทย

영상으로 즐기는 태국어

지은이 **이정윤**

HU:iNE

책을 내면서

현대는 전지구화 시대, 초국가주의 시대입니다. 개인이 소속된 국가나 집단은 운명이 아닌 선택이 되었고, 개인의 일상적 삶은 다른 민족, 집단, 국가들로부터 많은 영향을 받고 있습니다. 이러한 상황은 우리에게 각 나라의 문화에 대해 관심을 갖게 했고, 영어 외 다양한 언어의 습득을 요구하였습니다.

그 중 하나가 태국어입니다. 태국어는 영어와 어순이 같고 성조도 있어서 처음에는 낯설게 느껴질 수 있습니다. 그렇기에 학생들이 자주 접하는 영상매체를 활용해 태국어와 태국 문화를 익히는 것은 효율적인 방법이라고 생각합니다. 영상매체를 즐기는 동안에 학생들은 언어와 문화를 자연스럽게 또는 무의식적으로 습득할 수 있기 때문입니다. 따라서 태국어 습득 과정에 있어 영화, 노래, 광고, 뉴스, 인터뷰, 다큐멘터리 등 영상매체의 활용은 점차 중요해지고 있습니다.

『영상으로 즐기는 태국어』는 다양하며 재미있는 태국의 영상물을 통해 학생들이 흥미를 갖고, 자연스럽게 태국어를 이해하고 쉽게 구사할 수 있게 구성되었습니다. 1단계에서는 '듣기', 2단계에서는 '의미 이해' 과정을 거치면서 자연스러운 번역을 할 수 있도록 했고, 3단계에서는 '자유 회화' 가 가능하도록 했습니다. 이 책의 구성 내용은 다음과 같습니다.

1. 태국 영상물에서 발췌한 스크립트를 수록하여 스크립트를 보는 동안 태국어를 자연스럽게 익히도록 하였습니다. 이때 스크립트는 태국에서 인지도가 있고 재미있는 영상물 34편을 엄선한 것입니다.
2. 영상의 스크립트에서 중요한 표현 및 핵심 단어를 빈칸으로 비워 두어 학생들이 직접 듣고 빈 칸을 채우면서 태국어 듣기 능력을 습득할 수 있도록 하였습니다.
3. 영상에서 주요 단어 및 표현을 선정하고 핵심 포인트와 의미를 정리하여, 주요 단어 활용 능력을 확장케 하였습니다.
4. 태국 음식, 관광지, 사회, 문화, 경제, 소수 민족 등과 관련된 다양한 영상을 통해 태국 현대 사회 · 문화의 트랜드를 익힐 수 있도록 하였습니다.
5. 교재에 QR Code 및 링크를 삽입하여 각 영상물의 YouTube 동영상을 직접 찾아서 듣고 따라 하면서 말하는 능력을 향상시킬 수 있도록 하였습니다.
6. 학생들이 과제로 발표했던 '영상물 스크립트 작성, 번역 및 더빙하기, 영상물 스크립트 작성 및 동영상 제작하기'의 내용과 실습 장면을 QR Code를 통해 참고하여 자율적으로 실습할 수 있도록 하였습니다. 이 실습 과정은 단순히 영상물을 듣고 따라 하는 단계를 넘어 학생들이 영상매체 통번역에 직접 참가하는 토대가 될 것입니다.

끝으로 이 책이 출판되기까지 도움을 주신 많은 분들께 감사 드립니다. 이 책을 출판할 수 있도록 기회를 주신 한국외대 이병도 교수님, 윤경원 교수님, 정환승 교수님, 신근혜 교수님, 박경은 교수님께 깊은 감사를 드립니다. 또한 쉽지 않았던 상황에서도 출판을 도와주신 한국외대 지식출판콘텐츠원과 특수외국어교육진흥원 담당자님께도 감사 드립니다. 또한 이 책의 감수와 저작권 허가를 도와준 **ลำไย แดงจันทร์**에게도 감사를 드립니다. 그리고 저의 가족 모두에게도 사랑과 고마움을 전합니다.

สารบัญ

목차

บทที่ 01

ความเข้าใจในการแปลและล่ามจากวีดิทัศน์

1장 영상매체 통번역 이해하기

บทที่ 01

ความเข้าใจในการแปลและล่ามจากวีดิทัศน์

1장 영상매체 통번역 이해하기

1. 통번역 이해하기

인류의 문명이 지금과 같이 발전할 수 있었던 것은 서로 다른 문화의 교류와 융합을 가능케 했던 통역과 번역이라는 의사소통 행위가 있었기 때문이다. 이는 무수한 역사적 사실들이 방증하고 있다. 예를 들면 고대 그리스의 철학과 과학 등이 번역되면서 그리스 문명이 서구 현대 문명의 토대가 되었고, k-Pop과 드라마에서 불고 있는 한류 열풍도 통역과 번역의 결과라 할 수 있다. 이와 같은 역사적 사실을 고려할 때 통번역은 단순한 언어 행위가 아니라 문화의 전파와 수용을 담당하는 사회문화적 행위로써 막대한 문화적 영향력과 파급력을 갖는다고 하겠다.

따라서 통번역의 사회문화적인 영향력과 기능은 세계화와 정보화로 대변되는 현대 사회에 없어서는 안 될 필수적인 요소이다. 현대인들이 매일 인터넷을 접하면서 무한한 정보와 지식들이 국경을 넘나들며 실시간으로 생산, 이동, 활용되고 있기 때문이다. 이처럼 인터넷으로 인해 세계화가 이루어지고 인터넷이 삶의 중심이 된 현대 사회에서 개인과 단체, 국가와 국가 간에 정보의 소통과 상호 의존은 점점 심화되고 있다. 만약 글로벌 시대인 현대 사회에 단 하루만이라도 통번역이 불가능해 진다면, 국가와 국가는 물론 국제기구, 다국적기업, 학교, 언론사 등 모든 공적 기관의 업무는 마비될 것이고, 개인의 일상생활도 불편해 질 것이다. 이처럼 통번역은 과거에 비해 훨씬 더 빠르게 사회문화적인 영향력과 파급력을 직접적이며 구체적으로 행사하고 있으며 미래에는 이러한 경향이 더욱 심화될 것이다.

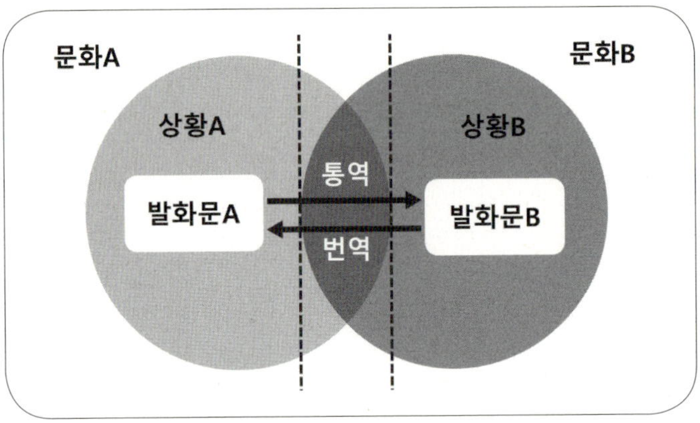

위의 그림에서 보듯이 통번역(Translation)이란 말은 통역(interpretation)과 번역(translation)의 상위개념으로, 통역과 번역이 의사소통이라는 같은 원칙에 기반을 둔 행위로 보는 입장을 드러낸다. 다시 말하면 통번역이란 서로 다른 문화 A, B 에서 비롯한 상황 A, B, 그리고 이 상황에서 일어난 발화문 A, B가 있다고 가정했을 때, 그 둘 사이에서 무엇인가를 전환하는 것을 뜻하는 것이다. 즉, 두 개의 문화와 언어 사이에 존재하는 뜻을 표현의 전환을 통해 설명하는 행위를 말한다.

일반적으로 통역이란 서로 다른 언어를 쓰는 사람들 사이에서 상대방의 말을 번역하여 그 뜻을 알게 해주는 것이다. 통역의 종류는 크게 동시통역과 순차통역으로 나뉜다. 동시통역에는 릴레이통역, 위스퍼링통역 등이 있고, 순차통역에는 수행통역이 있다.

번역이란 한 언어에 담긴 문화적 메시지를 가공하여 다른 언어로 전이하면서 메시지의 변화를 극소화하는 언어 경제적 행위이다. 번역은 크게 문학, 전문서, 신문, 기타 번역의 네 분야로 나눌 수 있으며, 기타 번역에는 브로셔, 팜플렛 등과 같은 광고 관련 번역 및 최근 주목 받고 있는 영상 매체 번역이 포함된다. 통역의 청자는 대부분 원문 청자와 동일한 공간과 시간에 존재하지만 번역문의 독자는 원문 독자와 시대적, 공간적으로 차이가 있을 수 있다.

2. 영상 번역 이해하기

특히 글로벌화와 정보화로 대변되는 현대 사회는 영상매체를 통한 정보전달의 양과 속도가 과거와 비교가 안 될 정도로 증가하였다. 결과적으로 외국 영화 및 텔레비전 광고, 뉴스, 유튜브 등의 영상 매체가 국내 시장에 미치는 영향력이 확대되면서 영상물에 대한 번역의 중요성도 날로 증대되고 있다.

영상 번역(Screen Translation)이란 시청각 정보 텍스트를 문어텍스트로 전환하는 번역 방식을 의미한다. 다시 말하면 영화, 드라마, 다큐멘터리, 토크쇼, 리얼리티쇼, 홍보 영상물 등 다양한 종류의 영상물을 번역하는 것이다. 영상물의 종류에는 인터넷, 비디오테이프, CD, DVD 등이 있다.

영상 번역은 영상에 담긴 메세지 뿐만 아니라 감동까지도 전해야 한다. 그러기 위해서는 배우의 몸짓, 목소리, 성격 등을 고려하여 생생한 말투로 번역하되 경우에 따라서는 장면에 맞추기 위해 원문 대사를 적절히 윤색해서 표현하기도 한다.

영상 번역의 종류에는 번역 모드에 따라 자막 번역(subtitle translation), 더빙 번역(dubbed translation), 보이스-오버(voice-over) 등이 있다. 이 때 더빙 번역이나 보이스-오버의 경우에는 복합 모드 텍스트를 문어텍스트로 일단 변환한 다음 다시 청각 정보로 바꾸어주는 후속 작업이 따른다.

1) 영상 번역과 자막의 개념

우리가 흔히 말하는 번역이라 함은 도서 등의 인쇄물 형태로 출간되는 번역, 즉 출판번역을 일컫는다. 출판번역은 주로 한 언어로 이루어진 문자 텍스트를 다른 언어의 문자 텍스트로 전환시키는 작업으로, '언어 간 번역'에 해당한다. 이에 반해 영상번역은 '언어 간 번역'과 '기호 간 번역'이 혼합된 형태라 볼 수 있다. 영상물은 단일 경로의 의미전달체계로 구성된 출판물과 달리 복합 경로의 의미전달체계를 지니고 있기 때문이다. 즉, 영상물은 스크린의 이미지가 제공하는 시각 정보 경로와 배우들의 음성이나 음색, 음조 또는 배경음악 등 소리를 통한 청각 정보 경로, 대본을 통한 문자 텍스트 경로가 혼재되어 있는 반면에 출판물은 문자를 매개로 하는 단일 경로로 구성되어 있는 것이다. 따라서 출판번역은 내용과 문체에만 초점을 맞추면 되지만, 영상번역에서는 동작, 소리, 몸짓, 사물, 색상 등 비언어적 정보도 발화의 내용만큼 중요하므로 간과되어서는 안 된다. 이때 영상매체의 메시지와 감동을 전달하는 번역은 주로 자막(subtitle)을 통해 전달한다. 자막은 스크린 상에 뜨는 문자를 말하며, 영상 번역에 있어서 정보 전달이라는 중요한 역할을 담당한다.

2) 자막, 더빙, 보이스-오버의 특성

영상 번역에는 자막 번역, 더빙 번역, 그리고 보이스-오버 등 크게 세 가지로 분류된다. 자막, 더빙, 보이스-오버 각각의 특성과 차이점에 대해 살펴보자.

(1) 자막

① 발화, 글로 된 텍스트, 영상, 음향 등 다양한 종류의 기호를 원문으로 한다.
② 발화 원문의 음향, 영상 등 비언어적인 기호를 번역문으로 전환하는 것이다.
③ 공간적 · 시간적인 제약을 받으므로 간결해야 한다.
④ 흥행성, 대중성이 짙어 시각적인 것에 신경써야 한다.
⑤ 번역 과정은 다음과 같다.

번역 → 번역 감수, 수정 작업 → 심의 → 자막 편집 → 최종 검수 → 방영/출시

(2) 더빙

① 발화 중인 화자의 입 모양에 맞춰 번역문을 성우의 음성으로 덧씌우는 작업을 말한다.

② 발화 원문의 기호를 발화 번역문으로 전환한다.

③ 번역문을 발음하는 성우와 원문 배우의 입 모양이 최대한 일치되어야 하는 동시성(synchronism)이 강조된다.

④ 대사의 리듬에 신경을 쓰면서 군더더기 없이 압축해야 한다.

⑤ 더빙 과정은 다음과 같다.

번역 → 번역 감수, 수정 작업 → 심의 → 성우캐스팅 → 대본 → 시사 → 더빙 → 믹싱 → 자막편집 → 최종검수 → 방송/출시

(3) 보이스- 오버(VO)

① 원문 발화 음향을 최소로 하고 그 위에 번역문 발화를 덮어씌우는 작업으로 VO라고 줄여서 표시하기도 한다.

② 화면 밖에 있는 사람의 목소리로 다큐멘터리 진술자, 영화에 등장하는 내레이터, 배우의 생각을 엿들을 때, 편지를 읽을 때, 건물이나 차 안과 밖에서 대화하는 인물의 목소리를 들려줄 때 등에 사용한다.

③ 보이스 오버는 발화자의 음성을 완전히 배제하지 않은 상태에서 그 위에 새로 녹음한 내레이터의 목소리를 입힌다.

④ 자막처럼 원문 발화를 관객이 어느 정도 들을 수 있다는 점에서 자막과 더빙의 특징을 지니고 있는 중간 형태라고 할 수 있다.

3. 영상매체 번역 시 유의할 점

1) 완벽한 번역을 위해 우리말 사용에 주의할 점

(1) 우리말을 바르고 매끄럽게 구사해야 한다.

① 상황에 맞는 적절한 단어를 사용해야 한다. 한국어에는 다른 나라에 없는 표현들이 많이 있다. 예를 들면 '노랗다'는 말에는 노랗다, 노르스름하다, 노리끼리하다, 누렇다, 샛노랗다, 누르스름하다와 같은 유사한 표현이 많이 있다. 이와 같이 풍부한 우리말을 상황에 따라 시의적절하게 사용할 수 있어야 한다.

② 맞춤법과 띄어쓰기를 정확하게 해야 한다. 우리말은 다른 외국어와 달리 동음이의어(同音異義語)가 상당히 많은 편이다. 따라서 이를 순간적으로 혼동하거나 잘못 쓰게 되면 시청자들이 혼란에 빠질 수 있으므로 주의해야 한다.

③ 시청자들이 자막을 읽었을 때 어색하지 않고 자연스럽게 표현해야 한다. 외국어를 우리말로 번역했을 때 직역한 느낌이 나는 말투를 '번역투'라고 한다. 번역투가 틀린 것은 아니지만 어색하게 느껴지는 번역이다. 그러므로 영상 번역을 할 때에는 번역투의 느낌이 나지 않고 자연스럽게 표현할 수 있도록 해야 한다.

(2) 작품을 잘 이해하여 상황의 맥락을 정확히 알아야 한다.

① 신조어, 사라지는 단어 등 대중의 언어 습관을 잘 파악해야 한다.

② 출발어와 도착어를 잘 이해해서 출발어의 심층적 의미까지 파악할 수 있어야 한다. 그러기 위해서는 텍스트를 생산한 출발어의 문화에 대해 잘 알아야 한다. 그러려면 항상 변화하는 문화 트렌드에 관심을 가지고 다양한 매체를 통해 문화의 경향에 대해 읽거나 들어야 한다.

뿐만 아니라 영상에 나오는 화자의 사회적 지위에 따른 다양한 언어를 이해해야 한다. 예를 들면 왕실어(คำราชาศัพท์), 존댓말(ภาษาสุภาพ), 공식어(ภาษาที่เป็นทางการ), 독백(ภาษากันเอง), 비즈니스 용어(ภาษาปากระดับตลาด) 등 다양한 언어의 차이점을 이해하고 자막으로 상황에 맞게 표현할 수 있어야 한다.

③ 생략되는 단어들도 이해해야 한다. 예를 들면 **มหาวิทยาลัย**를 **มหาลัย**로, **นักศึกษา**를 **นักษา**로, **พิษณุโลก**을 **พิษโลก**으로 생략될 수 있는데 이와 같은 단어의 생략에 대해서도 완벽히 이해하고 있어야 한다.

(3) 영상매체를 번역할 때에는 매체의 특징에 따라 주의해야 한다.

① 연극의 대본은 연기를 위한 문학작품이며 주로 담화문이나 발화문으로 구성되어 있다. 연극의 자막은 연극의 스토리를 전개하는 데 있어서 매우 중요하므로 시청자가 자막을 확실히 파악하여 극의 전개를 이해할 수 있도록 해야 한다. 따라서 연극의 자막은 명확하면서 간결하게 번역해야 한다.

② 영화는 등장 인물이 빠른 장면 전환에 맞추어 발화하는 것이 특징이다. 따라서 영상과 자막의 내용이 일치하도록 번역하는 것이 중요하다. 어떤 경우에는 발화와 동작이 동시에 일어나기도 하므로 연기자의 행동과 동시에 스크린에 자막이 생성되도록 해야 한다.

③ 뉴스는 발화가 많이 발생하므로 자막을 말하는 내용 그대로 번역한다면, 자막 소비자인 시청자 입장에서는 상당히 부담스러울 수가 있다. 따라서 가독성에 따른 시간에 맞추어 단어 수를 조정하며 번역하고, 아나운서의 입과 자막이 일치하도록 해야 한다. 또한 소리, 자막, 영상이 시간상 불일치하지 않도록 주의해야 하며 영상과 자막은 동시에 끝나도록 해야 한다.

2) 영상매체 번역 시 알아야 할 제약

(1) 시간적 제약

① 우리나라의 경우 1행은 대략 빈칸 포함 13자이다.

② 극장용 영화는 우측 세로쓰기를 하므로 1행 10자이다.

③ 또한 자막이 원문 발화보다 시간적으로 앞서서는 안 된다.

④ 가독성을 위해 자막 사이의 간격도 일정 시간 이상 유지해야 한다.

⑤ 뜻이 함축적인 어려운 단어를 사용해서는 안된다.

(2) 공간적 제약

① 자막이 위치하는 곳은 스크린 하단이라는 한정된 물리적 평면이다.

② 자막은 줄 수와 자수에 제한을 받는다.
한글자막의 경우 극장용 영화는 글자간 간격을 제외하고 한 줄 8자, 비디오용 영화는 한 줄 13자, 두 줄을 넘지 못한다.

③ 일반적으로 마침표가 없는데 이것도 역시 공간 절약을 위한 기법이다.

④ 자막 글자는 일정 크기 이상이 되어야 하고 문장의 길이는 이해 가능한 범위로 제한되어야 한다.

⑤ 영상번역은 자막이 전달해야 하는 메시지의 양을 극소화하여 가능한 자막을 짧게 만드는 것이 중요하다.

(3) 가독성

① 독자가 글을 얼마나 쉽게 읽을 수 있는지를 나타내는 정도를 의미한다.

② 글로 된 텍스트 또는 기타 기호를 사용함에 있어서 수신자 입장에서 가장 이해하기 쉬운 기호를 사용하려는 속성을 갖는다.

③ 영상 번역에서 가독성이 낮으면 관객들이 읽기를 포기하는 경향이 있으므로 가독성은 매우 중요하다.

④ 앞에서 언급한 시간적, 공간적 제약이 가독성의 한계와 함께 작용하므로 이를 해결하기 위해서는 자막의 양적 축소 현상이 발생한다.

3) 자막의 양적 축소

자막번역에서는 여러 가지 제약으로 인해 목표 텍스트를 간결하게 표현하고자 하는 현상, 즉 축소번역이 발생한다. 자막의 양적 축소는 3단계로 구분된다. 첫째, 단어 층위에서의 축소, 둘째, 문장 층위에서의 축소, 셋째, 텍스트 층위에서의 축소이다.

(1) 단어 층위에서의 축소

원문의 특정 단어가 번역문에서 보다 적은 수의 음절과 글자 수로 이루어진 어휘로 바뀌는 것을 의미한다.

원문　　เธอเป็นผู้หญิงธรรมดาๆคนหนึ่ง

번역문　그녀는 평범한 여성이다.

'**ผู้หญิง**'과 '**คนหนึ่ง**'이 같은 대상을 지칭하고 있으므로 번역문에서는 모두 '여성'으로 번역했다.

(2) 문장 층위에서의 축소

번역문 문장이 전체적으로 원문보다 단어 수나 음절 수가 줄어든 것이다. 영상 번역은 장면 단위로 자막이 제시되기 때문에 자막의 양적 축소가 빈번하게 나타나지만 문장 전체가 생략되는 경우는 드물다.

원문　　แต่รอยยิ้มที่เธอมีให้จูน มันทำให้เธอเป็นผู้หญิงที่สวยมากสำหรับผม

번역문　하지만 준에게 미소 지을 때 누구보다도 아름답다고 생각한다.

'รอยยิ้มที่เธอมีให้จูน'을 '준에게 미소 지을 때'로, **'มันทำให้เธอเป็นผู้หญิงที่สวยมากสำหรับผม'**을 '누구보다도 아름답다고 생각한다'로 번역하여 전체적으로 원문보다 번역문이 양적으로 축소되었다.

(3) 텍스트 층위에서의 축소

문장 내에서 구성 요소들을 연결하는 다양한 기제에 대한 축소를 의미한다. 모든 언어는 나름대로의 방법으로 텍스트의 요소들을 연결하는 다양한 기제들을 갖고 있다. 인칭대명사, 지시대명사가 그 예이다. 한국어는 화자와 청자를 지칭할 때 대명사 대신에 명사구가 흔히 사용되며, 2인칭의 경우 언어의 경제성 내지는 한국어 특유의 상황 의존적 경향에 의해, 상대를 구체적으로 지칭하기 보다는 생략되는 경우가 많다. 반면 태국어는 화자와 청자를 지칭할 때 명사구뿐만 아니라 대명사도 빈번히 사용되며, 한국어와 달리 어떤 경우에서나 반드시 주어를 표시해준다.

원문　　เธอชื่อเจน เป็นนักศึกษาปีที่4
번역문　젠은 대학교 4학년이다.

한국어의 경우 청자와 화자 간에 **'เธอ'**가 누군지를 암묵적으로 알고 있다면 그에 해당하는 대명사로 번역하면 어색하다. 따라서 예문에서 '그녀'가 '젠'이라는 것을 다른 부분에서 알 수 있다면 **'เธอ'**는 번역하지 않는 것이 더 자연스럽다.

원문　　เจน เขาบอกว่าแม่กับลูก 2 คน
번역문　젠, 엄마랑 아기 그림이래.

한국어는 대명사가 생략되거나 대명사보다는 특정 명사구의 반복이 더 선호된다. 하지만 태국어는 대명사의 반복이 빈번하게 나타난다. 따라서 태국어를 번역할 때에는 한국어의 특성에 맞게 대명사를 생략하고 자연스럽게 번역해 주는 것이 좋다. '**เขาบอกว่า**'는 영상을 통해 상황을 알 수 있으므로 생략하고 번역하는 것이 자연스럽다.

4. 영상매체 번역 기법과 주요 전략

1) 영상매체 번역 기법

영상매체 번역은 시 · 공간적 제약으로 인해 글자 수의 한계가 있다. 따라서 다양한 번역 기법을 구사해 간결하게 번역하는 것이 시청자의 가독성을 높일 수 있는 방법이다. 영상 번역 기법에는 함의 번역, 일반화, 구체화, 대체가 있다.

(1) 함의 번역

원문과 번역문의 특징을 인지하고 '상황 맥락'에 따라 그 의미를 결정하여 번역하는 것을 의미한다.

원문　　ให้คนอื่นเขามองเราไม่ดี ยังดีกว่ามองจูนไม่ดีปะ
번역문　다른 사람들이 나를 욕하는 게 준을 욕하는 것보다 나아.

원문의 '다른 사람들이 나를 좋지 않게 보다'가 번역문에서 '다른 사람들이 나를 욕하다'로 함의 번역되었다. 또한 원문에서는 의문문인 반면, 번역문은 이를 평서문으로 바꾸었다. 이처럼 영상 번역에서는 문장을 보다 간결하고 자연스럽게 만들기 위해 함의 번역을 한다.

(2) 일반화

원문의 어휘에 해당하는 적당한 번역문의 어휘를 찾을 수 없을 때 보다 상위의 의미를 지닌 단어로 대체하는 것을 말한다. 예를 들면 **อาม่า** 는 태국에서 화인들이 친할머니를 부를 때 사용하는 단어이다. 하지만 한국에서는 이와 같은 의미를 지닌 단어가 없으므로 보다 상위 단어인 '할머니'라는 단어로 대체할 수 있다.

(3) 구체화

원문의 어휘를 보다 구체적인 단어로 바꾸는 것이다.

원문　　เรื่องจูน
번역문　준이 너의 아이가 아니라는 것 말이야.

원문에서는 '준의 이야기'라고 표현하고 있지만 번역문에서는 '너의 아이가 아니라는 것'으로 구체화되었다. 즉 영상에서는 말하지 않은 화자의 메시지가 번역문에서 구체화됨으로써 관객들의 이해를 돕고 있다.

(4) 대체

원문과 같은 의미를 전달하기 위해 비슷한 의미를 가진 유의어 범주의 단어 중에서 선택하여 표현하는 것이다.

원문　　บางคนก็บอกว่าเธอมีลูกกับเสี่ย
번역문　어떤 사람은 재벌 2세의 자식을 낳았다고 한다.

'**เสี่ย**'는 '화교인 부자의 아들'을 의미한다. 이 단어와 같은 의미를 전달하기 위해 비슷한 의미의 단어인 '재벌 2세'라고 번역하는 것이 더 이해하기 쉽다.

2) 영상매체 번역 주요 전략

01 시간적, 공간적 제약으로 인해 가독성을 높여 쉽게 이해되도록 함	**02** 한글 자막 끝에 마침표는 절대 하지 않으며 느낌표, 물음표 자제	**03** 대사가 바로 이어질 때는 자막 앞에 줄표(-) 표시
04 자막 한 줄에 13-15자 내외, 두 줄까지 가능	**05** 이름, 지명, 간판명, 음식명 등은 가능한 원문의 발음대로 살림	**06** 자막 완성 후 영상을 보며 대사 스파팅이 잘 되었는지 검토
07 지나친 속어, 비속어 사용 주의	**08** 인물의 특징, 신분, 나이 등을 고려하며 화법의 스타일 결정	**09** // 표시는 새로운 자막(화면)으로 들어간다는 표시

(1) 영상매체 번역은 시간적, 공간적 제약이 있기 때문에 시청자들의 가독성을 높여야 한다.

① 자막의 로딩타임을 고려한다. 자막이 화면에 떠 있는 로딩타임을 충분히 고려하여 시청자가 자막을 읽고 이해할 수 있도록 한다.

② 13-15자 한 줄 자막을 기준으로는 2초 정도를, 30자 두 줄 자막이라면 4초 정도의 로딩타임을 고려해야 한다.

③ 자막의 싱크를 정확히 맞춰야 한다. 즉 소리와 자막이 동일한 시간에 나타나도록 싱크를 잘 맞춰야 한다. 자막이 화면 속의 인물의 말보다 늦거나 빨리 뜨면 시청자는 심리적으로 불편함을 느끼기 때문이다.

④ 화면 속 인물의 말이 끝나면, 자막도 거기에 맞춰 사라지도록 해야 한다.

(2) 한글 자막 끝에 마침표(.)나 쉼표(,)를 사용하지 않으며 느낌표(!), 물음표(?)도 자제하는 것이 좋다.

① 굳이 마침표나 쉼표를 사용하지 않아도, 글이 끝나거나 다음으로 연결된다는 것을 알 수 있기 때문이다.

② 자막은 글자 수 제한이 있으므로 마침표나 쉼표를 사용하면 불필요한 공간을 차지하게 되며 시각적으로도 좋아 보이지 않기 때문이다.

③ 느낌표(!)나 물음표(?)와 같은 문장 부호도 가급적이면 사용을 자제한다. 자막은 우리가 입으로 전달하는 말을 번역하는 것이므로 굳이 문장 부호를 쓸 필요가 없다(문자로 말을 전달하다 보니 뉘앙스까지 전달하는 데 한계가 있으므로 느낌표(!), 물음표(?) 등이 필요한 경우도 간혹 있을 수 있다).

(3) 두 명의 대화가 바로 이어질 경우에는 줄표(-)를 사용해 구분한다.

① 한 화면에서 두 사람이 대화를 나눌 때, 두 사람의 말을 한꺼번에 한 화면의 자막에 두 줄로 처리해야 할 때가 있다. 이런 경우, 두 사람의 말을 구분하지 않으면 한 사람의 말인지 두 사람의 말인지 분간할 수가 없다. 따라서 줄표(-)를 사용하여 각 사람의 말을 구분한다.

(4) 자막 한 줄에 공백 포함 13-15자 이내로 한다.

① 자막은 한 줄 또는 두 줄로 만든다. 자막이 들어가는 공간으로 인해 화면의 일부가 가려진다는 단점을 극복해야 하기 때문이다.

② 자막 한 줄에 13-15자, 두 줄이면 약 30자까지 가능하다.

③ 한글은 띄어쓰기에 유의해서 번역해야 하기 때문에 띄어쓰기를 잘못하는 것은 물론 띄어쓰기를 임의로 해서도 안 된다.

(5) 이름, 지명, 간판명, 음식명 등은 가능한 원문의 발음을 그대로 살린다.

① 한국에서 많이 사용하여 이미 굳어진 외래어는 관용상 예외로 한다.

② 관용이 된 외래어 표기법은 국립국어원 홈페이지(http://www.korean.go.kr)에 공지되어 있다. 예를 들면 **เกาะภูเก็ต**은 푸껫섬, **เขาสาน** 카오산, **อุทยานแห่งชาติเขาใหญ่** 카오야이 국립공원, **ห้วยขวาง** 후아이쾅, **นครราชสีมา** 나콘라차시마, **ดอนเมือง** 돈므앙, **เชียงราย** 치앙라이, **เชียงใหม่** 치앙마이 등으로 표시한다.

(6) 자막 완성 후 영상을 다시 보며 대사 스파팅(spotting)이 잘 되었는지 검토한다.

① 대사 스파팅이란 배우들이 호흡하는 것에 맞춰 문장을 나누는 것이다.

② 호흡을 나누었을 경우에는 대본만 보고 나누는 것이 아니라 영상을 틀어놓고 배우의 목소리를 들으면서 나눠야 한다. 같은 문장이라도 배우가 말하는 속도에 따라 스파팅이 달라질 수 있기 때문이다.

(7) 지나친 속어, 비속어의 사용을 주의한다.

방송통신심의위원회는 2015년에 다음과 같은 방송언어 기본 지침을 제시하였다.

- 욕설이나 비속어 등은 자막으로 방송해서는 안되며, 정보 제공이나 의미 전달을 위해 꼭 필요한 경우가 있더라도 사용에 신중을 기해야 한다.
- 대사 중 노골적인 욕설이나 직접적인 성애 표현은 의미 전달이 가능한 수준에서 순화하여 표기해야 한다.

① 속어, 비속어는 원칙적으로 사용해서는 안 된다.

② 노골적인 욕설이나 비속어 등이 대사에 나오더라도 그대로 자막 처리를 해서는 안되고, 어느 정도 "순화"해야 한다. 일반적인 상영을 목적으로 한

영상물인 경우 다양한 연령층의 시청자가 시청할 수 있기 때문에 지나친 속어, 비속어의 사용이 문제가 될 수 있다.

(8) 인물의 특징, 신분, 나이 등을 고려하여 화법의 스타일을 결정한다.

① 한국 사회에서 존댓말은 일상 언어생활에서 큰 부분을 차지한다. 나이가 많은 사람, 처음 보는 사람, 직장 상사 등에게는 일반적으로 존댓말을 쓰고, 친한 친구, 자녀, 직장에서 아래 직원에게는 평어 또는 하대를 해도 괜찮다고 여긴다. 따라서 영상 번역을 할 때에는 사람들간의 상하관계를 면밀히 따져서 누가 누구에게 존댓말을 하고, 하대를 해도 되는 지를 구분해야 한다.

(9) //표시는 새로운 자막(화면)으로 들어간다는 표시임을 숙지한다.

บทที่ 02

ความเข้าใจในการแปลและล่ามจากวีดิทัศน์ไทย

2장 태국어 영상매체 통번역 이해하기

บทที่ 02

ความเข้าใจในการแปลและล่ามจากวีดิทัศน์ไทย

2장 태국어 영상매체 통번역 이해하기

1. 현대의 통번역

การแปลและการล่ามในปัจจุบัน คือการถ่ายทอดข้อความจากภาษาหนึ่งไปยังอีกภาษาหนึ่งโดยรักษารูปแบบ คุณค่า และความหมายในข้อความเดิมไว้อย่างครบถ้วน รวมทั้งความหมายแฝงซึ่งได้แก่ความหมายทางวัฒนธรรม ปรัชญา ความคิด ความรู้สึก ฯลฯ ลักษณะของงานแปลมีการแปลทางกฎหมาย การแปลทางธุรกิจการค้า การแปลทางด้านการแพทย์และเภสัชกรรม การแปลด้านวิทยาศาสตร์และเทคโนโลยี การแปลวรรณกรรม(บทละคร, บทภาพยนตร์การ์ตูน, บทบันเทิง) และการแปลเอกสารการประชุมระหว่างชาติและการสัมมนาระหว่างชาติ เป็นต้น

현대의 통번역이란 하나의 언어에서 다른 하나의 언어로 내용을 전달하는 것으로 이전 언어의 형식, 가치, 의미 및 문화, 철학, 사고방식, 느낌 등 내포되어 있는 의미를 간직하면서 다른 언어로 전환하는 것이다. 번역의 종류에는 법률,

비즈니스, 의료와 약품, 과학기술, 문학(드라마, 영화, 만화, 오락), 국제회의 및 세미나 번역 등이 있다.

2. 대화문 통번역

การแปลและการล่ามบทสนทนา คือบทสนทนาหรือถ้อยคำโต้ตอบกันของผู้พูดใช้ภาษาพูดหลายระดับแตกต่างกันตามสถานภาพทางสังคมของผู้พูด ตั้งแต่คำราชาศัพท์ ภาษาสุภาพ ภาษาที่เป็นทางการ ภาษากันเอง และภาษาปากระดับตลาด ซึ่งเต็มไปด้วยคำสแลง คำสบถ คำที่ถูกตัดให้สั้นลง และอื่นๆ ที่ใช้กันตามความเป็นจริง ถ้าผู้แปลไม่คุ้นกับภาษาพูดระดับต่างๆ ก็อาจจะเข้าใจผิดได้

ภาษาพูดมักจะตัดเสียงคำให้สั้นลง หรือตัดเสียงพยางค์กลาง เช่น มหาวิทยาลัย พูดว่า มหาลัย นักศึกษา พูดว่า นักษา, พิษณุโลก พูดว่า พิษโลก แปลให้เป็นธรรมชาติสอดคล้องกับฐานะของผู้พูด สอดคล้องกับระดับภาษาที่ใช้ในโอกาสนั้น รักษาความหมายโดยนัยไว้ให้ครบถ้วน

대화문 통번역은 발화문 또는 대화문으로 화자의 상황에 따라 다양한 층위의 언어가 사용된다. 왕실어, 존댓말, 공식어, 독백, 비즈니스 용어 등이다. 현실적으로 사용되는 슬랭, 욕설, 줄임말 등도 포함된다. 따라서 번역가가 이런 말에 익숙해지지 않으면 잘못 번역하기 쉽다.

발화문은 줄여서 말하거나 중간을 생략하고 말하기도 한다. 예를 들면 **มหาวิทยาลัย**는 **มหาลัย**로, **นักศึกษา**는 **นักษา**로, **พิษณุโลก**은 **พิษโลก**로 줄여서 말한다. 함축된 의미를 자연스럽게 전달하기 위해서는 화자의 지위에 맞게, 말하는 상황에 맞게 번역해야 한다.

3. 통번역의 기본적 문제점

ปัญหาพื้นฐานของการแปลและการล่ามคือปัญหาทางด้านภาษา วัฒนธรรม และความรู้รอบตัว ปัญหาทางด้านภาษาผู้แปลต้องฝึกฝนการแปลให้คล่องแคล่วอยู่เสมอ ตามให้ทันความเปลี่ยนแปลงทางภาษาที่เกิดใหม่บ้างหรือตายไปเพราะเสื่อมความนิยมบ้าง ถ้าต้องการเป็นนักแปลและการล่ามถ่ายทอดระหว่างภาษาไทยกับภาษาเกาหลีก็ต้องฝึกฝนความรู้ทั้งสองภาษาอยู่เสมอ จนมีความรู้และความเข้าใจ ทั้งสองภาษา

ปัญหาทางด้านวัฒนธรรม ผู้แปลต้องศึกษาให้เข้าใจวัฒนธรรมของเจ้าของภาษาและภาษาที่ใช้แปลมาอย่างถ่องแท้จนสามารถเทียบเคียงกันได้ วัฒนธรรมจะทิ้งร่องรอยไว้กับถ้อยคำสำนวนทางภาษาและภาษาก็เป็นบันทึกของวัฒนธรรมในอดีตของภาษา

ปัญหาทางด้านความรู้รอบตัว ผู้แปลต้องทำตัวให้ทันสมัยอยู่เสมอ ประกอบกับการอ่านการฟังมาก ฯลฯ

통번역에서 기본적으로 문제가 되는 것은 단어, 문화, 주변 상식 등 때문이다. 번역가에 있어서 단어 상의 문제점에 대한 해결책은 숙련이 될때까지 항상 연습을 하는 것이다. 또한 신조어나 유행이 사라져 소멸되는 단어 등을 인식하고 있어야 한다. 한국 사람이 태국어 통번역가가 되기 위해서는 두 언어에 대한 지식을 쌓아 각 언어에 대해 잘 활용할 수 있어야 한다.

문화의 문제점에 대한 해결책은 출발어의 맥락을 잘 이해해서 도착어로 표현할 수 있어야 하는 것이다. 문화는 단어에 흔적을 남기고 언어는 문화의 기록이기 때문이다.

주변 상식과 관련된 문제점에 대한 해결책은 트렌드에 민감하기 위해 항상 읽고 들어야 하는 것이다.

4. 영상 번역 기법

1) 연극 대본 번역 기법

บทละครคือวรรณกรรมการแสดง ส่วนใหญ่เป็นบทเจรจาหรือพูด ซึ่งตัวละครบนเวทีจะต้องเปล่งเสียงอย่างชัดเจนเพื่อให้ผู้ฟังเข้าใจอย่างแจ่มแจ้ง และติดตามเรื่องราวได้ถูกต้อง บทพูดเป็นสิ่งสำคัญของการดำเนินเนื้อเรื่องให้ต่อเนื่องกัน การเขียนบทละครที่ดี บทพูดจะไม่ยืดยาว และจะประกอบด้วยถ้อยคำที่กะทัดรัดชัดเจน

연극 대본은 연기를 위한 문학 작품이다. 대본 번역은 대부분 담화문이나 발화문으로 구성되며 연기자들이 대본을 명확하게 전달하여 관객들이 스토리 전개를 잘 따라올 수 있게 해야 한다. 발화문은 스토리 전개에 매우 중요하므로 간결하고 명확해야 좋은 번역이라 할 수 있다.

2) 영화 대본 번역 기법

บทภาพยนตร์เป็นข้อเขียนที่มีจุดประสงค์นำไปแสดง และพูดตามการสับเปลี่ยนฉากที่รวดเร็ว เพื่อความฉับไวโดยรักษาความต่อเนื่องของภาพและเนื่อเรื่องไว้ให้มีเอกภาพ นอกจากนี้มีความเคลื่อนไหวเร็วมาก บางทีพูดไปเคลื่อนไหวไป มีผลต่อการแปลบทซึ่งต้องแปลให้รวดเร็ว และทันกับบทบาทของการแสดง

영화 대본은 연기를 위한 것이므로 번역의 발화문은 빠른 장면 전환에 맞추어 영상과 자막이 일치해야 한다. 그 외에 번역시 동작도 표현해야 하는데 발화와 동작이 동시에 일어날 경우 자막과 연기자의 동작도 동시에 일치하도록 신경 써야 한다.

3) 뉴스 번역 기법

ผู้แปลต้องรักษาจำนวนคำให้พอดีกับเวลา ถ้าแปลคำพูดก็ต้องสอดคล้องกับการขยับปากของผู้พูดด้วย ระวังมิให้เสียงจังหวะทำให้คำแปลกับภาพไม่ตรงกัน และไม่สัมพันธ์กัน ภาพและคำแปลควรจบลงพร้อมกัน

번역가는 시간에 맞게 단어 수를 조절해야 한다. 또한 아나운서의 입과 일치하도록 번역해야 한다. 소리와 자막, 영상이 일치하지 않거나 연결성이 떨어지는 경우를 주의해야 한다. 영상과 자막은 동시에 끝나야 한다.

5. 태국어 영상 번역의 기술

1) 태국어 영상 번역을 할 때의 순서

01	02	03
태국어 대본 확인	영상물 확인	대사 스파팅 작업
04	05	06
스파딩 된 대본을 보며 자막 번역	번역된 대본을 보며 영상과 대조	오자, 탈자, 맞춤법, 띄어쓰기 점검

우선 태국어로 된 영상 대본에 오류가 없는지 확인한다. 그리고 영상물이 문제가 없는지 확인한다. 그 후에는 대본을 보고 영상을 들으면서 대사 스파팅 작업을 한다. 이 작업을 통해 영상에서 배우들이 중간 중간에 호흡을 하는 것에 맞춰 태국어 문장을 나누어 준다. 그 다음에는 스파팅 된 대본을 보면서 태국

어 자막을 한글로 번역한다. 번역을 마친 후 번역된 대본이 영상과 일치하는지 다시 한번 확인한다. 마지막으로 번역된 대본에 오자, 탈자가 없는지 확인하고 맞춤법과 띄어쓰기를 점검한다.

영상 번역을 할 때에는 유행어나 속어의 남발을 자제해야 한다. 두 사람의 짧은 대화가 바로 이어질 때에는 한 화면에 같이 표현해 주어야 한다. 왜냐하면 두 등장인물의 대사가 짧고 빠르게 이어질 때, 순차적으로 대사를 자막처리하면 시청자들이 그 자막을 전부 읽을 시간이 부족하기 때문이다. 대사는 가급적 의역을 통해 간결하게 축약해준다. 그 이유는 의역을 하여 실제 우리가 쓰는 표현으로 번역해 주는 것이 시청자들이 훨씬 더 자연스럽게 느끼기 때문이다. 태국식 단위는 한국식으로 바꿔주고 맞춤법과 띄어쓰기에도 유의하여야 한다.

2) 태국어 영상 번역을 할 때 문법적으로 주의해야 할 점

(1) 대명사

태국어에서는 대명사의 적절한 사용이 중요하지만 한국어에서는 대명사의 사용이 필수적이지 않다. 따라서 태국어 원문을 한국어로 번역할 때에는 대명사를 생략하거나 그에 해당하는 구체적인 명사로 바꾸어 준다.

원문 คนอื่นเขาจะมองเจนไม่ดี
번역문 다른 사람들이 젠을 욕하잖아.

원문에서 대명사 '**เขา**'를 생략하여 번역하였다.

(2) 품사 전환

태국어와 한국어 사이에 동일한 품사나 대응되는 단어가 있더라도 다른 품사나 단어가 사용될 수 있다. 매끄럽지 못하고 어색한 번역은 원문의 품사에 얽매어 있는 경우가 많다. 태국어 원문의 형용사를 서술어로 번역하거나 부사로 번역하는 것이 더 자연스러울 수 있다.

원문　　รอยยิ้มที่เธอมีให้จูน
번역문　준에게 미소 지을 때

'**รอยยิ้ม**'은 품사가 명사이지만 '미소 짓다'라는 동사로 번역하였다.

(3) 주어와 목적어

태국어와는 달리 한국어는 주어와 목적어가 생략되는 경우가 많다.

원문　　หนูรักแม่
번역문　엄마, 사랑해

원문을 직역하면 '나는 엄마를 사랑해'이지만 '엄마, 사랑해'로 주어를 생략해도 영상을 통해 상황이 이해가 되므로 이를 생략하여 번역하였다.

(4) 수사

태국어 원문의 수사를 한국어로 직역하면 어색하다.

원문　　เธอเป็นผู้หญิงธรรมดา ๆ คนหนึ่ง
번역문　젠은 평범한 여성이다.

원문　　แม่กับลูกด้วย 2 คน
번역문　엄마와 아기가 있다.

(5) '~것' 사용 자제

태국어를 한국어로 번역할 때 '~하는 것' 이라고 번역하면 어색할 수 있다.

원문 ให้คนอื่นเขามองเราไม่ดี ยังดีกว่ามองจูนไม่ดี

번역문 다른 사람들이 나를 욕하는 게 준을 욕하는 것보다 나아.

(6) 태국어는 영어의 어순과 비슷하므로 문장 뒤에서부터 번역하는 것이 자연스럽다.

원문 คนเค้านินทากันว่าเธอมีลูกตั้งแต่อายุ 18

번역문 사람들은 젠이 18세에 임신했다고 수근거린다.

(7) 명사어의 동사 전환

태국어 원문에서 명사는 동사로 전환하여 번역하면 자연스럽다.

원문 เพราะไม่ใช่เรื่องง่ายกับการที่เราจะนัดเจอกับเจ้าของฟาร์ม

번역문 농장 주인과 약속해서 만나기가 쉽지 않기 때문이다.

6. 태국어 번역 연습

1) 시제

(1) ฉันกำลังพูดอยู่

나는 말하는 중이다.

(2) ฉันเรียนอยู่ในมหาวิทยาลัยได้สองปีแล้ว

나는 대학교에서 2년간 공부했다.

(3) เด็กๆ ถูกไฟครอกตายในร้านที่ไฟไหม้

가게에서 불이 나 어린이들이 죽었다.

(4) เขาก่อร่างสร้างตัว แต่งงานกับนักข่าววัย 24 เมื่ออายุ 47 ปี

47세에 정착한 그는 24세인 리포터와 결혼했다.

2) 수동태

(1) เขาถูกจับข้อหาปล้น

그들은 강도 혐의로 구속되었다.

(2) เขาถูกพิพากษาจำคุกตลอดชีวิต

그는 종신형을 선고 받았다.

(3) เขาได้รับเลือกเข้าสู่รัฐสภา

그는 국회의원에 당선되었다.

(4) แขกได้รับการต้อนรับอย่างดี

그 고객은 따뜻한 환영을 받았다.

(5) รายชื่อผู้ชนะการแข่งขันจะประกาศทางหน้าหนังสือพิมพ์

대회의 수상자는 신문에 실릴 것이다.

(6) เชื่อกันว่าประเทศไทยจะสามารถเป็นเจ้าภาพกีฬาโอลิมปิกในอีกไม่กี่ปีข้างหน้า

태국은 몇년 안에 올림픽 주체국이 될 것이라고 믿는다.

(7) กล่าวกันว่าเขาจะได้เลื่อนตำแหน่ง

사람들은 그가 승진될 것이라고 말한다.

3) 수식어

(1) คุณแม่ให้เงินฉันใช้จ่ายรายเดือน

우리 어머니는 나에게 매달 용돈을 주신다.

(2) เขาได้รับปริญญาโทเมื่อปีที่แล้ว

그는 작년에 석사 학위를 받았다.

(3) ทะเลสาบที่งามพร้อมรายรอบด้วยวัชพืช

수초에 둘러 싸인 아름다운 호수

(4) ชาวประมงชราผู้เปล่าเปลี่ยวที่ยากจนมากคนหนึ่ง

매우 가난하고 외로운 늙은 어부

(5) เมื่อคืนนี้ ที่ศาลาว่าการจังหวัด เขาแสดงดนตรีได้ไพเราะมาก

그는 어제 저녁에 시청 강당에서 아름다운 콘서트를 열었다.

4) 대명사

(1) เป็นการยากที่จะกล่าวคำว่ารัก

사랑이라고 말하는 것은 어렵다.

(2) คนเราไม่ควรหงุดหงิดกับเรื่องโง่ ๆ

사람들은 어리석은 것들에 화를 내서는 안 된다.

(3) ฉันจะซื้อสีแดง

나는 빨간 것을 사겠다.

5) 부호

(1) คุณรู้จักเขาไหม?

그를 아니?

(2) อาทิตย์ตกที่นี่สวยปานนี้เชียวหรือ?

여기 석양이 아름답지?

(3) ช่างเป็นการแข่งขันที่ยอดเยี่ยมอะไรเช่นนี้!

정말 훌륭한 경기였어!

(4) เขาช่างงี่เง่าอะไรเช่นนี้!

정말 어리석구나!

6) 문장

(1) เจนรู้สึกเหนื่อย แต่เธอก็ออกไปทำงาน

제인은 피곤했지만 일을 하러 갔다.

(2) ผมอารมณ์ไม่ค่อยดีนัก ดังนั้นผมจึงไม่พูดกับใคร

나는 기분이 별로 좋지 않아서 누구와도 얘기하지 않았다.

(3) รีบหน่อย มิฉะนั้นเราจะไม่ทันรถเมล์

서두르지 않으면 버스를 놓칠 거야.

(4) ทั้งรัฐบาลและประชาชนตกอยู่ในความลำบาก

정부도 국민들도 위기에 처할 것이다.

(5) ฉันดีใจที่เขาดีขึ้น

그가 좋아지고 있다고 하니 나도 기쁘다.

(6) คุณควรจะคุยกับเด็กสาวคนนั้น เพื่อว่าเธอจะได้ไม่รู้สึกเหมือนถูกทอดทิ้ง

그녀가 버려졌다는 생각이 들지 않도록 가서 얘기를 나누어야 한다.

(7) แจ็คเรียนหนักเพราะต้องการสอบได้เกรดเอ

잭은 A 학점을 받기 위해 열심히 공부했다.

(8) ขโมยวิ่งหนี เมื่อเจอกับตำรวจ

도둑은 경찰과 마주치자 서둘러 도망갔다.

(9) เจนซึ่งอารมณ์เสียง่าย และอยู่บ้านหลังถัดไปนี้อาจจะย้ายไปที่อื่น

옆집에 사는 다혈질인 제인은 아마 이사를 갈 것이다.

참고자료

김형옥 외. 1998. 영화보다 재미있는 영화번역 이야기. 서울: 신론사.

박명수 2016. 영상번역 입문. 서울: 신아사.

이은숙. 2001. 번역의 기술. 서울: 동인.

장민호. 2008. 번역과 자막. 서울: 한국문화사.

정재영. 2008. 자막과 더빙 번역 비교 연구: 애니메이션을 중심으로. 숙명여자 대학교 석사학위 논문.

สุพรรณี ปิ่นมณี. 2012. แปลได้ แปลดี. กรุงเทพ ฯ: สำนักพิมพ์แห่งจุฬาลงกรณ์มหาวิทยาลัย.

สิทธา พินิจภูวดล. 2004. คู่มือนักแปลอาชีพ. กรุงเทพ ฯ: นานมีบุ๊กส์พับลิเคชั่นส์.

มณีรัตน์ สวัสดิวัตน์. 2005. การแปล: หลักการและการวิเคราะห์. กรุงเทพ ฯ: สำนักพิมพ์แห่งจุฬาลงกรณ์มหาวิทยาลัย.

บทที่ 03

การโฆษณา

3장 광고

บทที่ 03

การโฆษณา

3장 광고

ความลับของเจน

젠의 비밀

대학교 4학년인 젠. 그녀가 키우는 어린 딸, 준에 대해 사람들은 뒤에서 수근거린다. 하지만 젠은 이를 알면서도 준의 출생을 숨기고 싶어한다. 과연 젠의 비밀은 무엇일까?

https://www.youtube.com/watch?v=YeAjOimUHOU

แบบทดสอบก่อนเรียน

เจน　พุท จูน จูน

จูน　แม่

พุท　เธอชื่อเจน

　　เธอเป็นคนเก็บตัว ไม่สุงสิงกับใคร

　　พอถึงเวลาเลิกเรียน

เจน　จูน

จูน　แม่

พุท　คนเค้านินทากันว่า

　　บางคนก็บอกว่า

เจน　รับสอนเด็กหรือเปล่า

พุท　เจน เขาบอกว่าวาดแม่กับลูกด้วย 2 คน

(ตอนที่อาบน้ำ)

เจน　สะอาดยัง

จูน　จะเข้าหู จะเข้าหู

พุท　เธอเป็นผู้หญิงธรรมดา ๆ คนหนึ่ง

　　แต่รอยยิ้มที่เธอมีให้จูน

พุท　เจน ทำไมเธอไม่บอกความจริงทุกคนไปเลย

เจน

พุท　เรื่องจูน

เจน ก็ไม่เห็นต้องบอกป่ะ จะบอกมั้ยอ่ะ?

พุท

พุท คนอื่นเขาจะมองเจนไม่ดี

เจน

จูน หนูรักแม่นะ

คำศัพท์หรือประโยคที่น่าสนใจ

คนเก็บตัว	내성적인 사람
สุงสิง	사귀다 교제하다
มักจะ	항상 늘 빈번히 자주
นินทา	비난하다 험담하다
เสี่ย	화교이면서 부자인 사람의 아들
โดดเด่น	뛰어나다

เนื้อหาและการแปล

เจน พุท จูน จูน

จูน แม่

พุท เธอชื่อเจน เป็นนักศึกษาปีที่ 4

เธอเป็นคนเก็บตัว ไม่สุงสิงกับใคร

พอถึงเวลาเลิกเรียน เธอก็มักจะรีบกลับบ้านเร็วเสมอ

เจน จูน

จูน แม่

พุท คนเค้านินทากันว่า เธอมีลูกตั้งแต่อายุ 18

บางคนก็บอกว่าเธอมีลูกกับเสี่ย

젠 풋! 준! 준!

준 엄마!

풋 젠은 대학 4학년이다.

젠은 내성적이라 친구가 별로 없다.

매일 젠은 수업이 끝나면 항상 집으로 간다.

젠 준!

준 엄마!

풋 어떤 사람은 젠이 18살에 임신했다고 수근거리고

또 어떤 사람은 준이 재벌 2세의 숨겨진 자식이라고 비난한다.

เจน รับสอนเด็กหรือเปล่า

พุท เจน เขาบอกว่าวาดแม่กับลูกด้วย 2 คน

젠 애들 가르치지?

풋 젠, 엄마랑 아기 그림이래.

(ตอนที่อาบน้ำ)

เจน สะอาดยัง

จูน จะเข้าหู จะเข้าหู

(목욕 중)

젠 깨끗해졌니?

준 귀에 물이 들어가잖아. 물 들어가.

พุท เธอเป็นผู้หญิงธรรมดา ๆ คนหนึ่ง ไม่ใช่คนสวย ไม่ได้โดดเด่นอะไร แต่รอยยิ้มที่เธอมีให้จูน มันทำให้เธอเป็นผู้หญิงที่สวยมากสำหรับผม

풋 젠은 예쁘지도 돋보이지도 않는 평범한 여성이다.
하지만 준에게 미소 지을 때는 그 누구보다도 아름답다.

พุท เจน ทำไมเธอไม่บอกความจริงทุกคนไปเลย

เจน ความจริงเรื่องอะไร

พุท เรื่องจูน

เจน ก็ไม่เห็นต้องบอกป่ะ จะบอกมั้ยอ่ะ?

พุท คนอื่นเค้ามองเจนไม่ดีนะ

풋 젠, 왜 사람들에게 사실대로 말하지 않지?

젠 무슨 사실?

풋 준에 대해서 말야.

젠 말할 필요가 뭐가 있어? 말하려고?

풋 다른 사람들이 젠을 욕하잖아.

พุท คนอื่นเขาจะมองเจนไม่ดี

เจน ให้คนอื่นเขามองเราไม่ดี ยังดีกว่ามองจูนไม่ดีปะ

จูน หนูรักแม่นะ

풋 다른 사람들이 젠을 욕하잖아.

젠 나를 다른 사람들이 욕하는 게
준을 욕하는 것보다 나아.

준 엄마 사랑해.

ทางเลือกของแม่

엄마의 선택

에는 오랜 노력 끝에 아기를 가질 수 있게 되었지만 암에 걸린 것을 알게 된다. 에는 아기를 포기하고 항암치료를 받을 것인지 아기를 선택하고 암세포와 싸울 것인지를 결정해야 한다.

https://www.youtube.com/watch?v=YeAjOimUHOU

แบบทดสอบก่อนเรียน ✔

ภรรยาของผม เธอชื่อเอ๋

หลังจาก ______ ในที่สุดเราก็กำลังจะ ______ สักที

หมอ หมอรู้ว่าเป็นเรื่องที่ ______ นะครับ

แต่ก็อยากให้คุณพ่อคุณแม่รีบตัดสินใจเลย

6 เดือนต่อมา

หมอ ______ ครับ

นางพยาบาล 103/71 ค่ะ ______ คะ

ความดันต่ำค่ะ อาจารย์

หมอ หยดน้ำเกลือครับ เตรียมเลือดให้ผมด้วยครับ

ไม่มีใครรู้จัก ______ ดีเท่าผม

วันนั้นที่โรงพยาบาล หมอบอกกับเราว่าเอ๋เป็นมะเร็ง

เธอมีทางเลือก 2 ทาง ทางแรกเธอมีโอกาสหาย ______

แต่อาจจะมีผลต่อลูกในท้อง ซึ่งหมายความว่า ลูกเราอาจ ______

กับอีกทางหนึ่ง ให้เธอเก็บเด็กไว้ เพื่อให้เด็กได้ออกมาดูโลก ______

แต่เธออาจจะ ______ โดยที่ไม่ได้รับการรักษา

เอ๋ มา แม่ต่อให้

คำศัพท์หรือประโยคที่น่าสนใจ

มีลูก	임신하다
ทำใจลำบาก	마음 먹기 어렵다
ความดัน	(의학)혈압
หยดน้ำเกลือ	(의학)생리식염수
ความแข็งแกร่ง	참을성, 견고함, 확고함
มะเร็ง	(의학)암
ทางเลือก	선택
เคมีบำบัด	(의학)항암화학요법, 화학치료
พิการ	기형의
แท้ง	유산하다, 임신중절하다, 낙태하다
อย่างสมบูรณ์	완벽하게, 완전하게, 풍부하게, 건강하게
ต่อสู้	투쟁하다
เนื้อร้าย	(의학)악성종양, 암적 존재
ต่อให้	연결해주다

เนื้อหาและการแปล

ภรรยาของผม เธอชื่อเอ๋

หลังจากพยายามกันมาหลายปี ในที่สุดเราก็กำลังจะมีลูกสักที

내 아내의 이름은 에이다.
오랜 노력 끝에 우리는 아이를 가질 수 있었다.

หมอ หมอรู้ว่าเป็นเรื่องที่ทำใจลำบากนะครับ แต่ก็อยากให้คุณพ่อคุณแม่รีบตัดสินใจเลย

의사 마음 먹기 쉬운 일이 아니란 걸 압니다. 하지만 부모님이 빨리 결정을 하셔야 합니다.

6 เดือนต่อมา
6개월 후

หมอ ความดันครับ

นางพยาบาล 103/71 ค่ะ หยดน้ำเกลือไหมคะ ความดันต่ำค่ะ อาจารย์

หมอ หยดน้ำเกลือครับ เตรียมเลือดให้ผมด้วยครับ

의사 혈압은?
간호사 103/71입니다. 생리식염수를 투여할까요? 혈압이 낮습니다. 선생님.
의사 투여하세요. 혈액도 준비하세요.

ไม่มีใครรู้จักความแข็งแกร่งของผู้หญิงคนนี้ดีเท่าผม

วันนั้นที่โรงพยาบาล หมอบอกกับเราว่าเอ๋เป็นมะเร็ง

에의 참을성에 대해 나만큼 아는 이는 없을 것이다.
그 날 병원에서 의사선생님은 에가 암이라고 했다.

เธอมีทางเลือก 2 ทาง ทางแรกเธอมีโอกาสหาย ถ้ารักษาด้วยเคมีบำบัด แต่อาจจะมีผลต่อลูกในท้อง ซึ่งหมายความว่า ลูกเราอาจจะต้องพิการหรือแท้ง กับอีกทางหนึ่ง ให้เธอเก็บเด็กไว้ เพื่อให้เด็กได้ออกมาดูโลกอย่างสมบูรณ์ แต่เธออาจจะต้องต่อสู้กับเนื้อร้ายนี้ โดยที่ไม่ได้รับการรักษา

에에게는 두 가지 선택이 있었다. 첫 번째는 항암치료를 하면 병은 낫겠지만 뱃속의 아기한테는 영향을 줘서 기형아가 되거나 낙태를 해야 할지도 모른다. 두 번째는 아기가 건강하게 태어나게 하기 위해서 항암치료 없이 악성 종양과 싸워야 한다

เอ๋ มา แม่ต่อให้

에 어서 와 엄마가 침대를 만들어 줄게.

ลูกน้องที่หายไป

사라진 직원

엄은 일을 잘하고 자신감이 넘치는 여성이다. 하지만 엄은 어느 날부터 회사에 나오지 않다가 결국 사표를 제출하게 된다. 사장은 그녀가 몰래 고아원에서 일하고 있다는 것을 알게 되고 그녀에게 후원금을 전달한다.

https://www.youtube.com/watch?v=YeAjOimUHOU

แบบทดสอบก่อนเรียน

หัวหน้า คุณ อ๋อม

เธอชื่ออ๋อม เธอมัก และกลับหลัง 3 ทุ่มเสมอ เธอเป็น

อ๋อม ตัวเลขคุณผิดนะ ขึ้นมาพบฉันหน่อย

ทำงานเก่ง และบางครั้งก็เหวี่ยงวีนเพื่อนร่วมงาน ด้วยความที่เธอทำงานไม่ขาดตกบกพร่อง เธอจึง ทุกวันศุกร์ ผมไม่แน่ใจว่าเธอไปไหน เพราะเธอไม่เคยบอกใคร หลายคนบอกว่า แล้ววันหนึ่ง เธอก็หายไปจากออฟฟิศโดยที่วันนั้นไม่ใช่วันศุกร์ มีคนมาบอกผมว่าเธอไปกับเด็กหนุ่มคนนั้น

เลขาฯ หัวหน้าคะ ติดต่อคุณอ๋อมไม่ได้ค่ะ

อ๋อม อ๋อมขอลาออกค่ะ

หัวหน้า คุณอาจไม่เหมาะกับบริษัทนี้ก็ได้

ถึงคุณ อุรชา จดหมายฉบับนี้ไม่ใช่จดหมาย แต่คือจดหมายที่ทางเราอยากจะแสดงความขอบคุณที่ช่วยงานในบริษัทเราเป็นอย่างดีมาโดยตลอด ในฐานะบริษัท เราขอขอบคุณมาก นอกจากนั้นผมอยากจะขอขอบคุณในฐานะเพื่อนมนุษย์ด้วยกัน ถึงความเสียสละของคุณ คุณอาจมีเหตุผลบางอย่างที่ไม่บอกเราในสิ่งที่คุณ

ทำ แต่ตอนนี้ผมรู้แล้วว่าความเสียสละของคุณมีค่าต่อพวกเขามากแค่ไหน นอกจากเป็นเงินชดเชยจากทางบริษัทแล้ว ทางบริษัทยังเรี่ยไรเงินจากพนักงานเพื่อนำมาให้คุณได้ใช้ดูแลเด็กๆเหล่านี้ต่อไป ขอบคุณครับธนัส

เด็ก พี่อ๋อม เอ้ย! ครูครับ หลอดไฟข้างบนมันแตกครับ

อ๋อม จ้ะ เดี๋ยวพรุ่งนี้ครูไปเปลี่ยนให้

เด็ก ครับผม

คำศัพท์หรือประโยคที่น่าสนใจ

อธิบาย	설명하다, 해석하다; 서술; 표현; 의의, 가치; 목적
ออฟฟิศ	= office, 사무실
มั่นใจในตัวเอง	자신이 있는
ตัวเลข	숫자, 번호
เหวี่ยงวีน	못마땅하거나 마음에 들지 않은 행동을 취하다
ยุ่ง	혼란하다, 무질서하다, 몹시 혼잡하다, 바쁘다; 실이나 모발 따위가 엉클어지다
ขาดตกบกพร่อง	완전하지 않다, 결점이 있다, 흠이 있다
ข้อตกลง	결의, 협의, 협정
เลี้ยง	돌보아주다, 양육하다, 기르다; 접대하다, 대접하다, 한턱 내다; (꽃을)기르다, 재배하다

หนุ่ม	젊은 남자, 청년
ติดต่อ	연락하다; 교섭하다; 전염하다; 연속하다
ลาออก	사직하다, 퇴직하다, 자퇴하다
ตักเตือน	권고하다, 일깨우다, 충고하다
ต่อว่า	책망하다, 탓하다, 문책하다
แต่อย่างใด	조금도…않다
แสดงความขอบคุณ	고마움을 표하다, 치사하다, 치하하다
เป็นอย่างดี	매우, 잘
โดยตลอด	시종, 항상
เสียสละ	희생하다
เหตุผล	이유, 인과
เงินชดเชย	보상금
เรี่ยไร	모금하며 돌아다니다, 기부금 등을 간청하다
หลอดไฟ	전구, 전등, 램프
แตก	깨지다, 부서지다, 파열하다, 폭발하다; (담판・회의가)결렬하다, (관계를)끊다, 결별하다

เนื้อหาและการแปล

หัวหน้า คุณมีอะไรจะอธิบายมั้ย อ๋อม

사장 엄씨, 저에게 설명할 일이 있지요?

เธอชื่ออ๋อม เธอมักมาเป็นคนแรกของออฟฟิศ และกลับหลัง 3 ทุ่มเสมอ เธอเป็นคนมั่นใจในตัวเอง

그녀의 이름은 엄이다. 그녀는 사무실에 가장 일찍 출근한다. 그리고 저녁 9시가 넘어서야 퇴근한다. 그녀는 자신감이 충만한 사람이다.

อ๋อม ตัวเลขคุณผิดนะ ขึ้นมาพบฉันหน่อย

엄 숫자를 잘못 썼어요. 이리 와 봐요.

ทำงานเก่ง และบางครั้งก็เหวี่ยงวีนเพื่อนร่วมงาน จนไม่มีใครอยากจะยุ่งด้วย ด้วยความที่เธอทำงานไม่ขาดตกบกพร่อง เธอจึงขอข้อตกลงที่จะไม่เข้ามาทำงานทุกวันศุกร์ ผมไม่แน่ใจว่าเธอไปไหน เพราะเธอไม่เคยบอกใคร หลายคนบอกว่าเธอเลี้ยงเด็กหนุ่มเอาไว้ แล้ววันหนึ่ง เธอก็หายไปจากออฟฟิศโดยที่วันนั้นไม่ใช่วันศุกร์ มีคนมาบอกผมว่าเธอไปกับเด็กหนุ่มคนนั้น อ๋อมหายจากออฟฟิศไปหลายวัน

그녀는 일을 잘하기는 하지만 가끔 동료들에게 까칠하게 굴어 결국 동료 누구도 그녀와 친하게 지내고 싶어하지 않았다. 그녀는 자신의 업무를 완벽하게 하고 나서는 금요일에 휴무를 요구하였다. 나는 그녀가 어디를 가는지 잘 알지 못했다. 그녀가 누구에게도 말하지 않았기 때문이다. 많은 이들이 그녀가 어린 남자를 사귄다고 했다. 그리고 어느 날 그녀는 금요일이 아닌 날에 사무실에 오지 않았다. 사람들이 나에게 와서 그녀가 그 어린 남자와 가버렸다고 했다. 엄은 며칠 동안이나 사무실에 나타나지 않았다.

เลขาฯ หัวหน้าคะ ติดต่อคุณอ๋อมไม่ได้ค่ะ

비서 사장님, 엄씨와 연락이 되지 않아요.

อ๋อม อ๋อมขอลาออกค่ะ

엄 회사를 그만두겠습니다.

หัวหน้า คุณอาจไม่เหมาะกับบริษัทนี้ก็ได้

사장 당신은 이 회사와 맞지 않을 수 있어요.

ถึงคุณ อุรชา จดหมายฉบับนี้ไม่ใช่จดหมายตักเตือนหรือต่อว่าแต่อย่างใด แต่คือจดหมายที่ทางเราอยากจะแสดงความขอบคุณที่ช่วยงานในบริษัทเราเป็นอย่างดีมาโดยตลอด ในฐานะบริษัท เราขอขอบคุณมาก นอกจากนั้นผมอยากจะขอขอบคุณในฐานะเพื่อนมนุษย์ด้วยกัน ถึงความเสียสละของคุณ คุณอาจมีเหตุผลบางอย่างที่ไม่บอกเราในสิ่งที่คุณทำ แต่ตอนนี้ผมรู้แล้วว่าความเสียสละของคุณมีค่าต่อพวกเขามากแค่ไหน นอกจากเป็นเงินชดเชยจากทางบริษัทแล้ว ทางบริษัทยังเรี่ยไรเงินจากพนักงานเพื่อนำมาให้คุณได้ใช้ดูแลเด็กๆเหล่านี้ต่อไป ขอบคุณครับ ธนัส

우라차씨에게, 이 편지는 당신에게 충고를 하거나 비난하기 위한 것이 절대 아닙니다. 다만 이 편지를 통해서 우리는 항상 회사를 위해 일해 준 당신에게 감사를 표하고 싶습니다. 회사측에서 감사를 표현하는 것 외에도 저는 당신의 희생에 대해서 인간으로서도 고마움을 느낍니다. 아마 당신은 자신이 하는 일에 대해 우리에게 알리지 못하는 이유가 있었을 것입니다. 하지만 저는 당신의 희생이 그들에게 얼마나 가치가 있는지를 알고 있습니다. 회사는 보상금 외에도 당신이 앞으로도 아이들을 잘 돌볼 수 있도록 기부금을 모아 전달할 것입니다. 감사합니다. 타낫

เด็ก พี่อ๋อม เอ้ย! ครูครับ หลอดไฟข้างบนมันแตกครับ

아이 엄 누나 여기요! 선생님, 위층에 전구가 깨졌어요.

อ๋อม จ้ะ เดี๋ยวพรุ่งนี้ครูไปเปลี่ยนให้

엄 그래, 내일 당장 바꿔 줄게.

เด็ก ครับผม

아이 네.

พอเพียง โฆษณาเทิดพระเกียรติฯ

국왕에게 존경을 표하는 광고

1997년 경제 위기를 겪으며 태국은 국왕의 '충분 경제'로 다시 일어설 수 있게 되었다. 하지만 현재 태국은 자본주의에 의해 조급해지고 이성을 잃게 되었다. '배가 부를 정도만 먹고, 살 수 있을 정도로만 집을 짓고, 남는 것은 나누라'고 하신 국왕의 말씀을 되새겨야 한다.

https://www.youtube.com/watch?v=JcuGUclSDBo

แบบทดสอบก่อนเรียน

15 ปีที่แล้ว ___________ ในช่วงเวลาที่ยากลำบากนั้น ___________ ด้วยคำว่า พอเพียง วันนี้เราแข็งแรงขึ้น เราทะเยอทะยาน เร่งรีบ ขาดสติ ___________ อุ้มชูตัวเองได้ ให้มีพอเพียงกับตัวเอง ___________ สร้างแค่พออยู่ เหลือก็แบ่งปัน ___________ นั่นคือความหมายที่แท้จริงของ ___________ ชีวิตที่พอเพียง กระทรวงวัฒนธรรม

คำศัพท์หรือประโยคที่น่าสนใจ

พอเพียง	충분하다, 족하다
โฆษณา	광고, 선전, 홍보, 광고하다, 선전하다, 홍보하다
เทิดพระเกียรติฯ	[왕실]존경하다, [왕실에 대해서]경의를 표하다, 예우하다
หกล้ม	넘어지다, 발이 걸려서 넘어서 구르다, 거꾸러지다
ลุกขึ้น	일어나다, 벌떡, 일으키다
แข็งแรงขึ้น	굳어지다, 강성해진다, 강해지다
ทะเยอทะยาน	야망을 품다
เร่งรีบ	서두르다
ขาดสติ	이성을 잃다
ความหมาย	의의, 의미, 뜻
อุ้มชู	키우다
แบ่งปัน	배분하다, 나누어 주다, 할당하다, 나누어 갖다
คุณธรรม	덕행, 품덕, 도덕
ภูมิคุ้มกัน	면역성, 저항력
กระทรวงวัฒนธรรม	문화부

เนื้อหาและการแปล +

15 ปีที่แล้ว เราเคยหกล้มกันทั้งประเทศ ในช่วงเวลาที่ยากลำบากนั้นพวกเราลุกขึ้นได้อีกครั้งด้วยคำว่า พอเพียง วันนี้เราแข็งแรงขึ้น เราทะเยอทะยาน เร่งรีบ ขาดสติ จนลืมความหมายที่พ่อสอนไว้หรือเปล่า อุ้มชูตัวเองได้ ให้มีพอเพียงกับตัวเอง กินแต่พออิ่ม สร้างแค่พออยู่ เหลือก็แบ่งปัน มีคุณธรรมในการทำงาน นั่นคือความหมายที่แท้จริงของการใช้ชีวิตอย่างมีภูมิคุ้มกัน ชีวิตที่พอเพียง กระทรวงวัฒนธรรม

15년 전에 우리 나라 전체가 혼란에 빠진 적이 있었습니다. 그 어려운 시기에 우리는 '충분하다'라는 말로써 다시 일어났습니다. 오늘날 우리는 강해졌고 야망을 갖게 되었고 조급해지고 이성을 잃게 되었습니다. 국왕이 가르쳐 주신 말씀의 의미를 잊어 버린 것은 아닐까요? '스스로 자립할 수 있다. 스스로 만족하라. 배가 부를 정도만 먹고 살 수 있을 정도로만 집을 짓고 남는 것은 나누어라. 일할 때도 덕이 있게 해라.' 이것이 바로 저항력 있는 삶의 진정한 의미입니다. 충분히 만족하는 삶. 문화부

Do you know what the meaningful life is?

의미 있는 삶이 무엇인지 아시나요?

오빠는 좋아하는 남자에게 실연을 당한 여동생을 위로해준다. 죽고 싶다는 여동생에게 오빠는 나를 항상 사랑하시는 부모님을 생각하라고 한다. 그리고 '죽기 전에 우리가 해야만 하는 100가지' 를 건내주며 가치있는 삶이란 다른 사람에게 도움이 되는 삶이라고 말한다.

https://www.youtube.com/watch?v=hGBxXayGqsQ

แบบทดสอบก่อนเรียน

นายเอ ไหวมั้ยอ่ะ

นางสาวบี ______ พี่ หนูอยากตายอ่ะ

นายเอ อยากตายเหรอ ใจเย็นๆ

นางสาวบี ______

นายเอ อ๋อ ใครอะ

นางสาวบี พี่เต๋อ

นายเอ โอ้ เหรอ

นางสาวบี อยากให้มันเสียใจอ่ะ

นายเอ หู หนูคิดว่า ______
อ้ะ ให้เต็มที่เลย 15 หลังจากนั้น มันก็ไปจับโปเกม่อน
ต่อ ______ รุ่งขึ้นมันก็ไปเตะบอล
______
แม่เลี้ยงเรามา 15 ปีแล้วเนี่ย
______

นางสาวบี ก็หนูรักเขาอ่ะ

นายเอ โอ้ ______

นางสาวบี แต่เมื่อวาน ______ เลยนะ

นายเอ อ๊อ เหรอ กินข้าวนั่นคือรักแล้วเนอะ พาหนูไปกินข้าวนี่มันต้องรักหนูมากเลยเนอะ ______ เขาต้องรักเรามากกว่าแง้ๆเลยเนอะ

นางสาวบี แล้วพี่จะให้หนูทำยังไง

นายเอ อืม อ่ะ อ่านก่อน

นางสาวบี อะไรอีกพี่

นายเอ อยากตายเนี่ย ________ เคยคิดอยากจะพาครอบครัวมั้ย ________ เคยคิดจะพาท่านไปเที่ยวต่างประเทศมั้ย ________ เนี่ย เป็นร้อยอย่างเลยเนี่ย เนี่ย สิ่งน่าทำร้อยอย่างเลยนะ สมมตินี้ร้อยอย่างเนี่ยน่าทำไปหมดเลยเนี่ย ดูนะ ________ อดเลย โดดลงไป อด ________ อ่ะ อยู่กับลมหายใจสักหน่อย ________ ชีวิตที่มีค่าก็คือ ________ หาอะไรกินมั้ย ไปทางนี้หรือไปทางนี้

นางสาวบี ทางโน้น

คำศัพท์หรือประโยคที่น่าสนใจ

ไหว	(육체적, 정신적, 경제적으로)참을 수 있다.
ทิ้ง...ไป	버리다, 떠나다
ให้เต็มที่	최대한
รุ่งขึ้น	다음날 아침
เตะบอล	공을 차다
เรียนกวดวิชา	학원에서 배우다, 보습하다
แง้ๆ	(청소년이 쓰는 용어)정말, 분명히, 확실히 = **แน่ๆ**
สมมติ	만약, ~이면
หมด	다하다, 끝나다; 없어지다, 상실하다; 전부, 모두
แว้ป	(생활용어)순식간에 사라지거나 몸을 감추는 것
อด	참다, 견디다, 자제하다
โดดลงไป	뛰어 내리다
ลมหายใจ	호흡, 숨
มีค่า	가치가 있다.
ประโยชน์	이익, 유익; 효과, 효능

เนื้อหาและการแปล +

นายเอ　　ไหวมั้ยอ่ะ

남자A　　견딜 수 있지?

นางสาวบี　　หนูไม่อยากอยู่แล้วล่ะ พี่ หนูอยากตายอ่ะ

여자B　　저는 살고 싶지 않아요. 오빠. 저는 죽고 싶어요.

นายเอ　　อยากตายเหรอ ใจเย็นๆ

남자A　　죽고 싶다고? 진정해.

นางสาวบี　　มันทิ้งหนูไปมีคนอื่นแล้วอ่ะ

여자B　　그 사람이 저를 버리고 다른 사람에게 갔어요.

นายเอ　　อ๋อ! ใครอะ

남자A　　그래! 누군데?

นางสาวบี　　พี่เต๋อ

여자B　　떠 오빠에요.

นายเอ　　โอ้! เหรอ

남자A　　뭐! 그래?

นางสาวบี　　อยากตายให้มันเสียใจอ่ะ

여자B　　제가 죽어서 그 사람을 슬프게 하고 싶어요.

นายเอ หู! หนูคิดว่าพี่เต๋อจะเสียใจสักกี่นาที

남자A 저런! 네 생각에는 떠 오빠가 몇 분이나 슬퍼할 것이라고 생각하니?

อ้ะ! **ให้เต็มที่**เลย 15 หลังจากนั้น มันก็ไปจับโปเกม่อนต่อ ตอนเย็นมันก็ไปดูหนังกับเพื่อนมัน **รุ่งขึ้น**มันก็ไป**เตะบอล** มันก็ไป**เรียนกวดวิชา**แล้วมันก็ลืมเราไป แม่เลี้ยงเรามา 15 ปีแล้วเนี่ยเราจะแลกกับ 15 นาทีกับผู้ชายคนนี้เหรอ

그래! 최대 15분 정도나 될까. 그 후에 그 놈은 포켓몬이나 잡으러 갔다가 저녁에 친구들이랑 영화나 보러 갈 거야. 아침이 되면 공 차러 갔다가 학원에 다녀 오면 너를 잊어버릴 거야. 어머니는 너를 키운 지 15년이나 됐어. 너는 15년이랑 그 남자애랑 바꿀 수 있어?

นางสาวบี ก็หนูรักเขาอ่ะ

여자B 저는 오빠를 사랑해요.

นายเอ โอ้! รู้ได้ยังไงเขารักเรา

남자A 그래? 오빠도 너를 사랑하는지 어떻게 알지?

นางสาวบี แต่เมื่อวานเขายังพาหนูไปกินข้าวอยู่เลยนะ

여자B 하지만 어제 오빠가 저를 데리고 가서 밥을 사줬어요.

นายเอ อ๊อ เหรอ กินข้าวนั่นคือรักแล้วเนอะ พาหนูไปกินข้าวนี่มันต้องรักหนูมากเลยเนอะ พ่อแม่เรานี่พาเรากินข้าวมาตั้งกี่ปีนี่เขาต้องรักเรามากกว่า**แง้ๆ**เลยเนอะ

남자A 응. 그랬어? 밥을 사주는 게 사랑이구나. 널 데리고 가서 밥을 사주는 게 너를 많이 사랑하는 것이로구나. 너의 부모님은 너를 데리고 몇 년씩이나 밥을 사줬으니 그 분들이 너를 더 많이 사랑하는 게 분명하지?

นางสาวบี แล้วพี่จะให้หนูทำยังไง

여자B 그러면 제가 어떻게 하면 좋을까요?

นายเอ อืม อ่ะ อ่านก่อน

남자A 음. 그래. 우선 읽어봐.

นางสาวบี อะไรอีกพี่

여자B 그게 무엇인데요? 오빠?

นายเอ อยากตายเนี่ย ร้อยอย่างที่เราควรทำก่อนตาย เคยคิดอยากจะพาครอบครัวมั้ย พาพ่อพาแม่ไปเที่ยวเชียงใหม่ เคยคิดจะพาท่านไปเที่ยวต่างประเทศมั้ย พาพ่อแม่ไปกินของอะไรอร่อยๆ เนี่ย เป็นร้อยอย่างเลยเนี่ย เนี่ย สิ่งน่าทำร้อยอย่างเลยนะ สมมตินี้ร้อยอย่างเนี่ยน่าทำไปหมดเลยเนี่ย ดูนะ หายแว้ป อดเลย โดดลงไปอด ชีวิตไม่ได้ทำอะไรเลยสักอย่าง อ่ะ อยู่กับลมหายใจสักหน่อย รู้มั้ยชีวิตที่มีค่าคืออะไร ชีวิตที่มีค่าก็คือชีวิตที่มีประโยชน์กับคนอื่น

남자A 죽고 싶어? '죽기 전에 우리가 해야만 하는 100가지'라는 책이야. 가족들을 모시고 놀러 가고 싶다고 생각한 적이 있어? 부모님을 모시고 치앙마이에 놀러 갈까? 부모님을 모시고 외국에 여행 간다는 생각을 해 본 적 있어? 부모님을 모시고 맛있는 것을 먹으러 가야지. 이러한 100가지 것들 말야. 하고 싶은 100가지 말이야. 만약에 이 하고 싶은 100가지들을 못한다고 생각해 봐. 이것 봐. 순식간에 없어져. 참아. 뛰어내리는 것을 참으라고. 인생에서 아무 것도 하지 않았는데. 그래. 좀 숨을 크게 쉬어 봐. 가치 있는 삶이 무엇인지 알겠니? 가치 있는 삶이란 다른 사람들에게 도움이 되는 삶이야.

นายเอ	หาอะไรกินมั้ย ไปทางนี้หรือไปทางนี้
남자A	뭐 좀 먹으러 갈까? 이 쪽으로 갈래? 저 쪽으로 갈래?

นางสาวบี	ทางโน้น
여자B	저 쪽으로요.

หรือฉันเป็นแม่ที่แย่ที่สุด

아니면 나는 최악의 엄마일까?

엄마는 축구를 잘 하지 못하는 아들에게, 잘하고 있지만 조금만 더 노력하면 좋겠다고 말한다. 하지만 한편으로는 그녀는 아들을 속이고 있는 최악의 엄마가 아닐까 걱정한다. 엄마는 아들이 1등을 하지 못하더라도 그가 매일 매일 스스로를 이길 수 있기를 바란다.

https://www.youtube.com/watch?v=sgv_9nJOeqw

แบบทดสอบก่อนเรียน ✔

แล้วโรงเรียนปัญญาพัฒน์ก็ขึ้นนำไปได้นะครับ แหม เอาล่ะครับ ก็มาถึงนาที สุดท้ายแล้วนะครับ หรือ__________

แม่ โค้ชคะ น้องเอ็มเป็นยังไงบ้างคะ

โค้ช น้องเอ็มเขามีความตั้งใจมากเลยครับ แต่ว่าน้องเขา __________นะครับ โหม่งบอลก็ได้บ้าง ไม่ได้บ้าง ยังไงก็ต้องลองรอดูกันอีกทีนะครับ __________ นะครับ

แม่ วันนี้แม่คุยกับโค้ชแล้วนะ โค้ชบอกว่า__________ เมื่อก่อนโหม่งบอลไม่โดนเลยสักลูก ตอนนี้โหม่งได้เลยนะ พยายามขึ้นอีกนิดนึง __________ เนอะ

นี่ฉันกำลังหลอกเขาอยู่หรือเปล่า

แม่ เจ็บมั้ยลูก

น้องเอ็ม ______ ครับแม่

แม่ ไม่เป็นไรนะ แค่วิ่งแซงคนข้างหน้าให้ได้ก็พอ อีกนิดเดียว

______

เอาแล้วนะครับ ก็มาถึงในนาทีสุดท้ายแล้วนะครับ

ฉันอาจจะไม่ใช่แม่ที่ดีที่สุด ______

ฉันแค่อยากให้เขาชนะตัวเองได้ทุกวัน

คำศัพท์หรือประโยคที่น่าสนใจ

แหม	(의아하고 이상함을 나타내는 감탄사)어머나! 정말! 세상에!
เอาล่ะ	(주의를 환기시키거나 동의를 구할 때)자!
แย่	나쁘다, 형편없다; 아주 어렵다, 매우 불가능하다, 매우 곤란한 상황이다
โค้ช	(경기, 운동의)코치(coach), 지도원
พื้นฐาน	기초, 기본, 근본; 기본의, 기초의
โหม่งบอล	공을 머리로 받다, 헤딩하다
ขอตัวก่อน	먼저 실례하겠습니다
โดน	부딪치다, 접촉하다, 닿다; (피동을 나타내는 조동사 = **ถูก**)받다, 당하다, ~하게 하다, ~하게 시키다
แตะบอล	공을 차다; **แตะ** 접촉하다, 닿다 **บอล** 공
หลอก	속이다, 기만하다
ไม่ทัน	(동사 뒤에 사용 시)시간에 대지 못하다, (동사 앞에 사용 시)~하지 않는 중에
แซง	(앞의 차나 사람을)추월하다, 앞지르다, 남의 자리를 빼앗다, 남을 밀어 젖히고 그 지위(순서)를 차지하다, 새치기하다
พอ	족하다, 충분하다, 충족하다, 만족하다; 적당하다, 적합하다; …하자마자, …할 때, …한 순간에
ทำร้าย	해치다, 가해하다
ชนะตัวเอง	스스로를 이기다, 자기 자신을 극복하다

เนื้อหาและการแปล +

แล้วโรงเรียนปัญญาพัฒน์ก็ขึ้นนำไปได้นะครับ แหม เอาล่ะครับ ก็มาถึงนาทีสุดท้ายแล้วนะครับ

빤야팟 학교가 이기고 있군요. 이런! 자, 마지막 1분을 남겨놓고 있네요.

หรือฉันจะเป็นแม่ที่แย่ที่สุด

아니면 나는 최악의 엄마일까?

แม่ โค้ชคะ น้องเอ็มเป็นยังไงบ้างคะ

엄마 코치님, 엠은 좀 어떤가요?

โค้ช น้องเอ็มเขามีความตั้งใจมากเลยครับ แต่ว่าน้องเขามีพื้นฐานไม่ค่อยดีนะครับ โหม่งบอลก็ได้บ้าง ไม่ได้บ้าง ยังไงก็ต้องลองรอดูกันอีกทีนะครับ ขอตัวก่อนนะครับ

코치 엠은 아주 열심히 해요. 하지만 조금도 기본이 되어있지 않아요. 헤딩을 할 수 있을 때도 있고 못할 때도 있어요. 어찌 되었든 좀 더 지켜봐야 할 것 같아요. 먼저 실례하겠습니다.

แม่ วันนี้แม่คุยกับโค้ชแล้วนะ โค้ชบอกว่าลูกตั้งใจมากเลย เมื่อก่อนโหม่งบอลไม่โดนเลยสักลูก ตอนนี้โหม่งได้เลยนะ พยายามขึ้นอีกนิดนึง แค่เอาหัวแตะบอลให้ได้ก็พอแล้ว เนอะ

엄마 오늘 엄마가 코치님을 만났어. 코치님이 우리 아들이 아주 열심히 한대. 전에는 헤딩을 한 번도 못했는데 지금은 할 수 있대. 조금만 더 노력하자. 그냥 머리를 공에 부딪히는 것으로도 충분해. 그렇지?

นี่ฉันกำลังหลอกเขาอยู่หรือเปล่า

지금 내가 아들을 속이고 있는 것은 아닐까?

แม่ เจ็บมั้ยลูก

엄마 얘야, 아프니?

น้องเอ็ม วิ่งตามเพื่อนไม่ทันครับแม่

엠 친구들을 쫓아가지 못하겠어요. 엄마

แม่ ไม่เป็นไรนะ แค่วิ่งแซงคนข้างหน้าให้ได้ก็พอ อีกนิดเดียว

엄마 괜찮아. 그냥 앞에 있는 사람 추월할 수 있는 것만으로도 충분해. 조금만 더 노력하면 될거야.

ฉันทำร้ายเขาอยู่หรือเปล่า

내가 아들에게 잘못하고 있는 것이 아닐까?

เอาแล้วนะครับ ก็มาถึงในนาทีสุดท้ายแล้วนะครับ

자, 마지막 1분을 남겨두고 있습니다.

ฉันอาจจะไม่ใช่แม่ที่ดีที่สุด เพราะฉันไม่ต้องการให้ลูกเป็นที่หนึ่งตลอดเวลา ฉันแค่อยากให้เขาชนะตัวเองได้ทุกวัน

나는 최고의 엄마가 아닐지도 모른다. 왜냐하면 나는 자식이 항상 1등 하기를 원하지 않기 때문이다. 단지 나는 아들이 매일 스스로를 이기기 바란다.

LALIN

라린

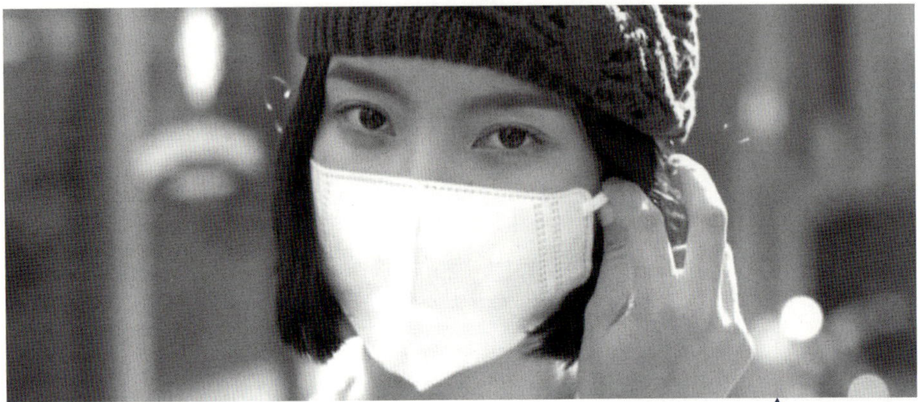

스스로의 얼굴에 자신이 없는 라린은 인터넷상에서 자신을 예쁘게 포장하며 인터넷 아이돌로 유명해진다. 학창시절에 못생긴 얼굴 때문에 친구들에게 '운석'이라고 놀림을 받던 라린은 졸업 후 아무도 아는 사람이 없는 일본으로 간다. 일본에서 라린은 어린 시절 자신과 같은 상처를 지닌 친구 낫을 만나게 된다.

https://www.youtube.com/watch?v=ehc52wBiUqE

แบบทดสอบก่อนเรียน 1 ✔

อย่าเพิ่ง ก่อนจะเห็นหน้าเรา ______ เราชื่อลลิน แปลว่าพระจันทร์ ______ เนี่ยเรา เราเป็นเน็ตไอดอล จะเป็นเน็ตไอดอล ______ นะ แต่ต้องผ่านอะไรมาเยอะมาก เยอะมากจริง ๆ เชื่อยัง สงสัยป่ะ ว่า ______ เพราะว่าทำยังไงเราก็ ______ ไม่ได้สักที คนอื่นก็ ______ เหมือนกันมั้ง ช่วงม.ปลายเราเลยได้ชื่อจริงชื่อใหม่ ส่วนชื่อเล่นคือ ______ อุกกาบาตที่ ______ และกำจัดสิ่งมีชีวิตรอบ ๆ ข้าง ______ และหลังจากปาร์ตี้ปีใหม่ที่โรงเรียนสอนพิเศษตอนม.6 อุกกาบาตลูกนี้ก็ ______ ที่ที่ไม่มีใครรู้จักเรา ไม่มีใครทำร้ายเรา ที่ที่ใส่หน้ากากเข้าหากันได้ ______ และที่สำคัญที่ ______ กลายเป็นคนใหม่

ก็รู้แหละ ว่ามันไม่จริง แต่จะแคร์ทำไมวะ ในชีวิตนี้ ______ มันผิดมากเหรอ บางทีความรู้สึกบางอย่าง ______ นี่กำลังยิ้มอยู่นะเนี่ย เราชื่อลลิน ______

คำศัพท์หรือประโยคที่น่าสนใจ1

พระจันทร์	달
สักอย่าง	아무 것, 사소한 것
ใส่	입다, 쓰다, 걸치다; 넣다, 싣다; 놓아주다, 뿌리다
หน้ากาก	가면, 마스크
ทน	참다, 인내하다, 참고 견디다, 이겨내다
สักที	단 한번
ทำใจ	마음을 제어하다, 감정 따위를 누르다, 자제하다
มั้ง	~할걸, ~을걸, ~라나
ม.ปลาย	**มัธยมศึกษาตอนปลาย**의 약자, 고등학교로 4학년(**ม**.4)부터 6학년(**ม**.6)까지 있다
ส่วน	부분; 한편...은
อุกกาบาต	유성; 운석
พุ่งเข้าชน	돌진하여 충돌하다 **พุ่ง** 돌진하다, 직진하다 **เข้า** 들어가다, 진입하다 **ชน** 충돌하다, 부딪히다
โลก	지구; 세계, 세상, 천하, 우주
กำจัด	소멸하다, 제거하다, 없애다
น่าเกลียด	보기 싫다, 혐오스럽다, 추악하다
ม.6	**มัธยมศึกษาตอนปลาย 6**으로 고등학교 3학년에 해당된다
ตัดสินใจ	결심하다 결단을 내리다

เรียนต่อ	유학하다; 계속 공부하다
ทำร้าย	가해하다, 해치다
แปลก	이상하다; 특이하다; 구별되다, 다르다
เปิดโอกาส	기회를 주다

เนื้อหาและการแปล1

อย่าเพิ่ง ก่อนจะเห็นหน้าเราทำความรู้จักเราก่อน เราชื่อลลิน แปลว่าพระจันทร์ในภาษาอะไรสักอย่าง เนี่ยเรา เราเป็นเน็ตไอดอล จะเป็นเน็ตไอดอลไม่ใช่เรื่องง่าย ๆ นะ แต่ต้องผ่านอะไรมาเยอะมาก เยอะมากจริง ๆ เชื่อยัง สงสัยป่ะ ว่าอยู่ห้องจะใส่หน้ากากทำไม เพราะว่าทำยังไงเราก็ทนเห็นหน้าจริง ๆ ของตัวเองไม่ได้สักที คนอื่นก็ทำใจดูไม่ได้เหมือนกันมั้ง ช่วงม.ปลายเราเลยได้ชื่อจริงชื่อใหม่ ส่วนชื่อเล่นคือน้องอุกกาบาต อุกกาบาตที่พุ่งเข้าชนโลก และกำจัดสิ่งมีชีวิตรอบๆ ข้างด้วยความน่าเกลียดของมัน และหลังจากปาร์ตี้ปีใหม่ที่โรงเรียนสอนพิเศษตอนม.6 อุกกาบาตลูกนี้ก็ตัดสินใจไปเรียนต่อที่ญี่ปุ่น ที่ที่ไม่มีใครรู้จักเรา ไม่มีใครทำร้ายเรา ที่ที่ใส่หน้ากากเข้าหากันได้โดยไม่รู้สึกแปลก และที่สำคัญที่ที่เปิดโอกาสให้เรากลายเป็นคนใหม่

아직 아니야. 내 얼굴을 보기 전에 먼저 나에 대해 알려줄게. 내 이름은 라린이야. 달이라는 뜻이야. 이게 바로 나야. 인터넷 상에서 나는 아이돌이야. 인터넷에서 아이돌이 되는 것은 쉬운 일이 아니야. 많은 것을 통과해야 해. 정말 아주 많이 말이야. 믿겨 져? 방에 있는데 왜 마스크를 썼는지 궁금하지? 왜냐하면 아무리 봐줄려고 해도 나 역시도 나의 본 얼굴을 참을 수 없기 때문이야. 아마 다른 사람들도 마찬가지로 참을 수 없을 거야. 고등학교 시절에 나는 새 이름을 갖게 되었어. 운석이라는 별명이었어. 지구로 돌진하여 충돌하고 그 혐오스러움으로 인해 주변의 생기가 있는 것까지도 없애버리는 운석 말이야. 고등학교 3학년 때 학원에서 열린 신년 파티에서 운석은 일본으로 유학가기로 결심했어. 아무도 나를 모르는 곳, 아무도 나를 해치지 않는 곳, 마스크를 쓰고 다녀도 이상하게 여기지 않는 곳 말이야. 중요했던 것은 나에게 새로운 사람이 될 수 있는 기회를 주는 곳이라는 거야.

ก็รู้แหละ ว่ามันไม่จริง แต่จะแคร์ทำไมวะ ในชีวิตนี้ขอแค่มีคนกดไลค์สักทีมันผิดมากเหรอ

사실이 아니라는 걸 알아. 하지만 신경 쓸 이유가 뭐가 있어? 이 인생에서 '좋아요'를 좀 클릭해 달라고 바라는 게 그렇게 잘못된 일이야?

บางทีความรู้สึกบางอย่างมันหนีไม่ได้

어떨 때에는 피할 수 없는 기분을 느낄 때가 있어.

นี่ กำลังยิ้มอยู่นะเนี่ย

이런. 지금 웃고 있잖아.

เราชื่อลลิน แปลว่าพระจันทร์

내 이름은 라린이야. 달이라는 뜻이야.

แบบทดสอบก่อนเรียน2

ชายคนหนึ่ง ________ ลอยสะเปะ

สะปะไร้ทิศทางกลางแกแลคซี่มาหลายปี แรงโน้มถ่วง พานักบินอวกาศ

________ และวันนั้นทุกอย่าง ________

ลลิน ซานต้าวาดรูปเก่งว่ะ สงสัยมาตั้งแต่เช้าแล้ว ว่าชุดนี้ใครจะเป็นคนใส่

นัท ________ ถึงโดนบังคับ

ลลิน อ้าว! ไม่วาดต่อล่ะ

นัท ________ ร้อน หิว

ลลิน เบอร์เกอร์มี ________ อ่ะ

นัท พวกแม่งชอบล้อว่าเรากินเก่ง

ลลิน อ่ะ เอาของเราไปกินดิ พวกนี้ ________ เอาไปดิ

อ่ะ เอางี้ ________ แลกกับเบอร์เกอร์ โอเคป่ะ

________ ให้เราสวยที่สุดนะ

นักบินเงยหน้ามองดวงจันทร์ที่ ________ คิดชื่นชมความ

สวยงามอยู่คนเดียว

ลลิน เออนี่ เราชื่อลลินนะ แปลว่าพระจันทร์ และเธอล่ะ ชื่ออะไร

แต่หมู่ดาวที่ ________ กลับยิ่งทำให้ดวงจันทร์มืด

หม่น และอ้างว้าง ในตอนนั้น ________

นักบินอวกาศกลั้นหายใจ ______ เขาแหวกว่ายต้านแรงโน้มถ่วง ______ ตรงไปทางดวงจันทร์ที่กำลังถูกหมู่ดาวถากถาง ค่อย ๆ ใกล้ขึ้น ค่อย ๆ ใกล้ขึ้น ร่างกายที่เคยถูกห่อหุ้ม ______ นักบินอวกาศคิดในใจ ______ คำตอบคือขอแค่ได้ลอยสูงขึ้นไปบนนั้น และ ______ ช่างหัวแม่งมันเพราะหลังจากนี้ เราจะ ______

คำศัพท์หรือประโยคที่น่าสนใจ2

นักบินอวกาศ	우주비행사, 우주인
เทอะทะ	너무 뚱뚱하다, 보기 흉하게 살찌다
ลอย	뜨다, 표류하다; (사람이)방황하다
สะเปะสะปะ	무질서하다, 난잡하다
ไร้ทิศทาง	정처없이 **ไร้** ~이 없다, 결핍되다; 빈곤하다, 가난하다 **ทิศทาง** 방향
แกแลคซี่	galaxy 갤럭시, 은하계, 은하수
แรงโน้มถ่วง	중력, 인력(引力)
ดวงจันทร์	달

โดนบังคับ	억지로 시킴을 당하다 **โดน** (피동을 나타내는 조동사)받다, 당하다, ...하게 하다, ...하게 시키다 **บังคับ** 강제하다, 억지로 시키다; 지배하다, 지휘하다; 관리하다, 조종하다, 조작하다
ตั้งเยอะตั้งแยะ	아주 많다 **ตั้ง...**~이나 **เยอะแยะ** 많다
ล้อ	조소하다, 희롱하다, 놀리다
สิวขึ้น	여드름이 돋다, 여드름이 나다
เงยหน้า	얼굴을 쳐들다
คว้าง	(공중, 수중을)표류하다, 부동하다, 떠다니다, (목적도 없이)떠돌다
ชื่นชม	찬미하다, 상찬하다, 칭찬하다; 즐겁다, 기쁘다, 흐뭇하다
หมู่ดาว	성단
ส่องแสง	환히 비추다
สว่าง	(날이)밝다, 환하다 (사정에)밝다, (전등·조명)밝다, 환하다
มืดหม่น	어둡고 칙칙하다
อ้างว้าง	고요하고 쓸쓸하다
กลั้นหายใจ	숨을 죽이다, 숨을 참다, 숨을 억제하다
หนักอึ้ง	몹시 무겁다
ทีละชิ้น	한번에 한 벌씩
แหวกว่าย	(물을 밀어 헤치면서)헤엄치며 다니다

ต้าน	항거하다, 저항하다, 반항하다, 거역하다; 막다, 차단하다
ยากลำบาก	어렵다, 곤란하다
ถากถาง	빈정거리다, 비꼬다
ค่อย ๆ	천천히, 조금씩 점점
ห่อหุ้ม	휘감다
เบาหวิว	날아갈 것같이 가볍다
ตัวเปล่า	맨몸의
สละ	희생하다, 포기하다, 버리다, 방치하다
กระซิบ	**= กระซุบกระซิบ** 속삭이다, 귓속말을하다
ช่างหัวแม่งมัน	상관 없다
วงโคจร	(행성 등의)운행궤도, 황도
ของกันและกัน	서로

เนื้อหาและการแปล2

ชายคนหนึ่งในชุดนักบินอวกาศใหญ่เทอะทะ ลอยสะเปะสะปะไร้ทิศทางกลางแกแลคซี่มาหลายปี แรงโน้มถ่วง พานักบินอวกาศเข้ามาใกล้กับดวงจันทร์ และวันนั้นทุกอย่างกำลังจะเปลี่ยนไป

아주 큼직한 우주복을 입은 한 남자가 몇 년 동안 은하수를 정처없이 떠다니고 있었어. 중력은 그 우주비행사를 달 근처로 데려갔고 그 날 모든 것이 바뀌었어.

ลลิน　ซานต้าวาดรูปเก่งว่ะ สงสัยมาตั้งแต่เช้าแล้ว ว่าชุดนี้ใครจะเป็นคนใส่

라린　산타가 그림을 잘 그리네. 아침부터 누가 이 옷을 입을지 궁금 했어.

นัท　เพราะเราอ้วนสุดไง ถึงโดนบังคับ

낫　내가 제일 뚱뚱해서 나보고 입으라고 한 거야.

ลลิน　อ้าว! ไม่วาดต่อล่ะ

라린　이런! 계속 안 그려?

นัท　จะกลับแล้ว ร้อน หิว

낫　갈 거야. 덥고 배고파.

ลลิน　เบอร์เกอร์มีตั้งเยอะตั้งแยะ ทำไมไม่ไปเอาอ่ะ

라린　햄버거가 아주 많아. 가서 왜 안 가져와?

นัท　พวกแม่งชอบล้อว่าเรากินเก่ง

낫　놈들이 나보고 잘 먹는다고 놀려.

ลลิน อ่ะ เอาของเราไปกินดิ พวกนี้กินมากๆแล้วสิวขึ้น เอาไปดิ อ่ะ เอางี้ วาดรูปให้เรารูปหนึ่งแลกกับเบอร์เกอร์ โอเคป่ะ วาดยังไงก็ได้ให้เราสวยที่สุดนะ

라린 그럼 내 것을 가져가서 먹어. 이런 것을 많이 먹으면 여드름이 생겨. 그래. 이렇게 하자. 나에게 그림을 한 장 그려주면 햄버거랑 바꿔 줄게. 오케이? 어떻게 그려도 좋지만 나를 가장 예쁘게 그려줘.

นักบินเงยหน้ามองดวงจันทร์ที่ลอยคว้างอยู่ด้านบน คิดชื่นชมความสวยงามอยู่คนเดียว

비행사는 얼굴을 들어 위에 떠있는 달을 쳐다보고 홀로 있는 달의 아름다움을 찬미했다.

ลลิน เออนี่ เราชื่อลลินนะ แปลว่าพระจันทร์ และเธอล่ะ ชื่ออะไร

라린 저기! 내 이름은 라린이야. 달이라는 뜻이야. 너는 이름이 뭐니?

แต่หมู่ดาวที่ส่องแสงสว่างอยู่รอบข้างกลับยิ่งทำให้ดวงจันทร์มืดหม่น และอ้างว้าง ในตอนนั้นเขาตัดสินใจทำอะไรบางอย่าง นักบินอวกาศกลั้นหายใจถอดชุดหนักอึ้งของเขาทีละชิ้น เขาแหวกว่ายต้านแรงโน้มถ่วงอย่างยากลำบากตรงไปทางดวงจันทร์ที่กำลังถูกหมู่ดาวถากถาง ค่อย ๆ ใกล้ขึ้น ค่อย ๆ ใกล้ขึ้น ร่างกายที่เคยถูกห่อหุ้ม คราวนี้เบาหวิว ตัวเปล่า นักบินอวกาศคิดในใจเราสละทุกอย่างเพื่อตัวเองหรือเพื่อใคร คำตอบคือขอแค่ได้ลอยสูงขึ้นไปบนนั้นและกระซิบบอกกับดวงจันทร์ ช่างหัวแม่งมัน เพราะหลังจากนี้ เราจะอยู่ในวงโคจรของกันและกัน

하지만 주변에서 밝게 빛나는 별무리는 오히려 달을 어둡고 쓸쓸하게 했다. 그 때 그는 무엇인가를 하기로 결심했다. 우주비행사는 숨을 참고 그의 무거운 옷들을 하나씩 벗었다. 그는 중력에 저항하며 힘들게 나아갔다. 별무리에게 상처받고 있는 달에게 곧장 달려갔다. 점점 더, 점점 더 다가갔다. 둘러 싸여 있던 몸이 이번에는 아주 가벼워졌고 맨몸이 되었다. 우주비행사는 자신을 위해 모든 것을 희생할 것인지 아니면 누구를 위해 자신을 희생할 것인지 속으로 생각했다. 결론은 오직 내가 원하는 것은 저 위로 높이 올라가서 달에게 속삭이고 싶다는 것이다. "다 상관없어. 이제부터 우리는 같은 궤도 안에 있을 테니까."

เรื่องของแม่ที่ต้องพูด.....

말하고 싶은 엄마 이야기

일중독인 엄마는 항상 거짓말만 하고 음식 솜씨도 형편 없었다. 하지만 나는 엄마가 나를 위해 힘들게 일하셔야만 했다는 것을 안다. 지금은 엄마의 맛없는 음식이 그립다. 내가 엄마가 된다면 엄마의 반만이라도 좋은 엄마가 되고 싶다.

https://www.youtube.com/watch?v=fWW6Sjy-nm8

แบบทดสอบก่อนเรียน

ความจริง ที่แม่ไม่เคยรู้

ต่อไปขอเชิญนางสาวณัฐวฐา ศรีนูเดชค่ะ

หวัดดีค่ะ วันนี้จะมา ______ แม่เป็นคน ______ ไม่เคย

ทำได้ ______ สักอย่าง

เหมือนวันนี้ที่ ______ แม่ก็ไม่มา แม่เป็น

______ ทำงานได้ทั้งวี่ทั้งวัน

แต่งานที่บ้าน ______ ทุกๆเช้าที่ตื่นมา จะต้องเจอ

______

ไข่เจียวไหม้ๆที่มันไม่อร่อย ที่กินไปได้ ______ แม่เคยทำ

ต้มยำให้กิน

แต่พอกินเข้าไปเท่านั้นแหละ นี่มันคือ ______ แต่ตอนนี้ก็

คงไม่ต้องกินรสชาติแย่ ๆ

แบบนั้นอีกแล้ว หนูอยากจะบอกแม่ว่า ______

เพื่อที่จะหาเลี้ยงดูหนู

แม่ต้องทำงานไม่หยุด ______ น่าแปลกนะคะ ที่หนูก็

คิดถึงไข่เจียวไหม้ๆของแม่

______ ของแม่ ______ นะ

คะ แม่ ______ หนู

หนูสัญญา ว่าหนูจะเป็นคนดี และหวังว่าวันหนึ่งถ้าหนูเป็นแม่

สักครึ่งนึงก็ยังดี

คำศัพท์หรือประโยคที่น่าสนใจ

หวัดดี	안녕하세요 = **สวัสดี** 친한 사이에서는 **สวัสดี**를 줄여서 **หวัดดี**라고 인사한다
โกหก	거짓말하다
อย่างที่สัญญาไว้	약속한 것처럼 **อย่างที่** ~은 대로, ~한 것처럼 **สัญญาไว้** 약속하다, 계약하다, 조약을 맺다
บ้างาน	일에 미치다, 일에 열광하다, 일에 도취되다
ทั้งวี่ทั้งวัน	매일 = **ทุกวี่ทุกวัน**
กลับ	오히려, 반대로; 돌아가(오)다, 되돌리다 귀환하다
ไม่ได้เรื่อง	형편없다, 못쓰다
ไข่เจียวไหม้ๆ	태운 오믈렛 **ไข่เจียว** (태국 음식)태국식 오믈렛, 계란을 풀어 기름을 넣고 부풀어 오르게 한 요리 **ไหม้ๆ** 타다, 태우다, 눋다, 불타다, 지지다
ไม่กี่คำ	몇 입 안 먹고
เททิ้ง	쏟아버리다 **เท** 쏟다, 쏟아버리다, 따르다, 붓다 **ทิ้ง** 버리다; 포기하다, 내버리다
รสชาติ	맛
หาเลี้ยง	생활하다, 밥벌이하다
น่าแปลก	이상하다 **น่า** (접두사)...할 만하다, ...할 가치가 있다, ...스럽다 **แปลก** 이상하다, 특이하다, 신기하다

เนื้อหาและการแปล

ความจริง ที่แม่ไม่เคยรู้

엄마가 모르는 사실

ต่อไปขอเชิญนางสาวณัฐวฐา ศรีนูเดชค่ะ

다음은 낫타와타 씨누뎃양을 모시겠습니다.

หวัดดีค่ะ วันนี้จะมาพูดเรื่องแม่ แม่เป็นคนชอบโกหก ไม่เคยทำได้อย่างที่สัญญาไว้สักอย่าง

안녕하세요. 오늘은 엄마에 대한 얘기를 하겠습니다. 엄마는 거짓말을 즐겨 했습니다. 약속한 것을 하나도 지키지 않았습니다.

เหมือนวันนี้ที่แม่สัญญาว่าจะมา แม่ก็ไม่มา แม่เป็นคนบ้างานมาก ทำงานได้ทั้งวี่ทั้งวัน

오늘도 엄마는 오기로 약속했었는데 오지 않은 것처럼요. 엄마는 일중독이셨습니다. 매일 일만 했습니다.

แต่งานที่บ้าน กลับไม่ได้เรื่อง ทุกๆเช้าที่ตื่นมา จะต้องเจอไข่เจียวไหม้ๆแทนหน้าของแม่ ไข่เจียวไหม้ๆที่มันไม่อร่อย ที่กินไปได้แค่ไม่กี่คำก็ต้องเททิ้ง

하지만 집안일은 반대로 형편없었습니다. 매일 아침마다 일어나면 엄마의 얼굴 대신에 태운 오믈렛을 봐야 했습니다. 태운 오믈렛은 맛이 없었습니다. 몇 입 먹지 못하고 버려야 했습니다.

แม่เคยทำต้มยำให้กิน แต่พอกินเข้าไปเท่านั้นแหละ นี่มันคือแกงจืดที่ลืมใส่เต้าหู้ชัดๆ แต่ตอนนี้ก็คงไม่ต้องกินรสชาติแย่ ๆ แบบนั้นอีกแล้ว

엄마가 똠얌을 만들어 준 적이 있습니다. 하지만 입을 대자마자 이건 두부를 잊어버리고 넣지 않은 멀건 국 같았습니다. 하지만 지금은 이런 형편 없는 음식을 또 먹지 않아도 됩니다.

หนูอยากจะบอกแม่ว่าหนูรู้ว่าแม่ต้องทำงานหนักเพื่อที่จะหาเลี้ยงดูหนู

저는 엄마에게 얘기해 주고 싶습니다. 엄마가 저를 키우기 위해 힘들게 일해야만 했다는 것을 압니다.

แม่ต้องทำงานไม่หยุด เพื่อที่จะส่งหนูเรียน น่าแปลกนะคะ ที่หนูก็คิดถึงไข่เจียวไหม้ๆของแม่

엄마는 나를 학교에 보내기 위해 쉬지 않고 일을 하셨습니다. 이상하지요. 제가 엄마의 태운 오믈렛을 그리워한다는 것을요.

คิดถึงต้มยำที่กลายเป็นแกงจืดของแม่ หลับให้สบายนะคะ แม่ ไม่ต้องเป็นห่วงหนู

멀건 국이 되버린 엄마의 똠얌을 그리워한다는 것을요. 엄마, 편히 주무세요. 제 걱정은 하지 마시구요.

หนูสัญญา ว่าหนูจะเป็นคนดี และหวังว่าวันหนึ่งถ้าหนูเป็นแม่ หนูจะเป็นแม่ที่ดีให้ได้เหมือนแม่เป็น สักครึ่งนึงก็ยังดี

저는 착한 사람이 되겠다고 약속드려요. 그리고 앞으로 제가 엄마가 된다면 저는 엄마가 그러셨던 것처럼 좋은 엄마가 되고 싶어요. 반만이라도 좋을 것 같아요.

เด็กสมัยนี้

요즘 아이들

요즘 애들은 상사가 일을 시키기만 하고 가르쳐 주지는 않으면서 옛날 방식만 고집한다고 투덜댄다. 반면 상사는 요즘 애들은 똑똑하지만 일을 할 때 누가 입에 떠먹여 주기만을 바라며 대충대충 한다고 불평한다.

https://www.youtube.com/watch?v=PyxlmcMXSOM

แบบทดสอบก่อนเรียน

พัชรี หัวหน้าหนูเหรอคะ พี่ประชาค่ะ
________ ที่อยู่มาได้ทุกวันนี้ พึ่งตัวเองล้วน ๆน้องคะ ________ ช้ามาก เด็กสมัยนี้โตมาได้ยังไงเนี่ย ________ สักอย่าง

พิษณุ งานเยอะครับ ________ ถามอะไรก็กั๊ก ไม่เคยจะอธิบาย ________
อันนี้พี่ไม่ต้องเซ็นจ้ะ คิดเองเป็นป่ะเนี่ย

พรชัย ตอนประชุมนะ ________ ให้พี่เขาไปก็ไม่เอา
ชอบวิธีเก่า ________
อ้าว น้องจ๋า ________ เนี่ย
ใครให้ทำเนี่ย อ่ะ เอาไปให้ผู้ใหญ่ข้างบน
เด็กสมัยนี้ ________

ประชา เฮ้อ งานพัชรีอีกแล้ว ________ เนี่ยนะพี่ ทำงานเร็ว แต่ล่ก เนี่ย ________ ผมล่ะเหนื่อยใจจริง ๆ แล้วเด็กพี่ล่ะ

ปวีณา เด็กพี่ ตาพิษณุน่ะหรอ ฉลาดนะ ________ สั่งงานอะไรแต่ละที โอ๊ย พี่แทบจะตีกันตาย

ประชา แล้วของคุณล่ะ

เป้าประสงค์ นายพรชัยน่ะเหรอครับพี่ ไอเดียเยอะ คิดนอกกรอบกับ มันต่างกันนะหนู รู้ไหม

ประชา หนูเอาขึ้นไปชั้น 34 นะ

ผู้บริหารสูงสุด จริง ๆ แล้ว ทั้งประชา ปวีณา และเป้าประสงค์ สมัยเป็นเด็กใหม่ก็ แหละครับ แต่ถ้าจะให้ผมบ่นไป มันก็เหมือนกับประกาศ เข้าใจไหมหนู

ก้อย เข้าใจค่ะ

ผู้บริหารสูงสุด ดี งั้นอธิบายไป

ก้อย หนูเป็นเด็กสมัยนี้ของพี่พัชรี พี่พิษณุ พี่พรชัย และพี่พัชรี พี่พิษณุ พี่พรชัยก็เป็นเด็กสมัยนี้ของพี่ประชา พี่ปวีณา พี่เป้าประสงค์เช่นเดียวกันค่ะ พี่ประชา พี่ปวีณา พี่เป้าประสงค์ก็เป็นเด็กสมัยนี้ของท่านผู้บริหาร ก่อนที่จะบ่นเด็กสมัยนี้ นะคะว่า เด็กโตมาจากโลกที่ผู้ใหญ่สร้าง เพลงที่เขาฟัง หนังที่เขาดู ครูที่สอน

ก็มาจากพี่ ๆ พวกผู้ใหญ่สมัยนี้ทั้งนั้นแหละค่ะ

ทุกคน อ๋อ

ก้อย ถ้าหากว่าอยากจะเปลี่ยนเด็กสมัยนี้ ก็ ยอมอดทนกับวิธีที่พี่ ๆ ไม่คุ้นเคย เด็ก ๆ ก็อาจจะ ปรับตัวเข้าหากัน แล้วเชื่อเถอะค่ะว่า

ผู้บริหารสูงสุด และ ล่ะครับ ถ้าไม่ใช่เด็กสมัยนี้

ก้อย ไม่งงนะคะ

คำศัพท์หรือประโยคที่น่าสนใจ

สมัยนี้	현재, 요즈음
หัวหน้า	우두머리, 보스, …장
เน้น	강조하다, 가중하다, 중점을 두다
พึ่งตัวเอง	스스로에게 의지하다
ล้วนๆ	순전히, 완전히, 전부, 모두
ดั่งใจ	마음에 들다
กั๊ก	말이 막히다, 말을 더듬다; 조끼; 교차점; 술 4분의 1병
อธิบาย	설명하다, 해석하다
หงุดหงิดใส่	짜증을 내서 다른 사람에게도 영향이 미치게 하다 **หงุดหงิด** 짜증 내다; 벌컥 화를 낼 기분이다; 울화가 치밀다
แบบฟอร์ม	양식, 견본, 서식
อ้าปากรอป้อน	입을 벌리고 먹여 주기만을 기다리다 **อ้าปาก** 입을 벌리다 **รอ** 기다리다 **ป้อน** 입에 넣어 먹여 주다, 먹이다, 공급하다
ล่ก	서둘러서 대충대충 하다
เหนื่อยใจ	마음이 피로하다, 마음이 사그라져 기운이 꺾이다
แทบจะ	거의, 하마터면 …을 뻔하다
มั่นใจ	확신하다, 확실하다, 마음에 거리낄 것이 없다
แสดงออก	표현하다, 나타내다

นอกกรอบ	틀 밖의, 고정관념 밖의
เพ้อเจ้อ	계속 쓸데없는 소리를 지껄여대다, 하찮은 일에 대하여 계속 지껄여대다, 헛소리하다
ผู้บริหารสูงสุด	최고 경영자(CEO), 회장
บ่น	불평하다, 투덜대다, 반복하여 말하다, 잔소리하다
เปิดใจ	마음을 열다
คุ้นเคย	익숙하다, 친숙하다, 친밀하다
ถูกใจ	마음에 들다
ปรับตัวเข้าหากัน	서로 적응하며 가까워지다 **ปรับตัว** 적응하다, 순응하다 **เข้าหากัน** 가까워지다
คุ้มค่า	수지가 맞다, 돈벌이가 되다, 응당하다
ฝากไว้	맡기다, 남겨지다, 맡겨지다
งง	어리둥절하다, 정신이 없다

เนื้อหาและการแปล +

พัชรี	หัวหน้าหนูเหรอคะ พี่ประชาค่ะ เน้นสั่งไม่เน้นสอน ที่อยู่มาได้ทุกวันนี้ พึ่งตัวเองล้วน ๆน้องคะ พี่ขอวันนี้นะคะ ช้ามาก เด็กสมัยนี้โตมาได้ยังไงเนี่ย ทำอะไรไม่ได้ดั่งใจสักอย่าง
팟차리	제 상사요? 쁘라차씨인데요. 시키기만하고 가르쳐 주지는 않아요. 오늘날까지 버틸 수 있었던 건 전부 내 능력 덕분이죠. 저기요, 오늘까지 부탁해요. 너무 느려요. 요즘 애들은 도대체 어떻게 자랐는지 뭐 하나를 해도 내 마음에 들게 하는 법이 없어요.
พิษณุ	งานเยอะครับ แต่หัวหน้าเยอะกว่า ถามอะไรก็กั๊ก ไม่เคยจะอธิบาย หงุดหงิดใส่ตลอด อันนี้พี่ไม่ต้องเซ็นจ้ะ คิดเองเป็นป่ะเนี่ย
피싸누	일이 많아요. 그런데 상사는 더 많아요. 상사한테 뭘 물어봐도 잘 알려주지도 않고 설명도 안 해 주고, 매번 짜증나 죽겠어요. 이건 내가 사인을 안해도 되잖아. 생각할 줄 몰라?
พรชัย	ตอนประชุมนะ เสนอไอเดียอะไรให้พี่เขาไปก็ไม่เอา ชอบวิธีเก่าแต่อยากได้ของใหม่ ๆ อ้าว น้องจ๋า มาเปลี่ยนแบบฟอร์มพี่ทำไมเนี่ย ใครให้ทำเนี่ยอ่ะ เอาไปให้ผู้ใหญ่ข้างบน เด็กสมัยนี้เอาแต่อ้าปากรอป้อน
펀차이	회의할 때 상사한테 아이디어를 내는데 받아주지 않아요. 옛날 방식을 고집하면서도 새로운 걸 얻기를 바라죠. 이런! 꺼이양, 내 양식을 왜 바꾼 거야? 누가 이렇게 하라고 시켰어? 자. 위층에 계신 분들한테 가져다 드려. 요즘 애들은 누가 입에 떠먹여 주기만을 기다리네요.

ประชา เฮ้อ งานพัชรีอีกแล้ว เด็กสมัยนี้เนี่ยนะพี่ ทำงานเร็ว แต่ล่ก เนี่ย ผิดตลอด ผมล่ะเหนื่อยใจจริง ๆ แล้วเด็กพี่ล่ะ

쁘라차 흠, 또 팟차리 업무네. 요즘 애들은요. 일은 빨리 하는데 대충대충 한다니까요. 이것 좀 봐요. 항상 틀린다니까요. 저는 진짜 피곤합니다. 그쪽 아이들은 어때요?

ปวีณา เด็กพี่ ตาพิษณุน่ะหรอ ฉลาดนะ แต่เรื่องเยอะมาก สั่งงานอะไร แต่ละที โอ๊ย พี่แทบจะตีกันตาย

빠위나 우리 애들, 핏싸누씨 말하는 거죠? 똑똑하죠. 하지만 사소한 일에도 너무 불평이 많아요. 일을 시킬 때마다 치고 박고 싸울 지경이에요.

ประชา แล้วของคุณล่ะ

쁘라차 그쪽 애들은 어때요?

เป้าประสงค์ นายพรชัยน่ะเหรอครับพี่ ไอเดียเยอะ ความรู้สิบ มั่นใจยี่สิบ แสดงออกร้อยนึง คิดนอกกรอบกับ คิดเพ้อเจ้อ มันต่างกันนะ หนู รู้ไหม

빠오쁘라쏭 펀차이씨 말씀하시는 거죠? 아이디어는 많아요. 아는 게 10이라면 자신감은 20이고 표현하는 건 100이에요. 혁신적인 생각과 헛소리는 다른 거죠. 아시죠?

ประชา หนูเอาขึ้นไปชั้น 34 นะ

쁘라차 이것을 34층에 가져다 드리게.

ผู้บริหารสูงสุด จริง ๆ แล้ว ทั้งประชา ปวีณา และเป้าประสงค์ สมัยเป็นเด็ก ใหม่ก็ไม่ได้เรื่องเหมือนกันแหละครับ แต่ถ้าจะให้ผมบ่นไป มันก็

	เหมือนกับประกาศความไม่เอาไหนของคนรุ่นผม เข้าใจไหมหนู
회장	사실 쁘라차씨, 빠위나씨, 빠오쁘라쏭씨도 신입이었을 때는 지금과는 달랐습니다. 하지만 제가 거기에 대고 불평을 한다면 저의 세대 사람들을 부정적으로 본다고 떠벌리는 것과 마찬가지지요. 이해했나요? 꺼이양?
ก้อย	เข้าใจค่ะ
꺼이	이해했습니다.
ผู้บริหารสูงสุด	ดี งั้นอธิบายไป
회장	좋아, 그러면 설명해 봐.
ก้อย	หนูเป็นเด็กสมัยนี้ของพี่พัชรี พี่พิษณุ พี่พรชัย และพี่พัชรี พี่พิษณุ พี่พรชัยก็เป็นเด็กสมัยนี้ของพี่ประชา พี่ปวีณา พี่เป้าประสงค์เช่นเดียวกันค่ะ พี่ประชา พี่ปวีณา พี่เป้าประสงค์ก็เป็นเด็กสมัยนี้ของท่านผู้บริหาร ก่อนที่จะบ่นเด็กสมัยนี้ ต้องอย่าลืมนะคะว่า เด็กโตมาจากโลกที่ผู้ใหญ่สร้าง เพลงที่เขาฟัง หนังที่เขาดู ครูที่สอนรวมถึงสังคมที่เขาอยู่ ก็มาจากพี่ ๆ พวกผู้ใหญ่สมัยนี้ทั้งนั้นแหละค่ะ บ่นไปก็เข้าตัวเปล่า ๆ
꺼이	팟차리씨, 피싸누씨, 펀차이씨의 입장에서 보면 저는 요즘 애들입니다. 그리고 마찬가지로 팟차리씨, 피싸누씨, 펀차이씨도 쁘라차씨, 빠위나씨, 빠오쁘라쏭씨 입장에서는 요즘 애들이죠. 쁘리차씨, 빠위나씨, 빠오쁘라쏭씨는 회장님 입장에서는 요즘 애들입니다. 요즘 애들을 탓하기 전에 잊지 마셔야 할 것은 요즘 애들은 어른들이 만들어 놓은 세상에서 자랐고, 그 아이들이 즐기는 노래와 영화, 선생님의 가르침을 포함하여 사회 속의 모든 것이 현재의 어른들로부터 배웠다는 것입니다. 불평하는 것은 자기 자신을 탓하는 것과 같지요.

ทุกคน อ๋อ

모두 아하!

ก้อย ถ้าหากว่าอยากจะเปลี่ยนเด็กสมัยนี้ ก็ต้องเริ่มต้นจากที่พี่ ๆ เปิดใจ ยอมอดทนกับวิธีที่พี่ ๆไม่คุ้นเคย เด็ก ๆ ก็อาจจะต้องอดทนกับวิธีที่ไม่ถูกใจบ้าง ปรับตัวเข้าหากัน แล้วเชื่อเถอะค่ะว่า เราจะได้อะไรใหม่ ๆ ที่คุ้มค่ากับการลอง

꺼이 만약 요즘 애들을 바꾸고 싶다면 선배님들이 먼저 마음을 열고 익숙하지 않은 후배들의 방식을 참고 인정해 줘야 할 겁니다. 요즘 애들도 마음에 들지 않는 방식이 좀 있더라도 참아야 할 수도 있습니다. 서로 맞춰나가야 합니다. 우리의 이러한 시도가 헛되지 않을 새로운 무엇인가를 얻을 수 있을 것이라고 확신합니다.

ผู้บริหารสูงสุด และอนาคตของเราจะฝากไว้กับใครล่ะครับ ถ้าไม่ใช่เด็กสมัยนี้

회장 요즘 애들이 아니면 누구에게 우리의 미래를 맡기겠습니까?

ก้อย ไม่งงนะคะ

꺼이 이제 아시겠지요?

อ้ายสาคร

싸컨 형아

게이인 싸컨은 채용 면접에서 매번 탈락한다. 하지만 한 회사 사장은 다른 사람과 다른 싸컨을 보고 그를 채용하기로 결심한다. 혼합 농업에 대한 홍보 일을 맡은 싸컨은 시골에 가서 진심을 다해 마을 주민들을 설득하여 결국 주민들의 지지를 얻게 된다.

https://www.youtube.com/watch?v=0rpwHIlR4Kw

แบบทดสอบก่อนเรียน

แรงบันดาลใจจากเรื่องจริง
실화를 바탕으로 제작되었음

ผู้สัมภาษณ์	คุณสาคร สมัครตำแหน่งพัฒนาชุมชนยั่งยืน ไหนลองบอกเหตุผลสิว่า
สาคร	คือหนู
ผู้สัมภาษณ์	เป็นใช่มั้ยเรา
สาคร	ค่ะ หนูเป็นตุ๊ด
ผู้สัมภาษณ์	และ
สาคร	เขาไม่รับค่ะ
ผู้สัมภาษณ์	โอเคครับ ขอบคุณที่แวะมา
สาคร	ขอบคุณค่ะ
ผู้สัมภาษณ์	แล้ว

คุณรู้มั้ย เหตุผลอะไรที่

ช่างถ่ายรูป	พร้อมนะครับ
สาคร	แป๊ปนะคะ

เพราะ เลยถูกตัดสินจากภายนอก

สาคร มูลโพนงาม

เจ้าหน้าที่พัฒนาชุมชนอย่างยั่งยืน

หน้าที่ ให้ความรู้ชุมชนเรื่องเกษตรผสมผสาน

สาคร สวัสดีค่ะ

หัวหน้า สาคร

มาแล้วครับ พี่น้อง หมอลำม่วนชื่น มาถึงบ้านท่านแล้วครับ คนอีสานบ้านเรา ต้องหมอลำซิ่ง ซิ่ง ซิ่ง

เขายิ่ง ต้องทำด้วยใจ

สาคร เกษตรผสมผสาน มามะมาฟังนะ พี่น้อง ประโยชน์หลายๆ ทำกันได้ทุกบ้าน มาฟังหน่อย

สาคร คุณตา ว่างไหม

คุณตา ไม่ว่าง

สาคร ว่างเนอะ พอดีว่ามีโครงการดีๆมานำเสนอค่ะ เป็นโครงการเกี่ยวกับเกษตรผสมผสาน

ตาออกมาเร็ว

เด็ก ตาไม่อยู่

สาคร อยู่กับตา 2 คนเหรอ

เด็ก อือ

สาคร แม่ไปไหน หนูชื่ออะไร

เด็ก ยิ้ม

สาคร ชื่อยิ้ม แล้วทำไมไม่เห็นยิ้มเลย ไหนยิ้มหน่อยสิ

เด็ก หิว

คุณตา มาหลอกอะไรเด็ก ออกไป

สาคร กินส้มตำไหม

คุณตา ไม่กิน

เด็ก กิน

สาคร ตลาดอยู่ไหน

คุณตา ถามทำไม

สาคร จะไปซื้อเครื่อง

คุณตา ซื้อทำไม

สาคร แล้วพริกล่ะ

คุณตา โน่นไง

สาคร มะนาวล่ะ ควีน โทเมโท่ ปลานิล เป็นยังไง

เด็ก แม่ทำอร่อยกว่า

สาคร อ่ะ ชิมอีกทีสิ นั่นไง ยิ้มแล้ว ชอบหวานก็ไม่บอก
ตา เมื่อเย็นขอโทษด้วย ใจร้อนไปหน่อย

คุณตา ตกลงเอ็งมาทำอะไรที่นี่

สาคร	จะชวนไปฟังเรื่องเกษตรผสมผสาน ยิ่งหนูมาเห็นบ้านตา หนูยิ่งเชื่อว่ามันดีจริงๆ พริกก็มี มะนาวก็มี ปลาก็มีให้กิน ไก่ก็มีให้กิน แถมยังมีควายตัวเบ้อเริ่มอีกด้วย ถ้าบ้านอื่นทำได้เหมือนบ้านตาก็คงจะดี แต่ก็ช่างมันเถอะ คงไม่มีใครเชื่อหรอก
คุณตา	ทำไม
สาคร	เพราะหนูเป็นแบบนี้มั้ง
เด็ก	เป็นแบบนี้น่ารักนะ
คุณตา	ไม่มีใครอยากฟัง แล้วเอ็งยังจะทำงานนี้อยู่ไหม

หัวหน้า	ว่าไง
สาคร	ทำค่ะ

คุณตา	พ่อผู้ใหญ่ ช่วยหน่อย

และเหตุผลสุดท้าย

สาคร	สวัสดีค่ะ ตื้นและตันไปทั้งตัว เรามาฟังกันดีกว่านะคะว่า เกษตรผสมผสาน คืออะไร

เชื่อมั่นในคุณค่าของคน

คำศัพท์หรือประโยคที่น่าสนใจ ✔

อ้าย	(동북부 방언) 남성이 형, 누나를 부를 때 이름 앞에 써서 친근함을 나타냄. 애! 자식! 놈! 친구의 이름 앞에 써서 친근감을 나타내거나 일반 사람의 이름 앞에 써서 무시함을 나타냄. 어른이 애정을 담아서 손아래 사람을 부를 때 사용하기도 함. 남성의 경우는 **อ้าย**, **ไอ้**, 여성의 경우는 **อี** 를 사용함.
แรงบันดาลใจ	영감, 감화력, 의욕
สมัคร	지원하다, 자원하다; 가입하다, 신청하다; 동의하다
ตำแหน่ง	직, 직무, 직위; 위치, 장소; (유별사)소수점 이하의 자릿수를 세는 말
พัฒนาชุมชนยั่งยืน	지속 가능한 공동체를 개발하다
	พัฒนา 발전하다, 발달하다, 개발하다 **ชุมชน** 공동체 **ยั่งยืน** 영속하다, 영원하다, 영구하다
ไหน	(문장 앞에 올 경우)불만스럽게 상대방에게 질문할 때
เหตุผล	이유, 인과, 원인과 결과
ตุ๊ด	동성애자, 게이
พร้อม	준비되다, 준비가 완료되다; 일제히, 동시에
แป๊ป	(구어)잠깐만
ตัดสิน	결단하다, 판정하다, 보다
ภายนอก	외부, 바깥, 표면, 외면, 외적, 겉
เจ้าหน้าที่	관계자, 담당자, 책임자

เกษตรผสมผสาน	혼합 농업, 작물의 재배와 가축의 사육을 함께 하는 농업 **เกษตร** 농업, 땅 **ผสมผสาน** 복합, 뒤섞다, 어우러지다; 조금씩 저축하다, 조금씩 쌓다
หมอลำม่วนชื่น	재미있는 동북부 춤 **หมอลำ** 태국 동북부 지방 스타일로 노래 부르는 가수나 공연 방식 **ม่วนชื่น** (동북부 지방어)재미있다 = **สนุกสนาน**
หมอลำซิ่ง	태국 동북부 지방의 공연 방식 중 하나로 노래와 춤으로 이루어진 공연
พิสูจน์	증명하다, 실증하다, 검증하다
ทุ่มเท	기울이다, 쏟다, 투입하다, 넣다, 향하다
พอดีว่า	마침
โครงการ	계획, 기획, 설계, 안
ยิ้ม	미소 짓다, 웃다
หลอก	속이다, 기만하다, 가장하다, …하는 체 하다
เครื่อง	식재료, 여기서는 **เครื่องปรุง** 의 의미로 구어체에서는 줄여서 **เครื่อง** 이라고 하기도 한다. **เครื่องปรุง** 은 음식을 요리할 때 넣는 고기, 야채, 양념, 과일, 야자즙 등을 의미한다.
พริก	고추
มะนาว	라임, 레몬
ควีน โทเมโท่	방울 토마토
ปลานิล	틸라피아(Tilapia), 태국에 있는 물고기의 종류

ควายตัวเบ้อเริ่ม	아주 큰 물소 **ควาย** 물소 **ตัว** (동물)수량사 **เบ้อเริ่ม** (구어)몸집이 아주 크다
ช่างมันเถอะ	내버려 두자. 신경 쓰지 말자.
คุณค่า	가치
ตื้นและตัน **= ตื้นตันใจ**	(기쁨이나 슬픔으로)감격한 나머지 목이 메어 말을 할 수 없다, 깊이 감동하다, 목이 메이다
เชื่อมั่น	확신하다, 자신을 갖다

เนื้อหาและการแปล

แรงบันดาลใจจากเรื่องจริง

실화를 바탕으로 제작되었음

ผู้สัมภาษณ์	คุณสาคร สมัครตำแหน่งพัฒนาชุมชนยั่งยืน ไหนลองบอกเหตุผลสิว่าทำไมผมถึงต้องรับคุณเข้าทำงาน
면접관	싸컨씨, 지속 가능한 공동체 개발 업무에 응시했군요. 왜 내가 당신을 채용해야 하는지 그 이유를 말씀해 보시지요.
สาคร	คือหนู
싸컨	저는
ผู้สัมภาษณ์	เป็นใช่มั้ยเรา
면접관	게이지요?
สาคร	ค่ะ หนูเป็นตุ๊ด
싸컨	네 저는 게이입니다.
ผู้สัมภาษณ์	และที่อื่นเขาว่าไง
면접관	다른 곳에서는 뭐라고 했나요?
สาคร	เขาไม่รับค่ะ
싸컨	받아 주지 않았습니다.
ผู้สัมภาษณ์	โอเคครับ ขอบคุณที่แวะมา
면접관	오케이, 와 줘서 고마워요.

สาคร ขอบคุณค่ะ

싸컨 감사합니다.

ผู้สัมภาษณ์ แล้วจะเริ่มงานได้เมื่อไร

면접관 그러면 언제부터 일을 시작할 수 있지요?

คุณรู้มั้ย เหตุผลอะไรที่ผมรับสาคารเข้าทำงาน

내가 싸컨을 채용한 이유가 무엇인지 당신은 아십니까?

ช่างถ่ายรูป พร้อมนะครับ

사진사 준비하세요.

สาคร แป๊ปนะคะ พร้อมแล้วค่ะ

싸컨 잠시만요. 준비됐어요.

เพราะเขาไม่เหมือนคนอื่น เลยถูกตัดสินจากภายนอก

왜냐하면 그는 다른 사람들과 모습이 달랐기 때문이다. 그래서 그의 외모를 보고 결정하였다.

สาคร มูลโพนงาม

เจ้าหน้าที่พัฒนาชุมชนอย่างยั่งยืน

หน้าที่ ให้ความรู้ชุมชนเรื่องเกษตรผสมผสาน

싸컨 문폰응암

지속 가능한 공동체 개발 담당자

직무 공동체에 혼합농업 관련 지식 전달

สาคร สวัสดีค่ะ
싸컨 안녕하세요.

หัวหน้า สาคร ไม่มีใครมาแล้วมั้ง
상사 싸컨씨, 아무도 안 올 것 같은데?

มาแล้วครับ พี่น้อง **หมอลำม่วนซื่น** มาถึงบ้านท่านแล้วครับ คนอีสานบ้านเรา ต้อง**หมอลำซิ่ง** ซิ่ง ซิ่ง

왔어요. 형제들, 신나는 동북부 공연 머람이 여러분의 고향으로 왔어요. 우리의 고향인 동북부 주민들은 꼭 머람씽입니다. 씽! 씽!

เขายิ่งต้อง**พิสูจน์**ตัวเอง ต้อง**ทุ่มเท** ต้องทำด้วยใจ

그는 더욱 더 스스로를 증명해야 하고 노력해야 하며 진심으로 일해야 한다.

สาคร เกษตรผสมผสาน มามะมาฟังนะ พี่น้อง ประโยชน์หลายๆ ทำกันได้ทุกบ้าน มาฟังหน่อย
싸컨 오셔서 혼합농업에 대해 들어보세요. 형제 여러분, 아주 유익해요. 모든 집이 다 할 수 있어요. 와서 들어보세요.

สาคร คุณตา ว่างไหม
싸컨 할아버지, 시간 있으세요?

คุณตา ไม่ว่าง
할아버지 바빠.

สาคร	ว่างเนอะ **พอดีว่า**มี**โครงการ**ดีๆมานำเสนอค่ะ เป็นโครงการเกี่ยวกับเกษตรผสมผสาน ตาออกมาเร็ว
싸컨	한가하시네요. 마침 좋은 프로젝트가 있는데 소개해 드릴게요. 혼합 농업과 관련된 프로젝트예요. 할아버지 빨리 나오세요.
เด็ก	ตาไม่อยู่
아이	할아버지 안 계셔.
สาคร	อยู่กับตา 2 คนเหรอ
싸컨	할아버지랑 둘이 사니?
เด็ก	อือ
아이	응.
สาคร	แม่ไปไหน หนูชื่ออะไร
싸컨	엄마는 어디 갔어? 네 이름은 뭐니?
เด็ก	ยิ้ม
아이	임이야.
สาคร	ชื่อ**ยิ้ม** แล้วทำไมไม่เห็นยิ้มเลย ไหนยิ้มหน่อยสิ
싸컨	이름이 임이구나. 그런데 왜 미소가 보이지 않지? 좀 웃어 볼래?

เด็ก	หิว
아이	배고파.

คุณตา	มาหลอกอะไรเด็ก ออกไป
할아버지	아이에게 뭘 속이려고 왔어. 나가!

สาคร	กินส้มตำไหม
싸컨	쏨땀 먹을래?

คุณตา	ไม่กิน
할아버지	안먹어.

เด็ก	กิน
아이	먹어.

สาคร	ตลาดอยู่ไหน
싸컨	시장이 어디 있지?

คุณตา	ถามทำไม
할아버지	왜 물어?

สาคร	จะไปซื้อเครื่อง
싸컨	식재료 사러 가게요.

คุณตา	ซื้อทำไม
할아버지	왜 사?

สาคร แล้วพริกล่ะ
싸컨 그럼 고추는?

คุณตา โน่นไง
할아버지 저기 있잖아.

สาคร มะนาวล่ะ ควีน โทเมโท่ ปลานิล เป็นยังไง
싸컨 라임은요? 방울 토마토, 물고기. 어때?

เด็ก แม่ทำอร่อยกว่า
아이 엄마가 해준 게 더 맛있어.

สาคร อ่ะ ชิมอีกทีสิ นั่นไง ยิ้มแล้ว ชอบหวานก็ไม่บอก
ตา เมื่อเย็นขอโทษด้วย ใจร้อนไปหน่อย
싸컨 그래. 다시 맛을 봐 봐. 바로 그거야. 웃었네. 단 맛을 좋아한다고 말하지.
할아버지, 어젯밤에는 죄송했습니다. 좀 성급했어요.

คุณตา ตกลงเอ็งมาทำอะไรที่นี่
할아버지 엥은 여기에 뭘 하려고 온거야?

สาคร จะชวนไปฟังเรื่องเกษตรผสมผสาน ยิ่งหนูมาเห็นบ้านตา หนูยิ่งเชื่อว่ามันดีจริงๆ พริกก็มี มะนาวก็มี ปลาก็มีให้กิน ไก่ก็มีให้กิน แถมยังมีควายตัวเบ้อเริ่มอีกด้วย ถ้าบ้านอื่นทำได้เหมือนบ้านตาก็คงจะดี แต่ก็ช่างมันเถอะ คงไม่มีใครเชื่อหรอก
싸컨 혼합농업에 대해 알리려고요. 할아버지 집에 와서 보니 더욱 더 혼합

농업이 정말 좋다고 믿게 됐어요. 고추도 있고, 라임도 있고, 잡아 먹을 물고기도 있고, 잡아 먹을 닭도 있고요. 게다가 큰 물소도 생겼잖아요. 만약 다른 집들도 할아버지 집처럼 할 수 있다면 좋을 것 같아요. 하지만 상관없어요. 아마 아무도 안 믿을 거에요.

คุณตา ทำไม
할아버지 왜?

สาคร เพราะหนูเป็นแบบนี้มั้ง
싸컨 왜냐하면 아마 제가 이 모양이라서요.

เด็ก เป็นแบบนี้น่ารักนะ
아이 이 모양도 귀여워요.

คุณตา ไม่มีใครอยากฟัง แล้วเอ็งยังจะทำงานนี้อยู่ไหม
할아버지 아무도 듣고 싶어하지 않는데 엥은 아직 이 일을 하고 싶나?

หัวหน้า ว่าไง คุณยังอยากทำงานนี้อีกมั้ย
상사 어때? 아직도 이 일을 더 하고 싶나?

สาคร ทำค่ะ
싸컨 할 거에요.

คุณตา พ่อผู้ใหญ่ ช่วยหน่อย
할아버지 어르신, 도와주세요.

และเหตุผลสุดท้าย คนที่ทำด้วยใจ ใครจะไม่เห็น**คุณค่า**

그리고 마지막 이유는 진심으로 일하는 사람의 가치를 누가 무시하겠는가?

สาคร สวัสดีค่ะ **ตื้นและตัน**ไปทั้งตัว เรามาฟังกันดีกว่านะคะว่า เกษตรผสมผสาน คืออะไร

싸컨 안녕하세요. 온 몸이 너무 떨리네요. 혼합농업이 무엇인지 와서 들어 보세요.

เชื่อมั่น*ในคุณค่าของคน*

사람의 가치를 믿으세요.

ทำไมผมต้องกราบยาม

내가 왜 경비원에게 고개를 숙여야 하는가

우리는 가난했고 아버지는 집에 거의 안계셨지만 나를 사랑해 주셨다. 아버지는 나에게 항상 열심히 공부하라고 말씀하셨다. 비록 우리에게 아름다운 날이 많지는 않았지만 나의 가장 아름다운 날은 아버지의 아름다운 날과 같았다.

https://www.youtube.com/watch?v=eTLeg2Rfjho

แบบทดสอบก่อนเรียน ✔

ตกลงจะจ่ายเมื่อไร นี่มันเดือนกว่าแล้วนะ อย่าหาว่าใจร้ายนะ

______

ผมขอผลัดอีกสักหน่อยเถอะครับ

โอ้ย ! ไม่ได้ๆๆ ______ คุณเข้าใจมั้ยเนี่ย ไม่มีเงินจ่ายฉัน

คุณก็ย้ายกลับบ้านนอกไป เข้าใจมั้ยเนี่ย

ชีวิตมันไม่ได้สวยงามทุกวัน ______

พ่อเคยบอกแบบนั้น

ตั้งใจเรียนก็พอแล้ว

______

หนึ่งร้อยสองคูณสี่ / หนึ่งร้อยสองคูณสี่

เพราะความรู้จะ ______ เหมือนพ่อ

จริงๆแล้วเราไม่ได้อยู่ด้วยกันบ่อยนะ ______

และบ่อยครั้งที่พ่อกลับมาตอนเช้า สอบวันสุดท้ายของผมแล้ว วันที่รอคอยกำลัง

จะมาถึง ______ ถึงแม้เราจะแตกต่างจากคน

อื่นๆ ไม่ได้มีชีวิตที่สวยงามเท่าไรนัก

แต่ความเป็นพ่อ ______

จะจอดตรงนี้ / โทษทีนะครับ ตรงนี้จอดไม่ได้จริงๆครับ

จะรีบไปสอบนะเว้ย / เอารถไปจอดด้านโน้นเลยครับ

โธ่เว้ย / พ่อ / โธ่! ยามเอ้ย กระจอก /

พ่อ

บางครั้งวันที่สวยงาม

วันที่สวยงามที่สุดของผมคือ เช่นกัน

แรงบันดาลใจจากเรื่องจริง

ร่วมสร้างสรรค์วันที่สวยงาม

คำศัพท์หรือประโยคที่น่าสนใจ

กราบ	큰 절을 하다, 엎드려 절하다; 절
ยาม	경비, 수위, 경비원
หา	…라고 비난하다; 고소하다, 고발하다; 찾다, 구하다; 방문하다, 탐방하다
ใจร้าย	인정이 없다, 무정하다, 모질다; 악의, 흑심, 독한 마음
ผลัด	연장하다, 지연하다, 연기하다; 교대하다, 교체하다; (순서의)번, 조
ย้าย	옮기다, 이동하다
บ้านนอก	시골, 향촌, 시외

ส่วนใหญ่	대부분, 대다수, 대개, 주로, 거의
ผิดหวัง	실망하다, 기대에 어긋나다, 섭섭하다, 속상하다
ด้วยซ้ำ	또한, 추가해서, 부가적으로, 그 위에, 게다가, 오히려, …도 또한(역시)
ตั้งใจ	열심히, 열의를 가지다, 심혈을 기울이다, 전심하다; 결심하다, 뜻을 두다, 뜻을 세우다; 고의로, 일부러
คูณ	곱하다; 배가(倍加)하다
ลำบาก	어렵다, 힘들다, 괴롭고 고통스럽다, 곤란하다
บ่อยครั้ง	빈번, 자주
ภูมิใจ	자만심이 있다, 당당하다, 뽐내다; 자랑스럽다
ถึงแม้	비록, 설령, …일지라도, …조차도
แตกต่าง	상이하다, 다르다; 차별(차이 · 구별 · 격차)의
ความเป็นพ่อ	부성 ↔ **ความเป็นแม่** 모성
น้อยกว่า	이하, 미만, 덜하다, 뒤지다, 더 적다
กระจอก	(구어, 속어)쓸모 없다, 천하다, 가치가 없다 초라하다, 어쭙잖다, 쩨쩨하다, 제까짓
สมบูรณ์แบบ	완벽하다, 온전하다
แรงบันดาลใจ	영감, 의욕, 감화력
สร้างสรรค์	창조하다, 건설하다, 만들다, 창작되다, 생성하다

เนื้อหาและการแปล +

ตกลงจะจ่ายเมื่อไร นี่มันเดือนกว่าแล้วนะ อย่าหาว่าใจร้ายนะ ใจดีมาหลายครั้งแล้ว

ผมขอผลัดอีกสักหน่อยเถอะครับ

โอ้ย ! ไม่ได้ๆๆ ฉันต้องใช้เงินเหมือนกัน คุณเข้าใจมั้ยเนี่ย ไม่มีเงินจ่ายฉัน คุณก็ย้ายกลับบ้านนอกไป เข้าใจมั้ยเนี่ย

언제 지불할거야? 한 달이 넘었어. 정이 없다고 욕하면 안돼. 몇 번이나 봐줬으니까.

한번만 더 연장해 주세요.

이런! 절대 안 돼! 나도 돈이 필요하다고. 당신, 알아 들었어? 내가 쓸 돈이 없어. 차라리 지방으로 이사 가버려. 알았어?

ชีวิตมันไม่ได้สวยงามทุกวัน ส่วนใหญ่มักจะผิดหวังด้วยซ้ำ พ่อเคยบอกแบบนั้น

ตั้งใจเรียนก็พอแล้ว

ตั้งใจเรียน เป็นคำที่พ่อพูดบ่อย

หนึ่งร้อยสองคูณสี่ / หนึ่งร้อยสองคูณสี่

เพราะความรู้จะช่วยให้ผมไม่ลำบากเหมือนพ่อ

삶은 항상 아름답지 않다. 게다가 대부분은 기대에 어긋나기도 한다. 아버지는 이렇게 말씀하셨다.

열심히 공부하는 것으로 충분해. 아버지는 열심히 공부하라고 자주 말씀하셨다.

102 곱하기 4 / 102 곱하기 4

왜냐하면 지식은 나를 아버지처럼 고통스럽지 않게 해주기 때문이다.

จริงๆแล้วเราไม่ได้อยู่ด้วยกันบ่อยนะ เพราะพ่อทำงานเกือบทุกวัน และบ่อยครั้งที่พ่อกลับมาตอนเช้า

สอบวันสุดท้ายของผมแล้ว วันที่รอคอยกำลังจะมาถึง วันที่พ่อจะต้องภูมิใจ

ถึงแม้เราจะแตกต่างจากคนอื่นๆ ไม่ได้มีชีวิตที่สวยงามเท่าไรนัก แต่ความเป็นพ่อ พ่อไม่ได้มีน้อยกว่าใครเลย

사실 우리는 자주 함께 있지는 않았다. 왜냐하면 아버지는 거의 매일 일을 하셨기 때문이다. 그리고 자주 아버지는 아침에 돌아오시곤 했다.

내가 마지막 시험을 치른 날이 되었다. 기다리던 날이 다가왔다. 아버지가 자랑스러워 하실 날이 말이다.

비록 우리는 다른 사람들과 달리 인생에서 아름다운 날이 별로 없었지만 아버지의 부성애는 다른 사람들보다 적지 않았다.

จะจอดตรงนี้ / โทษทีนะครับ ตรงนี้จอดไม่ได้จริงๆครับ

จะรีบไปสอบนะเว้ย / เอารถไปจอดด้านโน้นเลยครับ

โธ่เว้ย / พ่อ / โธ่! ยามเอ้ย กระจอก / ไม่เป็นไรลูก

여기에 주차한다고! / 죄송합니다. 여기는 정말 주차하면 안됩니다.

빨리 시험 보러 가야한다고! / 차를 저쪽에 주차하세요.

젠장! / 아버지! / 젠장! 천한 경비원 주제에! / 괜찮아. 아들아.

พ่อ ผมทำได้แล้ว

บางครั้งวันที่สวยงามอาจจะไม่ได้มาจากความสมบูรณ์แบบ วันที่สวยงามที่สุดของผมคือวันที่สวยงามที่สุดของพ่อเช่นกัน

아버지, 제가 해 냈어요.

가끔 아름다운 날은 완벽함에서 오지 않을 수도 있다.

나의 가장 아름다운 날은 아버지의 아름다운 날과 같았다.

แรงบันดาลใจจากเรื่องจริง

ร่วมสร้างสรรค์วันที่สวยงาม

사실을 바탕으로 제작했습니다.

아름다운 날을 함께 창조합니다.

บทที่ 04

เพลง

4장 노래

บทที่ 04

เพลง

4장 노래

ร้อยล้านวิว

억 개의 경치

'억 개의 경치'는 태국 가수 스탬프(본명: 아피왓 으어타원쑥)가 2018년에 발매한 노래이다. 헤어진 여인을 그리워하는 마음을 억 개나 되는 경치를 지나쳐도 잊지 못하겠다고 표현하고 있다.

https://www.youtube.com/watch?v=6jM9TIblQ3Q

แบบทดสอบก่อนเรียน ✔

______ ให้ไกลสุดฟ้า

อยากจะลืมที่ผ่านมา ______

(ลบภาพเดิมในใจ)

แต่เดินมาไกลแค่ไหน ______

จะให้ฉันลืมมันได้ยังไง

______ สักเท่าไร

มองทะเล ______

______ เพื่อทำใจ

กี่พระอาทิตย์ที่ต้องดู

ก็ยังไม่รู้ว่า ______

จึงจะลบภาพเธอ ______

______ ด้วยดวงตาคู่นั้น

ยังคงชัดในใจฉัน ______

(ไม่อาจลบภาพเดิมในใจ)

______ ข้างในจิตใจก็มีแต่เธอนั้น

______

ต้องมองท้องฟ้าสักเท่าไร

ถึงเมื่อไหร่

มองดวงดาวกี่หมื่นกี่ล้านดวงดาว

ก็ยังไม่รู้ว่าอีกกี่ร้อยล้านวิว

ได้หมดจากใจ

แต่เดินมาไกลแค่ไหน

จะให้ฉันลืมมันได้ยังไง

มองทะเลถึงเมื่อไหร่

มองดวงดาวกี่หมื่นกี่ล้านดวงดาวเพื่อทำใจ

กี่พระอาทิตย์ที่ต้องดู

ก็ยังไม่รู้ว่าอีกกี่ร้อยล้านวิว

จึงจะลบภาพเธอได้หมดจากใจ

อีกกี่พันท้องฟ้า

อีกกี่พันภูเขา

อีกกี่หมื่นกี่ล้านดวงดาวเพื่อทำใจ

อีกกี่ดวงอาทิตย์

จะไม่ทำให้คิดถึงเธอ

และลบภาพเธอได้หมดจากใจ

จะลบภาพเธอให้หมดจากใจ

คำศัพท์หรือประโยคที่น่าสนใจ

ร้อยล้านวิว	억 개의 경치 **ร้อยล้าน** 억(億) **วิว** 풍경, 경치 (어원; 영어 view)
เดินทางออกไป	여행을 떠나다 **เดินทาง** 여행하다 **ออกไป** 나가다
ให้ไกลสุดฟ้า	하늘 끝까지 멀리 **ให้** …하게 **ไกล** 멀다, **สุด** 맨 끝에, 후미에; 다하다, 끝나다; 최후의, 말단의 **ฟ้า** 하늘
ที่ผ่านมา	지난(=**แต่ก่อน**, **เมื่อก่อน**, **ในอดีต**); 그 동안(**ในช่วงนั้น**, **ในระหว่างนั้น**, **ในช่วงที่ผ่านมา**)
ภาพ	그림; 모양; 영상
เดินมาไกลแค่ไหน	아무리 멀리 걸어 와도 **เดินมา** 걸어오다 **ไกล** 멀다 **แค่ไหน**(길이 · 면적 · 부피 · 고저 · 대소 등을 나타낼 때)어느 정도의 **เช่น ยาวแค่ไหน**(어느 정도 깁니까?) **โตแค่ไหน**(어느 정도 큽니까?) 하지만 여기서는 **แค่ไหน** 의 뒷부분에 기대에 반대되는 내용인 **ภาพเดิมก็ยังอยู่ในความฝัน**(지난 그림은 아직 꿈 속에 남아 있네)가 왔으므로 '아무리'라고 해석하는 것이 더 자연스럽다.
ความฝัน	꿈 **ฝัน** 꿈; 꿈을 꾸다 **ความ**은 동사 **ฝัน** 앞에 위치하여 **ความฝัน**(꿈)이라는 추상명사를 만든다.

ให้...ลืม	(~에게) 잊게 하다 **ให้** (~에게) ~하게하다, (~에게) ~시키다(=**ทำให้**) **ลืม** 잊다, 망각하다, 잊어버리다 여기서 **ทำให้ฉันลืม** 은 '내가 잊게 하다' 라는 의미이다.
ได้อย่างไง	어떻게 ~하리오 = **ได้อย่างไร**
มอง	바라보다, 주시하다, 응시하다
ท้องฟ้า	하늘 **ท้อง** 넓이를 가진 장소 **เช่น ท้องทุ่ง**(들판, 벌판) **ท้องไร่**(밭) **ท้องนา**(평야) **ท้องถนน**(도로)
สักเท่าไร	얼마쯤 **สัก** 약, 적어도, 단지 **เช่น ขอเวลาสัก 2 วัน**(적어도 이틀만 시간을 주세요) **เท่าไร** 얼마
ถึงเมื่อไหร่	언제까지 **ถึง** ~까지; 도착하다; ~달하다, ~미치다, ~파급하다 **เมื่อไหร่** 언제(**เมื่อไร**)
ดวงดาว	별 **ดวง** 둥근 형의 물체 **เช่น ดวงดาว**(별) **ดวงไฟ**(불빛) **ดวงตรา**(도장)
เพื่อทำใจ	마음을 누르기 위해 **เพื่อ** 위하여 **ทำใจ** 마음을 제어하다; 감정 따위를 누르다; 자제하다
พระอาทิตย์	태양
มองจ้อง	주시하다; 쏘아보다

ดวงตาคู่นั้น	그 두 눈 **ดวง** 둥근 형의 물체 **ตา** 눈 **คู่** (유별사) ~짝; ~쌍 **เช่น ตะเกียบ 1 คู่**(젓가락 한 쌍) **นั้น** (지시형용사)그
ชัด	분명하다; 정확하다
ไม่ว่าหันไปทางใด	비록 다른 곳을 향하고 있지만 **ไม่ว่า** ~구분이 없이, ~을 막론하고 **หันไป** 향하다 **ไป** 는 방향동사로 동사의 보조적 역할을 하며 화자로부터 동작이 멀어져 가는 경우에 사용한다. **ทางใด** 어느 방향 → 여기서는 **ไม่ว่าหันไปทางใด**(어느 다른 방향을 향하고 있어도)를 문맥 상 의역하여 '비록 다른 곳을 향하고 있지만' 이라고 번역하였다.
จิตใจ	마음; 정신

เนื้อหาและการแปล

อยากจะเดินทางออกไปให้ไกลสุดฟ้า

하늘 끝까지 멀리 여행을 떠나고 싶어

อยากจะลืมที่ผ่านมาออกไปหาภาพใหม่ๆ

지난 날을 잊고 새로운 그림을 찾고 싶어

(ลบภาพเดิมในใจ)

(마음 속의 지난 모습을 지우고)

แต่เดินมาไกลแค่ไหนภาพเดิมก็ยังอยู่ในความฝัน

하지만 아무리 멀리 왔어도 지난 그림은 아직 꿈 속에 남아있네

จะให้ฉันลืมมันได้ยังไง

내가 그것을 어떻게 잊을까

ต้องมองท้องฟ้าสักเท่าไร

얼마나 더 하늘을 바라봐야만 하나

มองทะเลถึงเมื่อไหร่

언제까지 바다를 바라봐야만 하나

มองดวงดาวกี่หมื่นกี่ล้านดวงดาวเพื่อทำใจ

몇 만개, 몇 백만 개의 별을 바라보아야 마음을 누를 수 있을까

กี่พระอาทิตย์ที่ต้องดู
몇 개의 태양을 바라봐야만 하나

ก็ยังไม่รู้ว่าอีกกี่ร้อยล้านวิว
몇 억 개의 경치를 더 지나야

จึงจะลบภาพเธอได้หมดจากใจ
너의 모습을 마음 속에서 모두 지울 수 있을지 잘 모르겠어

ภาพที่เธอมองจ้องมาด้วยดวงตาคู่นั้น
네가 그 두 눈으로 바라보는 모습은

ยังคงชัดในใจฉันไม่ว่าหันไปทางใด
비록 다른 곳을 향하고 있지만 아직 내 마음 속에 선명한데

(ไม่อาจลบภาพเดิมในใจ)
(아직 마음 속의 이전 모습을 지우지 못했어)

แต่เดินมาไกลแค่ไหนข้างในจิตใจก็มีแต่เธอนั้น
하지만 아무리 멀리 가도 마음 속에는 너뿐이야

จะให้ฉันลืมมันได้ยังไง
내가 널 어떻게 잊어

ต้องมองท้องฟ้าสักเท่าไร
얼마나 더 하늘을 바라봐야만 하나

มองทะเลถึงเมื่อไหร่
언제까지 바다를 바라봐야만 하나

มองดวงดาวกี่หมื่นกี่ล้านดวงดาวเพื่อทำใจ
몇만 개, 몇백만 개의 별을 바라보아야 마음을 누를 수 있을까

กี่พระอาทิตย์ที่ต้องดู
몇 개의 태양을 바라봐야만 하나

ก็ยังไม่รู้ว่าอีกกี่ร้อยล้านวิว
몇억 개의 경치를 더 지나야

จึงจะลบภาพเธอได้หมดจากใจ
너의 모습을 마음 속에서 모두 지울 수 있을지 잘 모르겠어

แต่เดินมาไกลแค่ไหนข้างในจิตใจก็มีแต่เธอนั้น
하지만 아무리 멀리 가도 마음 속에는 너뿐이야

จะให้ฉันลืมมันได้ยังไง
내가 널 어떻게 잊어

ต้องมองท้องฟ้าสักเท่าไร
얼마나 더 하늘을 바라봐야만 하나

มองทะเลถึงเมื่อไหร่
언제까지 바다를 바라봐야만 하나

มองดวงดาวกี่หมื่นกี่ล้านดวงดาวเพื่อทำใจ
몇만 개, 몇백만 개의 별을 바라보아야 마음을 누를 수 있을까

กี่พระอาทิตย์ที่ต้องดู
몇 개의 태양을 바라봐야만 하나

ก็ยังไม่รู้ว่าอีกกี่ร้อยล้านวิว
몇억 개의 경치를 더 지나야

จึงจะลบภาพเธอได้หมดจากใจ
너의 모습을 마음 속에서 모두 지울 수 있을지 잘 모르겠어

อีกกี่พันท้องฟ้า
몇천 개의 하늘을

อีกกี่พันภูเขา
몇천 개의 산을

อีกกี่หมื่นกี่ล้านดวงดาวเพื่อทำใจ
몇만 개, 몇백만 개의 별을 바라보아야 마음을 누를 수 있을까

อีกกี่ดวงอาทิตย์
몇 개의 태양을 바라봐야

จะไม่ทำให้คิดถึงเธอ
네가 그립지 않게 할 수 있을까

และลบภาพเธอได้หมดจากใจ
그리고 마음 속에서 너의 모습을 전부 지울 수 있을까

จะลบภาพเธอให้หมดจากใจ
마음 속에서 너의 모습을 전부 지울 거야

ถ้าฉันหายไป

만약 내가 사라진다면

'만약 내가 사라진다면'은 태국 가수 '엇(본명: 팟타라위 씨싼띠쑥)'이 2018년에 발매한 노래이다. 연인의 멀어져 버린 마음을 안타까워하면서 만약 내가 사라진다면 헤어진 연인이 예전과 같이 자신을 생각해 줄지 궁금해 한다.

https://www.youtube.com/watch?v=sUVgKzzN9Zw

แบบทดสอบก่อนเรียน

ปลายขอบฟ้า

ฉันทำได้แค่มองดู

เหมือนเธอและฉัน

ที่ยิ่งเดินเข้าไปเท่าไร

ดูเหมือนระยะทางที่มี

ก็ไม่รู้ อ่อนล้าไปทั้งหัวใจ

อยากรู้เหลือเกินว่า

เห็นฉันบ้างไหมในสายตา

หรือ

ถ้าหากว่าฉันหายไป

จะมีสักครั้งบ้างไหมที่

ก็ไม่รู้

หรือว่าฉันนั้นก็

แค่ตรงที่ไกลเท่าเดิม

ก็ไม่รู้ ต้องเดินอีกไกลแค่ไหน

ถ้าวันหนึ่งฉันหายไป

ว่าเธอนั้นจะรู้สึกบ้างไหม

หรือฉันไม่เคยจะมีค่าอะไร

ที่เธอรู้สึกว่าเสียใจ

ก็ไม่รู้ฉันต้องก้าวเดินต่อไปไหม

หรือว่าฉันนั้นก็ควรจะหยุดเอาไว้แค่นี้

คำศัพท์หรือประโยคที่น่าสนใจ

หายไป	사라지다; 없어지다 **ไป**는 방향동사로 동사**หาย**의 보조적 역할을 하며 화자로부터 동작이 멀어져 가는 경우에 사용한다.
ปลายขอบฟ้า	하늘의 가장자리
ห่างไกล	멀리 떨어지다
ทำได้แค่~	단지 ~만 할 수 있다
ต่อให้	(접속사)비록 ~하더라도
ไม่ว่านานเท่าไร	아무리 오래 걸려도 **ไม่ว่า** ~구분이 없이, ~을 막론하고 **นาน** 오래다, (시간이) 길다, 더디다 **เท่าไร** 얼마나, 아무리
ต่าง	다르다, 상이하다
ยิ่ง...ยิ่ง...	…하면 …할수록 점점
ดูเหมือน...	마치(…인 것)같다
ระยะทาง	거리
เท่าเดิม	전과 같이, 전처럼 **เท่า** 동등하다; ~만큼 **เดิม** 원래, 이전, 본래의
อีกไกลแค่ไหน	얼마나 더 멀리 **อีก** 다시, 또, 더욱 더 **ไกล** 멀다 **แค่ไหน** 어느 정도의, 얼마나
อ่อนล้าไป	지치다; 탈진하다; 늘어지다; 약해지다 **ไป** 는 방향동사이다.
วันหนึ่ง	어느 날

เหลือเกิน	너무, 매우 **เช่น ร้อนเหลือเกิน**(너무 덥다.)
รู้สึกบ้างไหม	좀 느끼니? **รู้สึก** 느끼다, 생각하다 **บ้าง** 좀, 약간; 일부, 소수
ในสายตา	시선에 **สายตา** 시선; 시력; 안목
ไม่เคยมีค่าอะไร	아무 가치가 없었다 **ไม่เคย** ~한 적이 없다 **มีค่า** 가치가 있다 **อะไร** (부정대명사)무엇, 어느 것
ถ้าหากว่า	만약, 만약~이라면
ก้าวเดินต่อไป	계속 걸어가다 **ก้าวเดิน** 걷다 **ต่อไป** 계속; 다음의
หยุดเอาไว้แค่นี้	이 정도에서 그만두다. **หยุดเอาไว้** 멈추어 두다, 그만두다. **หยุด** 멈추다, 정지하다 **เอาไว้** ~해 놓다, ~아 놓다 **แค่นี้** 이 정도의, 이 정도만

เนื้อหาและการแปล

ปลายขอบฟ้าห่างไกล
하늘의 끝은 아주 멀어서

ฉันทำได้แค่มองดู ต่อให้เดินเข้าไปเท่าไรก็ยังห่าง
나는 단지 바라만 볼 수 있네. 아무리 걸어 가도 아직도 멀기만 하네

ไม่ว่านานเท่าไรก็ไม่ต่าง เหมือนเธอและฉัน
아무리 오래 걸어도 다르지 않아 마치 나와 너처럼

ที่ยิ่งเดินเข้าไปเท่าไรยิ่งไกลห่าง
아무리 더 가까이 걸어 가도 더 멀어져

ดูเหมือนระยะทางที่มียังคงไกลเท่าเดิม
거리가 아직도 전처럼 먼 것만 같아

ก็ไม่รู้ ต้องเดินอีกไกลแค่ไหน อ่อนล้าไปทั้งหัวใจ
얼마나 더 멀리 걸어 가야만 하는지 모르겠어 모든 마음이 약해져 버렸어

ถ้าวันหนึ่งฉันหายไป
만약 어느 날 내가 사라진다면

อยากรู้เหลือเกินว่าเธอนั้นจะรู้สึกบ้างไหม
네가 생각을 해줄 지 너무 궁금해

เห็นฉันบ้างไหมในสายตา

너의 시선에 내가 보이기는 하니?

หรือฉันไม่เคยจะมีค่าอะไร

아니면 나는 아무 가치도 없었던 거니?

ถ้าหากว่าฉันหายไป

만약 내가 사라진다면

จะมีสักครั้งบ้างไหมที่เธอรู้สึกว่าเสียใจ

네가 한 번이라도 슬퍼할까?

ก็ไม่รู้ฉันต้องก้าวเดินต่อไปไหม

내가 앞으로 더 나아가야만 하는지 잘 모르겠어

หรือว่าฉันนั้นก็ควรจะหยุดเอาไว้แค่นี้

아니면 내가 이 정도에서 그만 두어야만 할지

แค่ตรงที่ไกลเท่าเดิม

단지 이전처럼 먼 곳에서

ก็ไม่รู้ ต้องเดินอีกไกลแค่ไหน อ่อนล้าไปทั้งหัวใจ

얼마나 더 멀리 걸어 가야만 하는지 모르겠어 모든 마음이 약해져 버렸어

ถ้าวันหนึ่งฉันหายไป

만약 어느 날 내가 사라진다면

อยากรู้เหลือเกินว่าเธอนั้นจะรู้สึกบ้างไหม
네가 생각을 해줄 지 너무 궁금해

เห็นฉันบ้างไหมในสายตา
너의 시선에 내가 보이기는 하니?

หรือฉันไม่เคยจะมีค่าอะไร
아니면 나는 아무 가치도 없었던 거니?

ถ้าหากว่าฉันหายไป
만약 내가 사라진다면

จะมีสักครั้งบ้างไหมที่เธอรู้สึกว่าเสียใจ
네가 한 번이라도 슬퍼할까?

ก็ไม่รู้ฉันต้องก้าวเดินต่อไปไหม
내가 앞으로 더 나아 가야만 하는지 잘 모르겠어

หรือว่าฉันนั้นก็ควรจะหยุดเอาไว้แค่นี้
아니면 내가 이 정도에서 그만 두어야만 할지

แค่ตรงที่ไกลเท่าเดิม
단지 이전처럼 먼 곳에서

เธอ

너

'너'는 태국 가수 크리스티나 아길라가 2018년에 발표한 노래이다. 앞으로 나아 갈 희망과 용기를 잃은 나에게 네가 찾아와서 나를 밝아지게 하고 미래에 대한 희망을 갖게 바꾸어 주었다고 노래한다.

https://www.youtube.com/watch?v=LixVivtT7Xc

แบบทดสอบก่อนเรียน

ฉัน ที่ฝัน

เจอ เรื่องราวร้อยพัน

ฉันก็มีที่ท้อ

หมดความหวังและ

เปลี่ยนแปลงโลกทั้งใบให้ดูมีความหวัง

เธอ

เธอเปลี่ยนฉันคนนี้

ไปกว่าที่ และอ่อนล้า

ฉันบนเส้นทางที่ฝัน

เจอความทุกข์และสุข

และกำลังใจจะก้าวต่อ

เธอเข้ามาในชีวิต

ให้ดูมีความหวัง

เธอเปลี่ยนแปลงทุกอย่าง

ให้สดใส

ไปกว่าที่เคยหม่นหมองและอ่อนล้า

ฉันมีวันนี้เพราะเธอ

______________ ที่มากไปกว่า

แค่มีเธอกับฉันอยู่ทุกเวลา

แต่จะ______________ว่าฉันรักเธอ

เธอเปลี่ยนแปลงทั้งโลกไป

เปลี่ยนเปลี่ยนฉันคนนี้ให้สดใส

______________และอ่อนล้า

ฉันมีวันนี้เพราะเธอ

Yo Yo Yo Yo

A drop of the rhyme, A drop of the beat.

On top of the world,

I want to thank you for believing in me.

As the love keep spinning, going on and on.

You always keep me young.

You're supporting my dream.

You staying with me through the good

and the bad times.

so I got to let you know

how much you make me shine.

I'm so lucky you're a part of my life.

Strong and beautiful.

This song is for you.

ฉันที่มีวันนี้บอกเลยว่า

ที่คอยอยู่เคียงกับฉัน

จะเก็บมันไว้ตลอดไป

ไม่ว่านานแค่ไหนบอกเลยว่า

เธอเปลี่ยนแปลงทั้งโลกไป

เปลี่ยนเปลี่ยนฉันคนนี้ให้สดใส

ไปกว่าที่เคยหม่นหมองและอ่อนล้า

คำศัพท์หรือประโยคที่น่าสนใจ

เส้นทาง	노선, 방향
ฝัน	꿈, 공상, 몽상, 환상; 꿈을 꾸다, 환상하다, 몽상하다, 공상하다
ความทุกข์และสุข	고통과 행복
เรื่องราว	사정, 사건; 정황; 이야기
ร้อยพัน	백(100) 개와 천(1,000) 개
ที่ท้อ	실망(낙담, 낙심, 의기소침)하다; 위축하다, 주눅들다
หมด	다하다, 끝나다, 마치다; 없어지다, 상실하다; 전부, 모두, 완전히
ความหวัง	희망
กำลังใจ	정신력, 용기, 사기
ก้าวต่อ	더 걷다, 더 나아가다
เปลี่ยนแปลง	변화하다, 변하다
สดใส	청명하다; 선명하다; 명랑하다, 밝다
หม่นหมอง	우울하다, 암담하다, 수심에 빠지다
อ่อนล้า	늘어지다, 고달프다, 노곤하다, 탈진하다
เคียง	가깝다, 나란하다, 맞대다
ไม่ว่านานแค่ไหน	아무리 멀어도

เนื้อหาและการแปล

ฉันบนเส้นทางที่ฝัน

나는 꿈 속에서

เจอความทุกข์และสุขเรื่องราวร้อยพัน

수많은 이야기에서 행복과 고통을 겪었지

ฉันก็มีที่ท้อ

나는 실망했어

หมดความหวังและกำลังใจจะก้าวต่อ

앞으로 나아 갈 희망과 용기를 잃었어

เธอเข้ามาในชีวิต

네가 내 인생에 들어왔어

เปลี่ยนแปลงโลกทั้งใบให้ดูมีความหวัง

세상의 희망을 볼 수 있게 바꿔 줬어

เธอเปลี่ยนแปลงทุกอย่าง

너는 모든 것을 바꿔 줬어

เธอเปลี่ยนฉันคนนี้ให้สดใส

너는 나를 더 밝게 바꿔 줬어

ไปกว่าที่เคยหม่นหมองและอ่อนล้า

우울하고 힘이 없었던 나를

ฉันมีวันนี้เพราะเธอ
당신 때문에 오늘이 있어

ฉันบนเส้นทางที่ฝัน
나는 꿈 속에 있어

เจอความทุกข์และสุขเรื่องราวร้อยพัน
수 많은 이야기에서 행복과 고통을 겪었지

ฉันก็มีที่ท้อ
나는 실망했었어

หมดความหวังและกำลังใจจะก้าวต่อ
앞으로 나아 갈 희망과 용기를 잃었어

เธอเข้ามาในชีวิต
네가 내 인생에 들어왔어

เปลี่ยนแปลงโลกทั้งใบให้ดูมีความหวัง
세상의 희망을 볼 수 있게 바꿔 줬어

เธอเปลี่ยนแปลงทุกอย่าง
너는 모든 것을 바꿔 줬어

เธอเปลี่ยนฉันคนนี้ให้สดใส
너는 나를 더 밝게 바꿔 줬어

ไปกว่าที่เคยหม่นหมองและอ่อนล้า
우울하고 힘이 없었던 나를

ฉันมีวันนี้เพราะเธอ
당신 때문에 오늘이 있어

ไม่ต้องการอะไรที่มากไปกว่า
더 이상의 무엇을 바라지 않아

แค่มีเธอกับฉันอยู่ทุกเวลา
그냥 너랑 나랑 항상 함께하길 바라

แต่จะมีสิ่งนึงอยากบอกให้รู้ว่าฉันรักเธอ
하지만 내가 너를 사랑한다는 한 가지만은 알려주고 싶어

เธอเปลี่ยนแปลงทั้งโลกไป
너는 온 세상을 바꿔 줬어

เปลี่ยนเปลี่ยนฉันคนนี้ให้สดใส
너는 나를 더 밝게 바꿔 줬어

ไปกว่าที่เคยหม่นหมองและอ่อนล้า
우울하고 힘이 없었던 나를

ฉันมีวันนี้เพราะเธอ
당신 때문에 오늘이 있어

Yo Yo Yo Yo

A drop of the rhyme, A drop of the beat.

On top of the world,

I want to thank you for believing in me.

As the love keep spinning, going on and on.

You always keep me young.

You're supporting my dream.

You staying with me through the good

and the bad times.

so I got to let you know

how much you make me shine.

I'm so lucky you're a part of my life.

Strong and beautiful.

This song is for you.

ฉันที่มีวันนี้บอกเลยว่าเพราะมีเธอ

당신이 있어서 나의 오늘이 있다고 말할게

ที่คอยอยู่เคียงกับฉันไม่ว่าคืนวันจะดีจะร้าย

좋은 날이든 나쁜 날이든 내 옆에서 기다려 준

ใจที่เธอให้ฉันจะเก็บมันไว้ตลอดไป

네가 나에게 준 마음은 항상 간직할게

ไม่ว่านานแค่ไหนบอกเลยว่าฉันจะมีแต่เธอ
아무리 오랜 세월이 흘러도 나는 너밖에 없다고 말할게

เธอเปลี่ยนแปลงทั้งโลกไป
너는 온 세상을 바꿔 줬어

เปลี่ยนเปลี่ยนฉันคนนี้ให้สดใส
너는 나를 더 밝게 바꿔 줬어

ไปกว่าที่เคยหม่นหมองและอ่อนล้า
우울하고 힘이 없었던 나를

ฉันมีวันนี้เพราะเธอ
당신 때문에 오늘이 있어

บทที่ 05

ภาพยนตร์

5장 영화

บทที่ 05

ภาพยนตร์

5장 영화

ตัวอย่าง คิดถึงวิทยา(The Teacher's Diary)

선생님의 일기 예고편

레슬링 선수였던 '썽'은 오지 마을에 있는 수상학교에 임시 교사로 간다. 이 학교에서 그는 우연히 이 학교에 근무했던 '앤' 선생님의 일기장을 발견한다. 외롭게 지내던 썽은 이 일기장을 읽는 동안 앤에게 사랑을 느끼게 된다. 1년 후 다시 학교로 돌아온 앤도 썽이 남긴 글을 보며 호감을 가진다. 서로 그리워하던 두 남녀는 그 후 만나게 된다.

https://www.youtube.com/watch?v=I5QlFDuAgb4

แบบทดสอบก่อนเรียน

เคยเป็นนักมวยปล้ำด้วยเหรอ แต่ตอนนี้

ซะแล้วนะซิ

ก็ได้ครับ

ว่ายน้ำเป็นเปล่า

ผมไม่เคยคิดอยากเป็นครู พอเข้าวงการมา

ครูชื่อ “สอง”

โรงเรียนนี้มีเด็กแค่สี่คนครับ

จงเติมกลุ่มคำให้ถูกต้อง ตัวอย่างเช่น น้ำใจ ให้เติมว่าไม้ตรีเข้าใจไหม (ครับ)

ทรหด มา ไม่ใช่ สุด ๆ อดทนเว้ย

สอนที่นี่ ครับ แต่เหงา แล้วก็

โคตรเข้าใจหัวอกของแดจังกึมตอนถูกเฉด

หัวไปเกาะเชจู

เธอชื่อแอนครับ ของที่นี่

นี่เหรอครูแอน ไม่ใช่ คนนี้ครูจีจี้ แต่แขนอันนี้ของครูแอน หนูจำดาวได้

วันนี้ครูจะให้ทุกคนวาดรูปครูแอน นี่ครูแอนเหรอ ครับ

ผอ.ครับ ตอนนี้ครูแอนเขาไปไหนแล้วล่ะครับ

ครูแอน ______ ที่ม่อนฟ้า

ผมรู้สึกเหมือนอกหัก ตลอดครึ่งปีที่ผ่านมา ______

แล้วก็การคิดถึงครูแอน

คำศัพท์หรือประโยคที่น่าสนใจ

นักมวยปล้ำ	권투선수
ครูพละ	체육 교사
เต็มซะแล้ว	가득 차버리다
วงการ	…계(직업이나 관심이 같은 집단) **เช่น วงการบันเทิง**(예능계) **วงการธุรกิจ**(사업계) **วงการครู**(교사계) **เป็นต้น**
โหด	잔인하다
แถม	덤을 주다, 첨가하다; 달리, 그 밖에 따로, 덤으로
คนละชั้น	학생들이 각각 다른 학년이다
เหงา	외롭다. 쓸쓸하다.
เนรเทศ	추방하다
หัวอก	마음
เฉดหัว	내쫓다
อกหัก	실연의 상처를 입다

เนื้อหาและการแปล

เคยเป็นนักมวยปล้ำด้วยเหรอ แต่ตอนนี้ครูพละของเรามันเต็มซะแล้วนะซิ

ให้ผมเป็นผู้ช่วยก็ได้ครับ

ว่ายน้ำเป็นเปล่า

전에 권투 선수도 했었어? 하지만 지금 체육 교사자리는 다 차 버렸어.

보조 교사도 괜찮습니다.

수영할 수 있어?

ผมไม่เคยคิดอยากเป็นครู พอเข้าวงการมา ก็เจอของโหดเลย

ครูชื่อ “สอง”

โรงเรียนนี้มีเด็กแค่สี่คนครับ แถมเรียนคนละชั้น

나는 선생님이 되고 싶다고 생각한 적이 없다. 교육계에 들어오자마자 최악을 경험했다.

선생님 이름은 “썽”이야.

이 학교는 아이들이 겨우 4명뿐이다. 게다가 학생들이 각각 다른 학년이다.

จงเติมกลุ่มคำให้ถูกต้อง ตัวอย่างเช่น น้ำใจ ให้เติมว่าไม้ตรีเข้าใจไหม (ครับ)

ทรหด มา ไม่ใช่ สุด ๆ อดทนเว้ย

สอนที่นี่ไม่เหนื่อยอย่างที่คิดครับ แต่เหงา แล้วก็ทำให้ผมรู้จักกับใครคนหนึ่ง

단어를 알맞게 적으시오. 예를 들면 ‘인정’은 3성에 적어야지. 알겠지? (네)

강하게. 그렇지. 아니야. 더해 봐. 참아라.

여기에서 가르치는 것은 생각했던 것보다 힘들지 않았습니다. 하지만 외로웠습니다. 그리고 어느 한사람을 알게 되었습니다.

วันแรกของการถูกเนรเทศ โคตรเข้าใจหัวอกของแดจังกึมตอนถูกเฉดหัวไปเกาะเชจู

เธอชื่อแอนครับ เป็นครูคนก่อนของที่นี่

นี่เหรอครูแอน ไม่ใช่ คนนี้ครูจีจี้ แต่แขนอันนี้ของครูแอน หนูจำดาวได้

วันนี้ครูจะให้ทุกคนวาดรูปครูแอน นี่ครูแอนเหรอ ครับ

추방당한 첫 날, 제주도로 쫓겨난 대장금의 마음이 너무나 이해가 되었습니다.

그녀의 이름은 앤입니다. 전에 이 학교에 있었던 선생님이지요.

앤 선생님이 이 사람이야? 아니에요. 이 선생님은 지지 선생님이에요. 하지만 이 팔은 앤 선생님 것이에요. 제가 별을 기억해요.

오늘 선생님이 여러분들에게 앤 선생님 그림을 그리게 하겠어요. 이 사람이 앤 선생님이야? 네.

ผอ.ครับ ตอนนี้ครูแอนเขาไปไหนแล้วล่ะครับ

ครูแอนย้ายไปสอนกับแฟนเขาที่ม่อนฟ้า

ผมรู้สึกเหมือนอกหัก ตลอดครึ่งปีที่ผ่านมาชีวิตผมมีแต่เด็ก ๆ โรงเรียนแล้วก็การคิดถึงครูแอน

이사장님, 지금 앤 선생님은 어디로 가셨나요?

앤 선생님은 남자친구와 함께 면화 지역으로 전근가셨어.

나는 실연당한 것 같았어요. 지난 반 년 동안 나의 삶은 아이들, 학교, 그리고 앤 선생님에 대한 그리움뿐이었어요.

5 จุดสุดโรแมนติก ในคิดถึงวิทยา

선생님의 일기 속 낭만적인 장소 베스트5

영화 '선생님의 일기' 속 수상학교에 숨겨진 낭만적인 장소 베스트 5를 소개한다. 앤이 놓고 간 일기장을 썽이 발견하게 되어 영화의 로맨스가 시작하는 장소인 '교실', 아름다운 분위기로 주인공들이 외로움을 느끼는 데 공헌한 '다용도 광장', 썽과 앤이 몰래 올라와서 누군가를 그리워하던 '옥상', 세상에서 가장 큰 수영장인 '호수', 썽과 앤이 각자의 키를 표시하고, 서로의 키를 비교해보는 '향수의 기둥'이다.

https://www.youtube.com/watch?v=vTyRVdVTOiU

แบบทดสอบก่อนเรียน

ภาพยนตร์คิดถึงวิทยาจะพาคุณไปรู้จักกับโรงเรียนกลางน้ำที่ ทราบมั้ยครับว่าโรงเรียนแห่งนี้มีความโรแมนติก 5 จุดสุดโรแมนติกของโรงเรียนบ้านแก่งวิทยา สาขาเรือนแพ

จุดที่ 1 ขึ้นชื่อเป็นโรงเรียนแล้ว สิ่งที่จะขาดไม่ได้ก็คือห้องเรียน ครูชื่อสอง และห้องเรียนแห่งนี้นี่เองที่ ในภาพยนตร์คิดถึงวิทยา เมื่อครูสองได้เจอ Diary ของครูแอน

จุดที่ 2 ลานอเนกประสงค์ คือจุดที่สวยที่สุดของโรงเรียนเรือนแพแห่งนี้ ครูสองมักใช้เป็นที่ในการออกกำลังกาย และ แถมเป็นที่ที่ครูแอน รับไออุ่นของแสงแดดยามเช้า แต่ระวังไว้ให้ดีนะครับ ความสวยของบรรยากาศบริเวณนี้อาจจะทำให้คุณ

จุดที่ 3 เหนือลานอเนกประสงค์ขึ้นมาคุณจะพบกับดาดฟ้า ที่ที่ครูสองและครูแอนชอบ คิดถึงใครบางคนในตอนกลางคืน ก่อนที่ตอนเช้าจะพาเด็กๆมา ท่ามกลางบรรยากาศที่สวยงามจับใจ

จุดที่ 4 ที่เรียกได้ว่าใหญ่ที่สุดในโลก ครับ เพราะมันถูกโอบล้อมด้วยเขื่อน และภูเขาที่ และนอกจากนี้ความพิเศษของสระว่ายน้ำที่นี่ก็คือช่วยได้ นั่นเอง

และจุดสุดท้ายกับสถานที่ที่โรแมนติกที่สุดของโรงเรียนเรือนแพแห่งนี้ก็คือ ที่แม้ดูเหมือนจะเป็นเสาธรรมดาที่ครูแอน แต่ในภาพยนตร์คิดถึงวิทยามันมีความพิเศษมากกว่านั้น

นิธิวัฒน์ ฝั่งพระเอกเอง พอมาอยู่ใหม่ มาถึงเสร็จปุ๊ปปรากฏว่าได้มาเห็น แล้วก็มาเห็นว่า ครูแอนเนี่ย เขาสูงเท่านี้เนอะ เสานี้ฮะ สำหรับเขามันคือตัวแทนของครูแอน คือ หลังจากที่ตัวพระเอกเจอส่วนสูงของนางเอก พระเอกก็เขียนส่วนสูงของตัวเองลงไปด้วย พอหลังจากนั้นนางเอกกลับมาก็ได้มารู้ว่าอ๋อ ผู้ชายคนเนี่ย ที่เขาแอบชอบฉัน อ๋อเขาก็สูงแค่นี้เนอะอะไรอย่างนี้ เสานี้มันเลยมีความโรแมนติกขึ้นมาเพราะมัน สองตัวนี้ไว้นะครับ

โรงเรียนแห่งนี้มีความโรแมนติกอยู่ ______ นะครับ แล้วถ้าอยากสัมผัสความโรแมนติกให้มากขึ้นเตรียมตัวไปพบกับภาพยนตร์คิดถึงวิทยา 20 มีนาคมนี้ในโรงภาพยนตร์

คำศัพท์หรือประโยคที่น่าสนใจ

สุดโรแมนติก	가장 로맨틱한
อบอวล	(향기가)자욱하다, 풍기다
ซุกซ่อน	숨기다, 감추다, 숨다
ขึ้นชื่อ	잘 알려져 있다, 유명하다; …를 예로 하다, …라는 이름을 붙이다, …라고 말하다
ขาด	부족하다, 없다, 결핍되다; 잘라지다, 찢어지다, 해어지다; 최후의, 마지막으로
ลานอเนกประสงค์	다용도 광장 **ลาน** 평지, 공지(空地), **อเนกประสงค์** 다목적이다, 종합적이다
รดน้ำ	물을 뿌리다, 물을 주다, 물을 끼얹다
พร้อมกัน	함께, 같이, 동시에
แถม	그 밖에, 게다가; 덤을 주다, 첨가하다, 덧붙이다
มักจะ	주로, 곧잘, 종종, …곤 하다
ชิงช้า	그네
ไออุ่น	따뜻한 공기, 온기

แสงแดด	햇빛, 해
ความเหงา	외로움
ดาดฟ้า	(건축물의)옥상; (배의)갑판
แอบหนี	몰래 도망치다
เคารพธงชาติ	국기에 대해 경례하다 **เคารพ** 존경하다, 존중하다, 절하다, 받들다 **ธงชาติ** 국기
ท่ามกลางบรรยากาศ	분위기 가운데 **ท่ามกลาง** 중앙, 가운데, 중부 **บรรยากาศ** 대기; 공기; 분위기
จับใจ	감동시키다, 감탄하다, 감격스럽다
สระว่ายน้ำ	수영장
โอบล้อม	에워싸다, 두르다
เขื่อน	제방, 둑, 댐
สุดลูกหูลูกตา	끝없다 **สุด** 최고, 매우; 다하다, 끝나다; 최후의, 말단의; …을 다해서 **ลูกหูลูกตา** 안구, 시선
แก้เหงา	외로움을 달래다 **แก้** (매듭을)풀다, (옷을)벗다; 고치다, 수리하다, 수정하다; (갈증을)풀다, (병을)치료하다, (통증을) 그치게 하다; 해결하다, 처리하다; 해석하다, 해답하다; 변명하다, 변호하다 **เหงา** 외롭다
คลายเศร้า	슬픔을 달래다 **คลาย** (조인 것이)느슨해지다, 늦추다, 풀다, 풀리다; 감소하다, 경감하다, 완화하다 **เศร้า** 상심하다, 슬퍼하다; 근심하다, 걱정하다

เสา	기둥
ดูเหมือน	마치(…인 것)같다(듯 하다)
วัดส่วนสูง	키를 재다 **วัด** 측량하다, 측정하다, 재다; 사원, 절 **ส่วนสูง** 키
ฝั่ง	측, 쪽; 해안, 육지; 목적지
ปุ๊ป	(구어)...하자마자
ปรากฏว่า	…라고 알려지다, …이 분명해지다
รอยวัดส่วนสูง	키를 잰 자국
ตัวแทน	대리인, 대표
แอบชอบ	몰래 좋아하다, 짝사랑하다
ส่วนสูง	높이
ด้วยซ้ำ	또한, 추가해서, 부가적으로, 그 위에, 게다가
เชื่อมโยง	관련되다, 연결하다
ความสัมพันธ์	관계
ตัวละคร	(연극, 영화, 소설 등의)출연자, 등장인물
ทุกซอกทุกมุม	가는 곳마다, 구석구석
สัมผัส	접촉하다; 잘 어울리다

เนื้อหาและการแปล

ภาพยนตร์คิดถึงวิทยาจะพาคุณไปรู้จักกับโรงเรียนกลางน้ำที่อบอวลไปด้วยความคิดถึง ทราบมั้ยครับว่าโรงเรียนแห่งนี้มีความโรแมนติกซุกซ่อนอยู่

5 จุดสุดโรแมนติกของโรงเรียนบ้านแก่งวิทยา สาขาเรือนแพ

영화 '선생님의 일기'는 수중에 있는 학교로 안내하며 여러분에게 향수를 느끼게 합니다. 여러분들은 이 학교 어디에 낭만적인 장소가 숨겨져 있었는지 아셨나요?

반깽위타야 학교에 숨겨져 있던 낭만적인 장소 베스트 5를 소개합니다.

จุดที่ 1 จุดห้องเรียน ขึ้นชื่อเป็นโรงเรียนแล้ว สิ่งที่จะขาดไม่ได้ก็คือห้องเรียน ครูชื่อสอง และห้องเรียนแห่งนี้นี่เองที่ได้กลายเป็นจุดเริ่มต้นของความโรแมนติกในภาพยนตร์คิดถึงวิทยา เมื่อครูสองได้เจอ Diary ของครูแอนที่ลืมทิ้งไว้

첫번째 장소는 '교실'입니다. 학교에서 빼놓을 수 없는 것은 교실이기 때문입니다. "선생님 이름은 썽이야" 그리고 이 교실은 바로 앤 선생님이 잊어버리고 놓고 간 일기장을 썽 선생님이 발견한 곳으로써 영화 '선생님의 일기'에서 로맨스가 시작된 장소입니다.

จุดที่ 2 ลานอเนกประสงค์ คือจุดที่สวยที่สุดของโรงเรียนเรือนแพแห่งนี้ ครูสองมักใช้เป็นที่ในการออกกำลังกาย และรดน้ำต้นไม้ไปพร้อมกัน แถมเป็นที่ที่ครูแอนมักจะมานั่งชิงช้า รับไออุ่นของแสงแดดยามเช้า แต่ระวังไว้ให้ดีนะครับ ความสวยของบรรยากาศบริเวณนี้อาจจะทำให้คุณเกิดความเหงาได้อย่างมากเช่นกัน

두번째 장소는 학교 내 '다목적 광장'입니다. 이 곳은 이 반깽위타야 학교에서 가장 아름다운 곳입니다. 썽 선생님은 그 곳에서 운동을 하면서 식물에 물을 주곤 했습니다. 또한 앤 선생님은 주로 아침 햇살의 따뜻함을 느끼며 그네를 타곤 했습니다. 하지만 조심하세요. 이 주변의 아름다움은 동시에 당신에게도 외로움을 느끼게 할지도 모릅니다.

จุดที่ 3 เหนือลานอเนกประสงค์ขึ้นมาคุณจะพบกับดาดฟ้า ที่ที่ครูสองและครูแอนชอบแอบหนีนักเรียนมานั่งเหงา คิดถึงใครบางคนในตอนกลางคืน ก่อนที่ตอนเช้าจะพาเด็กๆมาออกกำลังกาย และเคารพธงชาติท่ามกลางบรรยากาศที่สวยงามจับใจ

세번째 장소는 '다목적 광장' 위를 올라가면 보이는 '옥상'입니다. 여기는 썽과 앤 선생님이 한밤중에 학생들 몰래 올라와 외롭게 누군가를 그리워하며 앉아있던 장소입니다. 아침에 아이들을 데리고 운동을 하고 국기에 대한 경례를 하기 전에 보이는 이 곳의 분위기는 아름답고 감동적입니다.

จุดที่ 4 สระว่ายน้ำ ที่เรียกได้ว่าใหญ่ที่สุดในโลก จะไม่ให้ใหญ่ได้ยังไงล่ะครับ เพราะมันถูกโอบล้อมด้วยเขื่อน และภูเขาที่กว้างสุดลูกหูลูกตา และนอกจากนี้ความพิเศษของสระว่ายน้ำที่นี่ก็คือช่วยได้ทั้งแก้เหงาและคลายเศร้านั่นเอง

네번째 장소는 세상에서 가장 큰 '수영장'입니다. 어떻게 크지 않다고 할 수 있겠어요? 왜냐하면 수영장이 끝없이 넓은 둑과 산에 둘러 쌓여 있기 때문입니다. 그 밖에도 이 수영장의 특별한 점은 외로움과 슬픔을 달래준다는 것입니다.

และจุดสุดท้ายกับสถานที่ที่โรแมนติกที่สุดของโรงเรียนเรือนแพแห่งนี้ก็คือเสาแห่งความคิดถึง ที่แม้ดูเหมือนจะเป็นเสาธรรมดาที่ครูแอนใช้วัดส่วนสูงของนักเรียนทุกเดือน แต่ในภาพยนตร์คิดถึงวิทยามันมีความพิเศษมากกว่านั้น

이 반깽위타야야 학교에서 가장 로맨틱한 장소는 '향수의 기둥'입니다. 비록 앤 선생님이 매달 학생들의 키를 잴 때 사용하는 평범한 기둥처럼 보이지만 이 영화에서는 그보다 더 큰 의미가 있습니다.

นิธิวัฒน์ ฝั่งพระเอกเอง พอมาอยู่ใหม่ มาถึงเสร็จปุ๊ปปรากฏว่าได้มาเห็นรอยวัดส่วนสูงของเด็ก แล้วก็มาเห็นว่า ครูแอนเนี่ย เขาสูงเท่านี้เนอะ เสานี้ฮะ สำหรับเขามันคือตัวแทนของครูแอน คือผู้หญิงอีกคนหนึ่งที่แบบแอบชอบ หลังจากที่ตัวพระเอกเจอส่วนสูงของนางเอก พระเอกก็เขียนส่วนสูงของตัวเองลงไปด้วย พอหลังจากนั้นนางเอกกลับมาก็ได้มารู้ว่าอ๋อ ผู้ชายคนเนี่ย ที่เขาแอบชอบฉันโดยที่เราไม่เคยเจอกันมาก่อนด้วยซ้ำ อ๋อเขาก็สูงแค่นี้เนอะอะไรอย่างนี้ เสานี้มันเลยมีความโรแมนติกขึ้นมาเพราะมันเชื่อมโยงความสัมพันธ์ระหว่างตัวละครสองตัวนี้ไว้นะครับ

니티왓 남자 주인공은 새로 부임하자마자 아이들의 키를 잰 표시를 보았습니다. 그리고 나서 앤 선생님의 키는 이 정도구나라는 것을 알았습니다. 이 기둥은 썽 선생님에게는 짝사랑하는 앤 선생님을 대신합니다. 남자 주인공이 여자 주인공의 키를 알게 된 후 남자 주인공도 자신의 키를 표시합니다. 그 후로 여자 주인공이 돌아와서 만난 적이 없는데도 자신을 몰래 좋아했다는 것과 키가 어느 정도라는 것을 알게 됩니다. 그래서 이 기둥은 두 배우 사이의 관계를 이어주기 때문에 로맨틱한 장소라고 할 수 있습니다.

โรงเรียนแห่งนี้มีความโรแมนติกอยู่ทุกซอกทุกมุมจริงๆนะครับ แล้วถ้าอยากสัมผัสความโรแมนติกให้มากขึ้นเตรียมตัวไปพบกับภาพยนตร์คิดถึงวิทยา 20 มีนาคมนี้ในโรงภาพยนตร์

이 학교의 모든 곳이 매우 낭만적인 장소입니다. 만약 낭만적인 장소를 느끼고 싶다면 오는 3월 20일 영화관에서 '선생님의 일기'를 만나보세요.

ตัวอย่างหนัง ฟรีแลนซ์ ห้ามป่วย ห้ามพัก ห้ามรักหมอ

프리랜서 예고편

그래픽 디자이너로 일하는 프리랜서 '윤'은 마감시간에 시달리며 밤낮없이 일한다. 결국 윤의 몸은 견뎌내지 못해서 발진이 생기게 되고 윤은 병원을 찾게 된다. 병원에서 윤은 친절한 의사 '임'을 만나 사랑에 빠지게 된다.

https://www.youtube.com/watch?v=qWc6h5QuT4M

แบบทดสอบก่อนเรียน

หมอ	หวัดดีค่ะ ชื่ออะไรคะ
ยุ่น	อัสนัยครับ
หมอ	
ยุ่น	เชี่ย! พังว่ะ

เขาฟรีแลนซ์ที่ยุ่งที่สุดในโลก

หมอ	ทำอาชีพอะไรอ่ะ
ยุ่น	ผมเป็นกราฟิกครับ
หมอ	
ยุ่น	ครับ คือวงการฟรีแลนซ์มันโหดอ่ะครับ
เจ๋	ลูกค้าแม่งโทรตามยิกๆเลยเนี่ย อย่างนี้ เขาเรียกว่าเลท
ยุ่น	โทษทีว่ะ ที่วัดมีไวไฟหรือเปล่าวะ
เพื่อน	มึงจะเอาไปทำเหี้ยอะไร
ยุ่น	กูต้องส่งงานจากที่นี่ว่ะ
พระ	เซิร์ฟเวอร์วัดแก้วกิ่ง กุฏิหนึ่ง ไวไฟ

เธอ หมอที่น่ารักที่สุดในโลก

หมอ	หือ! ______ อ่ะ
ยุ่น	หมอรู้ได้อย่างไงครับ

หมอ มองตาก็รู้แล้วคุณ

ยุ่น เขินทำไมเนี่ย มึง

เลยนะ กูขอร้อง

หมอ ร้อนเหรอคะ

ยุ่น หือ?

ฝื่น สิ่งที่น่ารำคาญที่สุดในโลก

หมอ โอเคค่ะ เป็นอะไรมาคะ

ยุ่น อ่ะครับ มีที่แขนแล้วก็ที่คอ

หมอ เอาเป็นว่าหมอขอสื่อย่าง

ยุ่น ไอ้ห่า ยาสลบช้าง

หมอ

ยุ่น ไอ้เหี้ย กุ้ง

หมอ

เด็ก พี่ๆให้หนูสอนป่ะ

หมอ

ยุ่น หมอ นอน 3 ทุ่มเหรอครับผม

หมอ บางทีหมอก็คิดว่าคุณก็กวนตีนหมอเนี่ย

ยุ่น ถ้าไม่ว่างเดือนนี้มันเลื่อนได้มั้ยครับ

หมอ	อย่าเปลี่ยนเลย ______

ภาพยนตร์โดยนวพล ธำรงรัตนฤทธิ์

______ อกหักเหรอพี่

เจ๋	นี่พี่ทำไม่เสร็จเหรอ พี่ติดหญิงป่ะเนี่ยช่วงนี้
คนร่วมงาน	รักษามาตรฐานหน่อย ตกงานไม่รู้ตัว
ยุ่น	เจอกันที ______ ก็ ไม่มีอะไรมากกว่านี้หรือเปล่าวะ
หมอ	เรียบร้อยค่ะ
ยุ่น	______วะ

ซันนี่ สุวรรณเมธานนท์

ใหม่ ดาวิกา โฮร์เน่

วี วิโอเลต วอเทียร์

ในภาพยนตร์รัก...ของคนอยากพักร้อน

ฟรีแลนซ์ ห้ามป่วย...ห้ามพัก...ห้ามรักหมอ

หมอ	แล้วมีแฟนป่ะ
ยุ่น	ถ้าไม่มีนี่ ทางการแพทย์แนะนำว่าควรมีหรือไม่มีครับ

3 กันยายนนี้ในโรงภาพยนตร์

คำศัพท์หรือประโยคที่น่าสนใจ

หวัดดี	안녕하세요 = **สวัสดี**의 줄임 말
ตรวจ	검사하다, 검열하다 점검하다, 조사하다, (회계)감사하다
เชี่ย	(비속어)놀라거나 마음에 들지 않을 때 쓰는 감탄사
พัง	붕괴하다, 무너지다
ยุ่ง	바쁘다, 혼란하다, 무질서하다, 몹시 혼잡하다
อาชีพ	직업, 생업, 생계
กราฟิก	그래픽 디자이너
วงการ	…계(界), …권
โหด	잔인하다, 잔학하다
ยิก	빈번히, 자주
เลท	늦다, late
เขิน	부끄럽다, 친숙하지 않다, 멋쩍다, 민망하다
เหงื่อ	땀
ขอร้อง	요구하다, 구원을 청하다, 부탁을 하다, 제발
ผื่น	가려운 발진, 홍진
น่ารำคาญ	귀찮다
แขน	팔(어깨에서 팔목까지의 부위), (손의)소매; (유별사)팔을 셀 때 사용
คอ	목, 목구멍, 후두; 의복의 깃; [전의]애호, 기호; [전의]패기, 성격, 마음

เอาเป็นว่า	결론을 내리다; 끝내다, 마치다
ไอ้ห่า	(사람답지 못한 사람을 꾸짖는 감탄사)잡종개(개새끼), 염병, 제길, 제기랄
ยาสลบช้าง	코끼리도 잠들게 할 만큼 아주 독한 약 **ยา** 약(藥), 의약, 약제, 약품; 병을 치료하다 **สลบ** 의식을 잃다, 인사불성이 되다, 혼미에 빠지다, 기절하다, 지각을 잃다 **ช้าง** 코끼리
งด	중지하다, 취소하다, 그만두다; 끊다, 기권하다; 면제하다
กวนตีน	짜증나게 하다, 거슬리게 하다
เลื่อน	(일시를)연기하다; 승진하다, 계급이 오르다, 진급하다; 이동시키다, 움직이다; 썰매
อกหัก	실연의 상처를 입다, 실연 당하다
รักษา	지키다; 치료하다, 진료하다; 보유하다, 보존하다, 유지하다; 보호하다; 요리하다; 방어하다
มาตรฐาน	규준, 표준, 수준
ตกงาน	직업을 잃다, 실업하다, 일자리를 얻지 못하다
ไม่รู้ตัว	자신도 모르다
พักร้อน	피서하다, 여름 휴가를 갖다
การแพทย์	의료, 의술

เนื้อหาและการแปล +

หมอ　　หวัดดีค่ะ ชื่ออะไรคะ
의사　　안녕하세요. 이름이 무엇이지요?

ยุ่น　　อัสนัยครับ
윤　　아싸나이입니다.

หมอ　　ถ้ารับหมอไม่ตรวจเนอะ
의사　　전화 받으면 진료하지 않을 거에요.

ยุ่น　　เชี่ย!พังว่ะ
윤　　젠장! 망했구나.

เขาฟรีแลนซ์ที่ยุ่งที่สุดในโลก
그는 세상에서 가장 바쁜 프리랜서다.

หมอ　　ทำอาชีพอะไรอ่ะ
의사　　직업이 무엇이지요?

ยุ่น　　ผมเป็นกราฟิกครับ
윤　　저는 그래픽 디자이너입니다.

หมอ　　ทำงาน24ชั่วโมง?
의사　　24시간 일하나요?

ยุ่น　ครับ คือวงการฟรีแลนซ์มันโหดอ่ะครับ
윤　네. 프리랜서 세계는 잔인해요.

เจ๋　ลูกค้าแม่งโทรตามยิกๆเลยเนี่ย อย่างนี้ เขาเรียกว่าเลท
쩨　고객이 자주 전화하네. 이렇게 되면 늦어진다고.

ยุ่น　โทษทีว่ะ ที่วัดมีไวไฟหรือเปล่าวะ
윤　미안합니다. 사원에 와이파이가 있나요?

เพื่อน　มึงจะเอาไปทำเหี้ยอะไร
친구　너 가져가서 뭘 하려고?

ยุ่น　กูต้องส่งงานจากที่นี่ว่ะ
윤　내가 여기서 파일을 보내야 해?

พระ　เซิร์ฟเวอร์วัดแก้วกิ่ง กุฏิหนึ่ง ไวไฟ
스님　사원의 와이파이는 '깨우낑 꾸띠능'입니다.

เธอ หมอที่น่ารักที่สุดในโลก
그녀는 세상에서 가장 귀여운 의사이다.

หมอ　หือ! นี่คุณโคตรจะไม่นอนเลยอ่ะ
의사　음...당신은 거의 잠을 자지 않았군요.

ยุ่น　หมอรู้ได้อย่างไงครับ
윤　선생님이 어떻게 아셨지요?

หมอ มองตาก็รู้แล้วคุณ
의사 눈만 봐도 알아요.

ยุ่น เขินทำไมเนี่ย มึงหยุดเหงื่อออกเดี๋ยวนี้เลยนะ กูขอร้อง
윤 왜 부끄럽지? 지금 당장 땀 흘리는 걸 멈춰 줘. 제발.

หมอ ร้อนเหรอคะ
의사 더워요?

ยุ่น หือ?
윤 네?

ผื่น สิ่งที่น่ารำคาญที่สุดในโลก
발진은 세상에서 가장 귀찮은 것이다.

หมอ โอเคค่ะ เป็นอะไรมาคะ
의사 오케이, 어떻게 오셨지요?

ยุ่น มันเป็นผื่นขึ้นอ่ะครับ มีที่แขนแล้วก็ที่คอ
윤 팔과 목에 발진이 생겨서요.

หมอ เอาเป็นว่าหมอขอสี่อย่าง อย่างแรกต้องทานยาให้ครบ
의사 마지막으로 네 가지를 부탁할게요. 첫째, 약을 다 먹을 것.

ยุ่น ไอ้ห่า ยาสลบช้าง
윤 제길, 독한 약이잖아.

หมอ　สอง งดอาหารทะเลทั้งหมด

의사　둘째, 모든 해산물 음식을 먹지 말 것.

ยุ่น　ไอ้เหี้ย กุ้ง

윤　제길, 새우잖아.

หมอ　สาม ออกกำลังกาย 30 นาที

의사　셋째, 운동을 30분 할 것.

เด็ก　พี่ๆให้หนูสอนป่ะ

아이　오빠, 제가 가르쳐 드릴까요?

หมอ　สี่ นอนก่อน 3 ทุ่ม

의사　넷째, 저녁 9시 전에 잘 것.

ยุ่น　หมอ นอน 3 ทุ่มเหรอครับผม

윤　의사 선생님은 저녁 9시에 주무세요?

หมอ　บางทีหมอก็คิดว่าคุณก็กวนตีนหมอเนี่ย เจอกันเดือนหน้าหวังว่าจะดีขึ้นนะ

의사　어떨 때는 당신이 나를 놀리는 것 같아요. 다음 달에 만나면 더 나아지기를 바라요.

ยุ่น　ถ้าไม่ว่างเดือนนี้มันเลื่อนได้มั้ยครับ

윤　만약 이번 달에 시간이 없으면 미뤄도 되나요?

หมอ อย่าเปลี่ยนเลย อยากเจอ
의사 바꾸지 마세요. 만나고 싶어요.

ภาพยนตร์โดยนวพล ธำรงรัตนฤทธิ์
감독 나와폰 탐롱랏따나릇

กินไม่ได้นอนไม่หลับอย่างเงี่ย **อกหัก**เหรอพี่
이렇게 먹지도 자지도 못하는 걸 보니 형, 실연당했어요?

เจ๋ นี่พี่ทำไม่เสร็จเหรอ พี่ติดหญิงป่ะเนี่ยช่วงนี้
위 오빠 아직도 못 끝냈어요? 요즘 여자 생겼어요?

คนร่วมงาน **รักษามาตรฐาน**หน่อย **ตกงานไม่รู้ตัว**
동료 기본은 지켜. 자기도 모르게 실업자가 될 수도 있어.

ยุ่น เจอกันทีหมอเขาก็ตรวจไปตามหน้าที่ ก็ไม่มีอะไรมากกว่านี้หรือเปล่าวะ
윤 만나서 의사는 임무에 따라 진료하고 그 이상은 없는 거 아닌가?

หมอ เรียบร้อยค่ะ
의사 다 되었습니다.

ยุ่น หรือว่ากูชอบเขาวะ
윤 아니면 내가 의사를 좋아하나?

ซันนี่ สุวรรณเมธานนท์

써니 쑤완나메타논

ใหม่ ดาวิกา โฮร์เน่

마이 다위까 호네

วี วิโอเลต วอเทียร์

위 위오렛 워티야

ในภาพยนตร์รัก...ของคนอยากพักร้อน

쉬고 싶은 사람들을 위한 사랑 이야기

ฟรีแลนซ์ ห้ามป่วย...ห้ามพัก...ห้ามรักหมอ

프리랜서 아프지말고, 쉬지 말고, 의사를 사랑하지 마세요.

หมอ	แล้วมีแฟนป่ะ
의사	애인 있어요?
ยุ่น	ถ้าไม่มีนี่ ทางการแพทย์แนะนำว่าควรมีหรือไม่มีครับ
윤	만약 없다면 의사로서 있어야 하는지 없어야 하는지 알려주세요.

3 กันยายนนี้ในโรงภาพยนตร์

9월 3일 영화관에서 만나요.

แนะนำนักแสดง ฟรีแลนซ์..ห้ามป่วย ห้ามพัก ห้ามรักหมอ

프리랜서 배우 소개

영화 '프리랜서'에 등장하는 주요 인물을 소개한다. 주인공인 프리랜서 '윤' 역을 맡은 주인공 써니 쑤완매타논, '윤'에게 빨리 일하라고 재촉하는 동료 '쩨'역을 맡은 위 위올렛, '윤'이 사랑에 빠지는 여의사 '임'역을 맡은 다위까 호네를 소개한다.

https://www.youtube.com/watch?v=NQfqcCyRw7U

แบบทดสอบก่อนเรียน ✔

ฟรีแลนซ์ ห้ามป่วย ห้ามพัก ห้ามรักหมอคือ ______ ของ GTH ที่จับพระเอกนางเอกจากหนังที่ ______ ของ GTH อย่างซันนี่ สุวรรณเมธานนท์จากไอฟาย...แต๊งกิ้วเลิฟยู้ และใหม่ ดาวิกา โฮร์เน่ จากพี่มากพระโขนง มา ______ เป็นครั้งแรก

แม้ว่าทั้งคู่จะเป็น ______ ที่มีผลงานมาแล้วมากมาย แต่สำหรับหนังเรื่องนี้ ทั้งซันนี่และใหม่ต้องสวมบทบาทที่ ______ งานนี้เลยต้องปรับลุค ทำเวิร์คชอปกัน ______

เริ่มกันที่ ซันนี่ รับบทเป็น ยุ่น มือรีทัชหนุ่มสุดเซอร์ แม้ว่าที่ผ่านมาซันนี่ที่ ______ ไม่ว่าจะเป็นนักศึกษา นักร้องบอยแบนด์ หรือนายช่างจอมกวน แต่ในเรื่องนี้ซันนี่ ______ เปลี่ยนลุคให้เหมาะกับบทบาทในเรื่องนี้

ซันนี่ ก็ไปตัดตัดสกินเฮด เตรียมตัวกราฟฟิคก็ ______ ผมไม่รู้เลยว่ามันมี ______ ใช้อะไรในแง่ไหนอะไรอย่างงี้อะครับ
นอกจากนี้ในบทซันนี่ต้องเป็น ______ ได้หลายๆวัน ซึ่งทำให้เขาต้อง ______ ในการถ่ายทำหนังเรื่องนี้ไปด้วย

ซันนี่ กองนี้จะมาหกโมงเช้าจนถึงหกโมงเช้า

ผู้สัมภาษณ์ อ้าว! หน้าเขาสบายอะ พี่ต้องทำเป็นหลับสิ

รุ่นนี้แล้วไม่ง่วงให้ใครเห็นหรอกครับ ซึ่งคนที่ต้องอดหลับอดนอนเป็นเพื่อนซันนี่ก็คือ ผู้หญิงคนนี้อะ กับซันนี่ตลอด วี วิโอเลต รับบทเป็นเจ๋ โปรดิวเซอร์รุ่นน้องจากเอเจนซี่โฆษณาที่คอยตามจิกทวงงานจากยุ่น

วี ด้วยความที่วีก็ห่างกับพี่ซันนี่อายุประมาณ 10 ปีได้ วีก็ กดเขาขนาดนั้น พอวี่เล่นแบบ"โอเค " ซันนี่ก็จะเล่น"ฉันด้อยกว่า"จริงๆอยู่

วี ยังเหลืออีกกี่รูป

ยุ่น 7

วี 7รูป รูปละกี่นาที

ยุ่น ไม่รู้อ้ะ

วี มันก็เลยจะเหมือนกับว่า "ส่งรับๆๆ"

วี พี่ๆ เหลืออีกตั้งครึ่งหนึ่งนะ

ยุ่น มันไม่ได้...

วี มันไม่เสร็จไง เห็นป๊ะ

ผู้สัมภาษณ์ ซีนเมื่อกี้ยากไหม

วี ก็ยากแต่สนุกดีนะ

แหม เห็นน่ารักอย่างนี้ โหด ไม่เบาเลยนะครับ น้องวี แล้วก็

ซึ่งภาพยตร์องนี้ ใหม่ ต้องมารับบทเป็นหมออิม

และเพื่อให้ใหม่อินและถ่ายทอดบทของหมออิมได้สมจริงที่สุด ใหม่จึงขออนุญาต

ไปสังเกตการณ์ ถึงในโรงพยาบาลกันเลยทีเดียว

และ ผู้กำกับเลยออกกฎ

ใหม่ พี่เต๋อมีปัญหาเรื่องการแต่งหน้าของใหม่มาก คือแบบใหม่คิ้วเข้ม ก็บอกว่าใหม่คิ้วเข้มไป ใหม่ปากแดง เขาก็พยายามที่จะดรอปทุกอย่างที่อยู่บนใบหน้าของหนู

แม้ว่าต้องเข้าฉากด้วยหน้าสด แต่ก็ไม่ได้ เลย

ใหม่ ชื่อเล่นชื่อ

ยุ่น ยุ่น

ใหม่ ยุ่น เราอิมนะคือเราก็อายุใกล้ๆกัน ก็เป็นเพื่อนเนาะ

น่ารักอย่างนี้ และนี่คือความตั้งใจที่พวกเขาทุ่มเทให้กับหนังเรื่องนี้3กันยายนนี้

เพราะคุณมีนัดกับพวกเขาเหล่านี้"ฟรีแลนซ์ ห้ามป่วย ห้ามพัก ห้ามรักหมอ"

คำศัพท์หรือประโยคที่น่าสนใจ

พระเอก	영화나 연극의 남자 주인공
นางเอก	영화나 연극의 여자 주인공
ประชันบทบาท	역할을 경합하다, 배역을 경쟁하다 **ประชัน** 경합하다, 경쟁하다, 다투다 **บทบาท** 역할, 배역
มากฝีมือ	솜씨가 좋은
ผลงาน	업적; 성과
สวมบทบาท	역할을 맡다 **สวม** 입다, 쓰다, 걸다, 신다; 껴안다; 계승 받다, 이어받다
ปรับลุค	모습을 바꾸다 **ปรับ** 벌하다; 조절하다, 조정하다 **ลุค** look, 모습
มือรีทัชหนุ่มสุดเซอร์	개성이 강한 성격의 그래픽 디자이너 **มือ** 직업 **รีทัช** 그래픽 디자이너(retouch) **หนุ่มสุดเซอร์** 개성이 강한 남자
นายช่างจอมกวน	다른 사람을 놀리기 좋아하는 자동차 정비사
สลัดภาพ	모습을 없애 버리다 **สลัด** 떨어뜨리다, 털어 없애다; 소홀히 하다, 없애 버리다 **ภาพ** 그림; 모양; 형태; 영상
อดหลับอดนอน	잠을 참다
ง่วง	졸리다

เข้าฉาก	~의 역을 하다
ไม่ค่อยกล้า	감히 ~하지 못하다
เหนือกว่า	~보다 더 낫다
ด้อยกว่า	~보다 더 못하다, ~보다 더 뒤지다
คุณหมอผิวหนังประจำโรงพยาบาลรัฐ	국립 병원 전임 피부과 의사
อิน	in 몰입하다
ถ่ายทอด	중계하다; 전달하다
สังเกตการณ์	관찰하다; 주시하다
สมจริง	사실이라고 보아야 당연하다; 사실 그대로이다; 사실과 부합하다
คิ้วเข้ม	눈썹이 짙다
เสน่ห์	매력, 흡인력; 이성 간의 매력
ทุ่มเท	투입하다, 넣다; 기울이다, 쏟다

เนื้อหาและการแปล +

ฟรีแลนซ์ ห้ามป่วย ห้ามพัก ห้ามรักหมอคือหนังรักเรื่องใหม่ของ GTH ที่จับพระเอกนางเอกจากหนังที่ประสบความสำเร็จอย่างสูงของ GTH อย่างซันนี่ สุวรรณเมธานนท์จากไอฟาย...แต๊งกิ้วเลิฟยู้ และใหม่ ดาวิกา โฮร์เน่ จากพี่มาก พระโขนง มาประชันบทบาทเป็นครั้งแรก

GTH의 영화 '프리랜서 아프지 말고, 쉬지 말고, 의사를 사랑하지 마세요'의 여자 주인공과 남자 주인공은 GTH의 흥행작에 나온 인물이에요. "I'm fine thank you love you"에 출연했던 써니 쑤완매타논과 "피막"에 출연했던 다위까 호네가 처음으로 만나 연기했어요.

แม้ว่าทั้งคู่จะเป็นนักแสดงมากฝีมือที่มีผลงานมาแล้วมากมาย แต่สำหรับหนังเรื่องนี้ ทั้งซันนี่และใหม่ต้องสวมบทบาทที่ทั้งคู่ไม่เคยได้รับมาก่อน งานนี้เลยต้องปรับลุค ทำเวิร์คชอปกันอย่างจริงจัง

두 사람 모두 많은 작품을 해온 실력파 연기자이지만 이번 영화에서는 둘 다 이전에 해본 적이 없는 배역을 맡아야 했어요. 그래서 이 영화에서는 스타일을 모두 바꿔야 했고 워크숍에도 진지하게 참여해야 했어요.

เริ่มกันที่ ซันนี่ รับบทเป็น ยุ่น มือรีทัชหนุ่มสุดเซอร์ แม้ว่าที่ผ่านมาซันนี่ที่เคยรับบทบาทมาแล้วมากมาย ไม่ว่าจะเป็นนักศึกษา นักร้องบอยแบนด์ หรือนายช่างจอมกวน แต่ในเรื่องนี้ซันนี่ต้องสลัดภาพเหล่านั้นทิ้งแล้วเปลี่ยนลุคให้เหมาะกับบทบาทในเรื่องนี้

써니가 사진보정을 직업으로 하는 젊은 남자 '윤'의 역할을 맡으면서 비록 이전 영화에서 써니는 대학생, 보이 밴드 보컬, 자동차 정비사 등 많은 배역을 맡았지만 이 영화에서는 이전의 모습을 버리고 이 영화의 배역에 맞게 바꿨어요.

ซันนี่ ก็ไปตัดตัดสกินเฮด เตรียมตัวกราฟฟิคก็มีการให้คนมาสอน ผมไม่รู้เลยว่ามันมีปุ่มคอมมานด์อะไร ใช้อะไรในแง่ไหนอะไรอย่างงี้อะครับ

นอกจากนี้ในบทซันนี่ต้องเป็นคนที่ไม่นอนติดต่อกันได้หลายๆวัน ซึ่งทำให้เขาต้องอดหลับอดนอนในการถ่ายทำหนังเรื่องนี้ไปด้วย

ซันนี่ กองนี้จะมาหกโมงเช้าจนถึงหกโมงเช้า

ผู้สัมภาษณ์ อ้าว! หน้าเขาสบายอะ พี่ต้องทำเป็นหลับสิ

써니 머리도 스킨헤드로 밀었고 그래픽도 사람을 불러서 배웠어요. 저는 어떤 명령어 버튼이 있는지, 어떻게 어떤 부분에서 사용해야 하는지 전혀 몰랐어요.

뿐만 아니라 써니의 역할은 며칠을 계속해서 잠을 자지 않아야 했어요. 그래서 이 영화를 촬영하는 동안 밤을 샜어요.

써니 이 카메라는 아침 6시부터 다음날 아침 6시까지 따라 와요.

MC 이런! 얼굴이 좋아 보이네 형, 자는 척 해야겠어.

รุ่นนี้แล้วไม่ง่วงให้ใครเห็นหรอกครับ ซึ่งคนที่ต้องอดหลับอดนอนเป็นเพื่อนซันนี่ก็คือ ผู้หญิงคนนี้อะ เพราะเธอต้องเข้าฉากร่วมกับซันนี่ตลอด วี วิโอเลต รับบทเป็นเจ๋ โปรดิวเซอร์รุ่นน้องจากเอเจนซี่โฆษณาที่คอยตามจิกทวงงานจากยุ่นอย่างไม่เกรงกลัว

저 세대는 졸리다는 걸 보여주고 싶지 않나 봐요. 써니와 같이 밤을 새야 하는 사람은 써니의 친구인 바로 이 여자에요. 왜냐하면 계속 써니와 같은 화면에 나오기 때문이에요. 위 위올렛은 쩨의 역할을 맡았어요. 항상 윤을 어려워하지 않고 닭이 모이를 쫒듯이 따라다니면서 재촉하는 광고 에이전시 프로듀서 후배입니다.

วี ด้วยความที่วีก็ห่างกับพี่ซันนี่อายุประมาณ 10 ปีได้ วีก็ไม่ค่อยกล้ากดเขาขนาดนั้น พอวี่เล่นแบบ "โอเค ฉันเหนือกว่า" ซันนี่ก็จะเล่น "ฉันด้อยกว่า"จริงๆอยู่

วี ยังเหลืออีกกี่รูป

ยุ่น 7

วี 7รูป รูปละกี่นาที

ยุ่น ไม่รู้อ้ะ

วี มันก็เลยจะเหมือนกับว่า "ส่งรับๆๆ"

วี พี่ๆ เหลืออีกตั้งครึ่งหนึ่งนะ

ยุ่น มันไม่ได้...

วี มันไม่เสร็จไง เห็นป๊ะ

위 저는 써니 오빠와 나이 차이가 대략 10살 차이가 나기 때문에 감히 심하게 독촉할 수는 없었어요. 제가 "네, 제가 더 위에요."라는 식으로 연기하면 써니 오빠도 정말 "내가 더 뒤쳐지네." 라고 연기했어요.

위 아직 사진이 몇 장이나 남았어?

윤 7장.

위 7장. 장 당 몇 분이나 걸려?

윤 모르겠어.

위 그래서 마치 "주고받고, 주고받고, 주고받고"와 같은 식이에요.

위 오빠! 아직 반이나 남아 있어.

윤 안 돼.

위 아직 안 끝났잖아. 알잖아.

ผู้สัมภาษณ์ ซีนเมื่อกี้ยากไหม

วี ก็ยากแต่สนุกดีนะ

แหม เห็นน่ารักอย่างนี้ โหด ไม่เบาเลยนะครับ น้องวี แล้วก็มาถึงนางเอกของเราซึ่งภาพยนต์เรื่องนี้ ใหม่ ต้องมารับบทเป็นหมออิม คุณ**หมอผิวหนังประจำโรงพยาบาลรัฐ** และเพื่อให้ใหม่**อิน**และ**ถ่ายทอด**บทของหมออิมได้สมจริงที่สุด ใหม่จึงขอนุญาตไป**สังเกตการณ์**การทำงานของคุณหมอตัวจริงถึงในโรงพยาบาลกันเลยทีเดียว

MC 방금 나온 장면은 어려워요?

위 어렵기는 한데 재미있어요.

이런! 이렇게 귀여운데 전혀 약하지 않군요. 위. 그리고 이 영화의 우리 여주인공이 도착 했어요. 마이는 의사인 임의 역할을 맡아야 했어요. 국립병원의 전임 피부과 의사에요. 그리고 마이는 의사임의 역할에 몰입하고 실제 의사의 역할을 전수받기 위해서 병원에 양해를 구하고 의사가 진료하는 것을 실제로 관찰하러 갔어요.

และเพื่อให้ดู**สมจริง**ยิ่งขึ้น ผู้กำกับเลยออกกฎห้ามไม่ให้ใหม่แต่งหน้า

ใหม่ พี่เต๋อมีปัญหาเรื่องการแต่งหน้าของใหม่มาก คือแบบใหม่คิ้วเข้ม ก็บอกว่าใหม่**คิ้วเข้ม**ไป ใหม่ปากแดง ใหม่ไปทำอะไรมา เขาก็พยายามที่จะดรอปทุกอย่างที่อยู่บนใบหน้าของหนู

แม้ว่าต้องเข้าฉากด้วยหน้าสด แต่ก็ไม่ได้ทำให้**เสน่ห์**ของใหม่ลดน้อยลงเลย

MC 그리고 더 사실처럼 보이게 하기 위해 감독은 마이에게 화장을 하지 못하게 했어요.

마이 떠 오빠는 마이의 화장하는 방법에 문제가 있다고 했어요. 저는 눈썹이 짙거든요. 마이야, 눈썹이 너무 짙어, 마이야, 입술이 빨개. 뭘 하고 온거야. 오빠는 제 얼굴의 화장을 다 지우기 위해 노력했어요.

비록 마이가 맨얼굴로 촬영을 해야 했었지만 그럼에도 마이의 매력을 완전히 지울 수는 없었어요.

ใหม่ ชื่อเล่นชื่อ

ยุ่น ยุ่น

ใหม่ ยุ่น เราอิมนะคือเราก็อายุใกล้ๆกัน ก็เป็นเพื่อนเนาะ

น่ารักอย่างนี้ แล้วจะห้ามรักหมอได้อย่างไร และนี่คือความตั้งใจที่พวกเขาทุ่มเท ให้กับหนังเรื่องนี้3กันยายนนี้ ห้ามป่วย ห้ามพัก ห้ามรับนัดใคร เพราะคุณมีนัดกับพวกเขาเหล่านี้"ฟรีแลนซ์ ห้ามป่วย ห้ามพัก ห้ามรักหมอ"

마이 이름이?

윤 윤이에요.

마이 윤. 나는 임이야. 우리 나이가 비슷하니까 친구로 지내자.

이렇게 귀여운데 어떻게 의사를 사랑하지 않을 수 있을까요? 그리고 이 배우들은 영화에 온 힘을 쏟았어요. 9월 3일에 개봉합니다. 아프지 말고, 쉬지 말고, 누구와도 약속을 잡지 마세요. 왜냐하면 당신은 이 배우들과 약속했으니까요. '프리랜서 아프지 말고, 쉬지 말고, 의사를 사랑하지 마세요'

ตัวอย่างหนัง รัก 7 ปี ดี 7 หน

7년의 사랑, 7번의 좋은 순간 예고편

3명의 감독이 만든 세 개의 사랑이야기. 밀크의 사진을 찍어서 SNS상으로 공유하는 것을 좋아하는 뿌언과 그런 뿌언에게 불만을 갖는 밀크, 전에는 유명했지만 지금은 한물 간 영화배우로 새로운 영화를 통해 재기를 꿈꾸는 존과 맴, 마라톤을 통해 인생의 전환점을 찾는 그녀와 그녀를 도와주는 그의 이야기를 담았다.

https://www.youtube.com/watch?v=mfxDgbPk_QA

แบบทดสอบก่อนเรียน ✔

ทุกๆ7ปี ความรัก มักมีการเปลี่ยนแปลง

ป่วน เขาชอบ Share

มิลค์ แต่เธอไม่

มิลค์ Share public แบบนี้ใครๆก็ดูได้ดิ

ป่วน ก็ใช่ไง

มิลค์ อ้าว! ก็ ______ อ่ะ

ป่วน หมื่นแล้วโว้ย

มิลค์ มิลค์กดเองแหละพี่ป่วน

ป่วน ทำไมอ่ะ มิลค์

มิลค์ ก็ไหนว่าทำให้มิลค์คนเดียวไง

ป่วน ______ นะ

มิลค์ นี่แคร์อันหมื่นวิวมากกว่ามิลค์อีกเหรอ

จอน (อดีต)พระเอกสุดฮ๊อต แหม่ม (อดีต)นางเอกสุดฮิต

จอน เลือกได้ยังอ่ะ จะอยู่กับไฮโซหน้าหม้อหรือนักร้องสะเหล่อนั้น

แหม่ม ก็ถ้าคนเก่ามันเวิร์ค จะไปมีคนใหม่ทำไม

แหม่ม จอน เป็นไงบ้าง จอน เธอยังไม่ได้บอกเลยว่า ______
______ ป่ะ

จอน สร้างไปใครจะดูวะ ไม่มีใครจำได้หรอก

แหม่ม ฉันขอพูดตรงๆเลยแล้วกันนะ จอน ฉันอยากกลับมาดังอีกครั้ง

เธอ ผู้ค้นหาจุดเปลี่ยน เขา ผู้สร้างจุดเปลี่ยน

เธอ นี่ถามจริง วันที่คุณวิ่งชนชั้นอ่ะ คุณมองอะไรอยู่เหรอ

เขา หน้าที่ของเราก็คือ เนี่ย แล้วก็แค่วิ่งผ่านไปเท่านั้น

เธอ คุณคิดว่าฉันวิ่งมาราธอนได้มั้ย

เขา

น้องสาว ที่มีคนเค้าเห็นเจ๊กับเด็กนักวิ่งทุกวัน จริงใช่มั้ย

เธอ ฉันเลิกดีกว่า

เขา แล้วแต่คุณนะ ถ้าคุณอยากวิ่ง คุณวิ่งกิโลเดียวก็พอ ล่ะก็ คุณค่อยมาวิ่งมาราธอน

มิลค์ พี่ไม่มีมิลค์คนเดียวไม่เป็นอะไรหรอก

จอน หนังเรื่องเนี่ย ผมรักเขามาก

เธอ คุณคงไม่อยากคบฉันเพื่อมีเรื่องเสียใจใช่มั้ย

เขา

3 เรื่องรัก 3 ผู้กำกับ 7 นักแสดง เก้า ปันปัน ซันนี่ คริส โอปอล์ สู่ขวัญ และนิช คุณ

รัก 7 ปี ดี 7 หน 26 กรกฎาคมนี้

คำศัพท์หรือประโยคที่น่าสนใจ

หน	회, 번, 횟수; 도로; 방향
ไหนว่า	질문하거나 궁금한 것이 있을 때 문장 앞에 붙이는 말
แคร์	= care, 주의하다, 주의하다, 유의하다, 걱정하다, 근심하다; 좋아하다, 원하다; 돌보다, 보호하다; 아랑곳하다, 상관하다, 신경쓰다
วิว	= view, 경치, 뷰
สุดฮ๊อต	아주 인기가 있다 **สุด** 최고, 매우 **ฮ๊อต** hot 인기가 있다
ไฮโซ	= High-Society, 상류층, 부자
หน้าหม้อ	[속어]바람둥이를 일컫는 말; 앞부분
เวิร์ค	[속어]영어 work 에서 온 단어로 착하고 좋은 사람을 일컫는 말
เล่นหนัง	영화에 출연하다
พูดตรงๆ	사실대로 말하다, 단적으로 말하다, 직언하다
ดัง	[속어]유명하다, 명성을 떨치다, 이름이 널리 알려지다; 소리가 크다, 우렁차다, 소리를 크게 내다; 콧대(날)
ค้นหา	찾다, 탐구하다, 모든 것을 조사하다

ถามจริง	정말 궁금해
ชน	부딪치다, 충돌하다
หน้าที่	직책, 직무, 임무, 기능
ฟุต	= foot (측량 단위) 1피트(12인치, 약 30cm), 발
เจ๊	언니, 누나
นักวิ่ง	달리기 선수
แล้วแต่	…를 따르다, …에 따르다, …에 달려있다

เนื้อหาและการแปล

ทุกๆ7ปี ความรัก มักมีการเปลี่ยนแปลง
7년 마다 매 해 사랑은 변하곤 한다.

ป่วน เขาชอบ Share
뿌언은 '공유하기'를 좋아한다.

มิลค์ แต่เธอไม่
하지만 밀크는 좋아하지 않는다.

มิลค์	Share public แบบนี้ใครๆก็ดูได้ดิ
밀크	이렇게 '공유하기'로 해 버리면 누구든지 다 볼 수 있잖아.
ป่วน	ก็ใช่ไง
뿌언	그래, 맞아.
มิลค์	อ้าว! ก็ไม่อยากให้คนอื่นเห็นอ่ะ
밀크	아! 나는 다른 사람에게 보여주기 싫단 말이야.
ป่วน	หมื่นแล้วโว้ย
뿌언	만 명 돌파!
มิลค์	มิลค์กดเองแหละพี่ป่วน
밀크	내가 직접 눌렀어, 뿌언 오빠.
ป่วน	ทำไมอ่ะ มิลค์
뿌언	왜 그랬어, 밀크야.

มิลค์ ก็ไหนว่าทำให้มิลค์คนเดียวไง

밀크 밀크 혼자 보라고 찍은 거잖아.

ป่วน คนอื่นเขาก็ชอบกันทั้งนั้นเลยนะ

뿌언 다른 사람들은 전부 좋아한단 말이야.

มิลค์ นี่แคร์อันหมื่นวิวมากกว่ามิลค์อีกเหรอ

밀크 오빠는 만 뷰가 나보다 더 중요해?

จอน (อดีต)พระเอกสุดฮ๊อต แหม่ม (อดีต)นางเอกสุดฮิต

존 (전)인기 남자 배우 맴 (전) 인기 여자 배우

จอน เลือกได้ยังอ่ะ จะอยู่กับไฮโซหน้าหม้อหรือนักร้องสะเหล่อนั้น

존 선택했어? 부잣집 바람둥이랑 살래 아니면 삼류 가수랑 살래?

แหม่ม ก็ถ้าคนเก่ามันเวิร์ค จะไปมีคนใหม่ทำไม

맴 전 남친이 멀쩡했으면 왜 새로운 사람을 만났겠어?

แหม่ม จอน เป็นไงบ้าง จอน เธอยังไม่ได้บอกเลยว่าเธอจะกลับไปเล่นหนังเรื่องซียูด้วยกันป่ะ

맴 존, 어떻게 지냈어? 존, 영화 '씨유'를 같이 찍을건지 아직 대답하지 않았는데 같이 할거야?

จอน สร้างไปใครจะดูวะ ภาคแรกเล่นมา 7 ปีมาแล้วไม่มีใครจำได้หรอก

존 만든다고 누가 보겠어? 전 편을 찍은지 7년이나 됐어. 아무도 기억하지 못한다고.

แหม่ม ฉันขอพูดตรงๆเลยแล้วกันนะ จอน หนังเรื่องนี้มันเป็นโอกาสสุดท้ายของฉันแล้ว ฉันอยากกลับมาดังอีกครั้ง

맴 사실대로 말할게. 쩐, 이 영화는 내 마지막 기회야. 나는 다시 유명해지고 싶다고.

เธอ ผู้ค้นหาจุดเปลี่ยน เขา ผู้สร้างจุดเปลี่ยน

그녀, 전환점을 찾는 사람 그, 전환점을 만드는 사람

เธอ นี่ถามจริง วันที่คุณวิ่งชนชั้นอ่ะ คุณมองอะไรอยู่เหรอ

그녀 정말 궁금한 게 있는데, 나랑 부딪혔던 날, 뭘 보고 있었던거야?

เขา หน้าที่ของเราก็คือมองพื้นถนน 7 ฟุตข้างหน้าเนี่ย แล้วก็แค่วิ่งผ่านไปเท่านั้น

그 우리가 할 일은 200미터 앞만 바라보면서 그냥 달려가는 것뿐이에요.

เธอ คุณคิดว่าฉันวิ่งมาราธอนได้มั้ย

그녀 내가 마라톤을 할 수 있을 거라고 생각해?

เขา ทำไมไม่ลองดูล่ะครับ

그 왜 도전해 보지 않아요?

น้องสาว ที่มีคนเค้าเห็นเจ๊กับเด็กนักวิ่งทุกวัน จริงใช่มั้ย

동생 누가 언니가 젊은 남자하고 매일 같이 달리는 걸 보았대. 사실이야?

เธอ 　ฉันเลิกดีกว่า ฉันก็แค่อยากวิ่ง แต่ไม่อยากเหนื่อย

그녀 　그만두는 게 좋겠어. 나는 그냥 달리고 싶을 뿐이지 힘들게 하고 싶지는 않아.

เขา 　แล้วแต่คุณนะ ถ้าคุณอยากวิ่ง คุณวิ่งกิโลเดียวก็พอ แต่ถ้าคุณอยากพบชีวิตใหม่ล่ะก็ คุณค่อยมาวิ่งมาราธอน

그 　누나에게 달렸어요. 누나가 달리고 싶으면 1km만 달려도 괜찮아요. 하지만 새로운 삶을 살고 싶으면 그 때 다시 와서 마라톤을 해요.

มิลค์ 　พี่ไม่มีมิลค์คนเดียวไม่เป็นอะไรหรอก มีคนรักพี่อีกหมื่นอีกแสนคนในนั้น

밀크 　오빠는 나 하나 없어도 아무렇지 않잖아. 저 안에 오빠를 사랑하는 사람이 만 명, 십만 명이나 있으니까.

จอน 　หนังเรื่องเนี่ย ทำให้ผมรู้จักผู้หญิงคนหนึ่ง ผมรักเขามาก

쩐 　이 영화는 내게 한 여자를 알게 해 주었다. 나는 그녀를 아주 사랑한다.

เธอ 　คุณคงไม่อยากคบฉันเพื่อมีเรื่องเสียใจใช่มั้ย

그녀 　너는 상처받을까봐 나를 사귀고 싶지 않은 거야. 그렇지?

เขา 　แล้วตอนนี้ คุณน่ะ เสียใจหรือยังล่ะ

그 　그러면 지금 당신은 슬픈가요?

3 เรื่องรัก 3 ผู้กำกับ 7 นักแสดง เก้า ปันปัน ซันนี่ คริส โอปอล์ สู่ขวัญ และนิชคุณ

รัก 7 ปี ดี 7 หน 26 กรกฎาคมนี้

3개의 사랑 이야기, 3명의 감독, 7명의 배우, 까오, 빤빤, 써니, 크리스, 오빠, 쑤콴, 그리고 닉쿤. 7년의 사랑, 7번의 좋았던 순간, 7월 26일 대개봉

รัก 7 ปี ดี 7 หน ความรักของ 42.195

7년의 사랑, 7번의 좋은 순간 42.195의 사랑

42.195는 영화 '7년의 사랑, 7번의 좋은 순간'의 마지막 이야기로 전 뉴스 앵커 '쑤콴 분라꾼'과 가수 '닉쿤'이 주연을 맡았다. 두 주연 배우가 이 영화를 찍는 동안 느낀 점에 대해서 인터뷰를 진행한다.

https://www.youtube.com/watch?v=wB5nUfLbYoI

แบบทดสอบก่อนเรียน

42.195 เป็นภาพยนตร์เรื่องที่ 3 จาก ______ ในรัก 7 ปี ดี 7 หน ที่ได้ ______ อย่างสู่ขวัญ บูลกุล และซูเปอร์สตาร์ ระดับเอเชียอย่างนิชคุณ มารับบทนำ โดยฝีมือการกำกับของเก้ง จิระ มะลิกุล ที่ ______

นิชคุณ ได้ยินครั้งแรกคืออยากเล่นมากเลยครับ ได้ข่าวว่าเป็นหนังพี่เก้งที่พี่เก้งจะเป็นคนกำกับ ซึ่ง ______ ______ ของ project นี้เลยเล่นหนังเรื่องนี้ครับ

สู่ขวัญ ตอนแรกนี่ ______ พี่เก้งเอาอะไรมามั่นใจหรือเอาอะไรมาคิดว่า ขวัญจะทำได้

เรื่องนี้สู่ขวัญต้องยอมลงทุนฝึกวิ่ง 500 กิโลเมตร ______ ซึ่งนับเป็นเรื่องที่ ______

สู่ขวัญ ชีวิตนี้ ขวัญเคยบอกตัวเองเลยว่า ขวัญไม่ใช่คนวิ่ง ______ แต่พอขวัญเล่นหนังเรื่องนี้ ขวัญค้นพบอะไรบางอย่างเกี่ยวกับการวิ่ง ______

จิระ ไม่น่าเชื่อว่า จากคนที่ไม่เคยวิ่งเลย ______ นี่คือ spirit สูงสุดของนักแสดงจริงๆ

มาติดตามผลงานการแสดงภาพยนตร์ครั้งแรกในชีวิตของเธอได้ในรัก 7 ปี ดี 7 หน

คำศัพท์หรือประโยคที่น่าสนใจ

ช่วงอายุ	세대, 연령층
ผู้ประกาศข่าว	앵커, 방송인, 아나운서
แสนสวย	아주 예쁘다
ระดับ	정도, 수준; 등급, 세우다, 설립하다, 장식하다, 펴서 깔다
บทนำ	서론, 서설, 사설
ห่างหาย	소식이 없다
วงการ	…계(직업이나 관심이 같은 집단) **เช่น วงการบันเทิง**(예능계) **วงการธุรกิจ**(사업계) **วงการครู**(교사계) **เป็นต้น**
ครบ	꽉 차다, 충분하다, 충만하다; 정수의, 수가 꽉 차다; 완전하다
พอดี	꼭 맞다, 딱 알맞다
คนกำกับ	감독
ส่วนหนึ่ง	일부, 일부분, 단편
แปลกใจ	경이롭다, 이상하다, 이상하게 생각하다
มั่นใจ	확신하다, 마음에 거리낄 것이 없다, 확실하다
เปิดกล้อง	영화촬영을 시작하다, 촬영에 들어가다
เจ้าตัว	본인, 자기, 당사자
เครียด	긴장하다, 긴장되다; [물리]중압, 압력
ติดตาม	뒤따르다, 수행하다, 추적하다
ผลงาน	업적, 성과, 작품, 실적

เนื้อหาและการแปล

42.195 เป็นภาพยนตร์เรื่องที่ 3 จากความรักสามช่วงอายุในรัก 7 ปี ดี 7 หน ที่ได้ผู้ประกาศข่าวแสนสวยอย่างสู่ขวัญ บูลกุล และซูเปอร์สตาร์ ระดับเอเชีย อย่างนิชคุณ มารับบทนำ โดยฝีมือการกำกับของเก้ง จิระ มะลิกุล ที่ห่างหายจากวงการไปครบ7ปีพอดี

42.195는 영화 '7년의 사랑, 7번의 좋은 순간'에 등장하는 세 개의 연령층에 따른 사랑 이야기 중 세 번째 이야기입니다. 매우 아름다운 뉴스 앵커였던 '쑤콴 분라꾼'과 아시아의 슈퍼스타인 '닉쿤'이 배역을 맡았고 7년 동안 영화계를 떠나 있었던 '찌라 마리꾼(껭)'이 감독하였습니다.

นิชคุณ ได้ยินครั้งแรกคืออยากเล่นมากเลยครับ ได้ข่าวว่าเป็นหนังพี่เก้ง ที่พี่เก้งจะเป็นคนกำกับ ซึ่งคุณอยากเป็นส่วนหนึ่งของหนังเรื่องนี้ของ project นี้เลยเล่นหนังเรื่องนี้ครับ

닉쿤 처음에 들었을 때부터 정말 출연하고 싶었어요. 껭 감독님의 작품이라는 것을 들었거든요. 껭 감독님이 연출하신 영화인 이 프로젝트의 일부분이 되고 싶었어요. 그래서 영화에 출연하게 되었습니다.

สู่ขวัญ ตอนแรกนี่แปลกใจอยู่แล้วว่าจะชวนไปเล่นหนัง พี่เก้งเอาอะไรมามั่นใจหรือเอาอะไรมาคิดว่า ขวัญจะทำได้

쑤콴 처음에 영화에 출연 제의를 받았을 때 이상하다고 생각했습니다. 껭 감독님은 무엇 때문에 제가 할 수 있다고 확신을 하셨는지요.

เรื่องนี้สู่ขวัญต้องยอมลงทุนฝึกวิ่ง 500 กิโลเมตรก่อนการเปิดกล้อง ซึ่งนับเป็นเรื่องที่เจ้าตัวถึงกับเครียด

이 영화에서 쑤콴은 영화를 찍기 전에 500Km를 달려야 하는 훈련을 해야만 했습니다. 그녀는 이것 때문에 스트레스를 받았습니다.

สู่ขวัญ ชีวิตนี้ ขวัญเคยบอกตัวเองเลยว่า ขวัญไม่ใช่คนวิ่ง ขวัญไม่ได้เกิดมาเพื่อวิ่ง แต่พอขวัญเล่นหนังเรื่องนี้ ขวัญค้นพบอะไรบางอย่างเกี่ยวกับการวิ่ง แล้วก็วิ่งเพราะว่าอยากวิ่ง

쑤콴 이번 생애에서 저는 달리기를 하는 사람이 아니라고 스스로에게 말해왔습니다. 저는 달리기 위해서 태어난 사람이 아니라고요. 하지만 이 영화를 찍으면서 저는 달리기와 관련된 무엇인가를 발견하게 되었습니다. 그리고 달리고 싶어서 달리게 되었습니다.

จิระ ไม่น่าเชื่อว่า จากคนที่ไม่เคยวิ่งเลย เขาทำสิ่งนี้ได้จริงๆ นี่คือ spirit สูงสุดของนักแสดงจริงๆ

찌라 전에 달려본 적이 없는 사람이라는 것을 믿을 수가 없었습니다. 쑤콴씨는 잘 해냈습니다. 배우로서의 높은 정신력을 보여주었습니다.

มาติดตามผลงานการแสดงภาพยนตร์ครั้งแรกในชีวิตของเธอได้ในรัก 7 ปี ดี 7 หน

영화 '7년의 사랑, 7번의 좋은 순간'에서 그녀가 찍은 최초의 작품을 만나보세요.

บทที่ 06

ข่าว

6장 뉴스

บทที่ 06

ข่าว

6장 뉴스

อาเซียนปักหมุดรุกตลาดอินเดีย

아세안, 인도 시장에 말뚝을 박다

벵골만 지역 국가 중 가장 규모가 큰 시장인 인도는 오늘날 세계 경제 6위를 자랑한다. 거대한 잠재력을 가진 인도는 태국과 아세안에게 중요한 소비시장이다. 인도는 높은 경제 성장률을 보이고 있으며 머지 않아 세계 2위의 경제대국으로 발돋음할 것이다. 태국과 역사와 문화면에서 공통점이 많은 인도는 현재 태국을 비롯한 아세안 국가들과의 공동 협력을 적극적으로 추진하고 있다.

https://www.youtube.com/watch?v=qE-StCGtozM

แบบทดสอบก่อนเรียน1

ปัจจุบันอินเดียเป็นตลาดขนาดใหญ่ที่ หากมองในมิติประชากรอินเดียกับจีนเป็นสองประเทศที่ ที่มีอยู่ราว 1,400 ล้านคน แม้ว่าอินเดียจะเป็น แต่วันนี้กลับมีเศรษฐกิจเป็นเบอร์หกของโลก เนื่องจากอินเดียเป็นตลาดใหญ่ และเปิดการลงทุนอีกมาก โดยเฉพาะอุตสาหกรรมไอที และอิเล็กทรอนิกส์ที่กำลังอยู่ในกระแส 4.0

ดร.ปิติ ศรีแสงนาม ผู้อำนวยการฝ่ายวิชาการศูนย์อาเซียนศึกษา จุฬาลงกรณ์มหาวิทยาลัย ชี้ให้เห็น พบว่า 70% ของรายได้หรือผลผลิตทั้งหมดโลกใบนี้ มาจากจีนกับอินเดีย โดย GDP ของอินเดียในปี 2561 ขยายตัว 7.79%

สำหรับอินเดียเป็นประเทศที่ใหญ่ ซึ่งอาจารย์ปิติมองว่า ของไทยและอาเซียน เพราะมี ประมาณ 22% และอีก 80% เป็นกลุ่มที่มีรายได้ระดับกลางไป ในระดับอภิมหาเศรษฐีเนี่ย มีประมาณสัก 350 ล้านคน ลองนึกภาพดูว่าประเทศซึ่งมีอภิมหาเศรษฐีจำนวนมากกว่า

ก็คืออินเดียนะครับ ในขณะที่คนระดับกลางของที่นี่ก็ นะครับ ปีนี้ 2018, 2019 เนี่ย ล่าสุด Asian Development Bank มีการคาดการณ์นะครับ ว่า เนี่ย น่าจะอยู่ประมาณ สัก 7.3-7.6% นะครับ นี่คืออัตราการขยายตัวของเศรษฐกิจ ซึ่งเป็น ของโลกนะครับ เพราะฉะนั้นอัตรา การขยายตัว 7% กว่าๆ ถือว่า

หากแต่หน้า เมื่อ 2,000 ปีก่อน เริ่มต้นด้วยความยิ่งใหญ่ของการผลิตจากจีนและอินเดียในช่วงแรก ก่อนที่เกิด สร้างความเปลี่ยนแปลงกับอินเดียอย่างต่อเนื่อง ไม่ว่าจะเป็นผลจาก หรือการเปลี่ยนแปลง ในประเทศ ดร.ปิติมองว่า อินเดียกับจีน ผลัดกันเป็นเบอร์หนึ่งของประเทศที่มีเศรษฐกิจใหญ่ที่สุดของโลกต่อเนื่องมากกว่า 1,800 ปี ที่มี ในศตวรรษที่ 19 เมื่อมี ยุโรปเข้ายึดครองอินเดียได้สำเร็จ ทำให้ตั้งแต่นั้นเป็นต้นมา การผลิตมีขึ้นเพื่อยุโรปและชาติตะวันตกเท่านั้น หลังผ่าน หลายต่อหลายครั้ง อินเดียได้เรียนรู้ประสบการณ์ และปฏิรูประบบเศรษฐกิจภายใน ค่อยๆ กลับสู่ อีกครั้งหนึ่ง ขณะที่ยุโรปกับสหรัฐอเมริกา เคยมีเศรษฐกิจที่ยิ่งใหญ่ แต่ตอนนี้ถูกดึงกลับมาเป็น

จริงๆ แล้ว เนี่ย อินเดียกับจีนก็เป็น

เบอร์หนึ่งหรือเบอร์สองของเศรษฐกิจโลกมาตลอดอยู่แล้วนะครับ เพิ่งจะมี เนี่ย ก็ในช่วงสัก 150 ถึง 200 ปีเท่านั้นเองนะครับ ตอนนี้จีนกลับมาเป็นเบอร์หนึ่งแล้วนะครับ อินเดีย เป็นเบอร์สองเช่นกันนะครับ

คำศัพท์หรือประโยคที่น่าสนใจ1

อ่าวเบงกอล	뱅골만
มิติประชากร	인구 차원
เปิดการลงทุน	투자를 확대하다
โดยเฉพาะ	특히, 특별히, 오로지
อุตสาหกรรมไอที และอิเล็กทรอนิกส์	IT와 전자 사업
กระแส 4.0	4차 산업
ผู้อำนวยการฝ่ายวิชาการ	학술 이사
ภาพรวม	전반적
รายได้	수입, 소득
ผลผลิต	생산품, 생산물
มูลค่า	가격, 가치
ขยายตัว	발전하다, 증가하다, 성장하다
ศักยภาพ	가능성, 잠재력

ผู้บริโภค	소비자, 수요자, 고객
เส้นขีดความยากจน	빈곤선(영어: poverty line, 최저한도의 생활을 유지하는 데 필요한 수입 수준) **เส้นขีด** 선 **ความยากจน** 빈곤, 가난 수
อภิมหาเศรษฐี	**เศรษฐี** 부자 < **มหาเศรษฐี** 갑부 < **อภิมหาเศรษฐี** 억만장자 **เศรษฐี** 보다 **มหาเศรษฐี**가, **มหาเศรษฐี**보다 **อภิมหาเศรษฐี**가 더 부자를 의미한다.
ภูมิภาค	지방, 지역
เจริญเติบโต	성장하다, 크다, 자라다, 발전하다
อย่างต่อเนื่อง	연속해서, 계속해서, 지속적으로
การคาดการณ์	예상, 예견
อัตราการขยายตัวของเศรษฐกิจ	경제성장률
หากแต่	하지만
หน้าประวัติศาสตร์	역사상
การค้าของโลก	세계 무역
ความยิ่งใหญ่	거대함, 위대함
เหตุการณ์เป็นระลอก	연속해서 계속 일어나는 사건
ความเปลี่ยนแปลง	변화

ลัทธิจักรวรรดินิยม	제국주의 **ลัทธิ** 주의, 학설 **จักรวรรดินิยม** = **จักรพรรดินิยม** 제국주의
ระบอบการปกครอง	통치 제도, 통치 체제
ผลัดกัน	교대하다, 번갈아 하다, 차례로…하다
จุดพลิกผัน	전환점
การล่าอาณานิคม	식민지 약탈 **ล่า** 사냥하다, 추적하다, 찾아다니다, 추구하다 **อาณานิคม** 식민지
ยึดครอง	점령하다
สงครามเศรษฐกิจ	경제전, 경제 전쟁
หลายต่อหลายครั้ง	매번, 매회
ประสบการณ์	경험
ปฏิรูป	개혁하다, 혁신하다
ค่อยๆ	점차적으로
ประวัติศาสตร์ของมนุษยชาติ	인류 역사
แทนที่	~에 대신하다
อีกไม่นาน	곧, 조만간

เนื้อหาและการแปล1 +

ปัจจุบันอินเดียเป็นตลาดขนาดใหญ่ที่ในกลุ่มประเทศอ่าวเบงกอล หากมองในมิติประชากรอินเดียกับจีนเป็นสองประเทศที่มีประชากรมากที่สุดในโลก ที่มีอยู่ราว 1,400 ล้านคน แม้ว่าอินเดียจะเป็นประเทศที่ยากจนติดอันดับต้นๆ แต่วันนี้กลับมีเศรษฐกิจเป็นเบอร์หกของโลก เนื่องจากอินเดียเป็นตลาดใหญ่ ต้องการสินค้าหลากหลายระดับและเปิดการลงทุนอีกมาก โดยเฉพาะอุตสาหกรรมไอที และอิเล็กทรอนิกส์ที่กำลังอยู่ในกระแส 4.0

현재 인도는 벵골만 지역 국가 중에서 규모가 큰 시장을 형성하고 있다. 인구 차원에서 보면 인도와 중국은 세계에서 인구가 가장 많은 두 나라로 약 14억명이다. 비록 인도는 빈곤 지수에 있어서는 최상위권을 차지하고 있지만 오늘날 세계 경제 6위국이기도 하다. 인도는 거대 시장이기 때문에 여러 가지 등급의 상품에 대한 수요가 있고 투자자들에게 투자 기회도 열어주고 있다. 특히 IT 기업과 전자 산업과 같은 4차 산업에 속하는 분야의 투자 기회를 열어주고 있다.

ดร.ปิติ ศรีแสงนาม ผู้อำนวยการฝ่ายวิชาการศูนย์อาเซียนศึกษา จุฬาลงกรณ์มหาวิทยาลัย ชี้ให้เห็นภาพรวม GDP ของโลกขนาดนี้พบว่า 70% ของรายได้หรือผลผลิตทั้งหมดโลกใบนี้ มาจากจีนกับอินเดีย โดย GDP ของอินเดียในปี 2561 มีมูลค่าถึง 2.597 ล้านล้านดอลลาร์สหรัฐ ขยายตัว 7.79%

쭐라롱껀대학교 아세안센터 학술연구 이사인 삐띠 씨쌩남 박사는 현재 전반적인 세계 GDP에 대해서 세계 생산품이나 소득 전체의 70%는 중국과 인도에서 온다고 지적하였다. 2018년 인도의 GDP는 2조 5천 9백 7십억 달러였고 7.79% 증가하였다.

สำหรับอินเดียเป็นประเทศที่ใหญ่มีศักยภาพสูง ซึ่งอาจารย์ปิติมองว่าอินเดียเป็นตลาดผู้บริโภคที่เป็นโอกาสของไทยและอาเซียน เพราะมีจำนวนประชากรต่ำกว่า

เส้นขีดความยากจนประมาณ 22% และอีก 80% เป็นกลุ่มที่มีรายได้ระดับกลางไปจนถึงอภิมหาเศรษฐี

인도는 잠재력이 높은 거대국이다. 삐디 교수는 인도를 태국과 아세안에게 소비 시장의 기회가 될 수 있다고 보았다. 왜냐하면 인도는 빈곤지수보다 더 가난한 인구 수가 약 20%이고 나머지 80%는 중산층에서 억만장자이기 때문이다.

ในระดับอภิมหาเศรษฐีเนี่ย มีประมาณสัก 350 ล้านคน ลองนึกภาพดูว่าประเทศซึ่งมีอภิมหาเศรษฐีจำนวนมากกว่าประชากรของยุโรปทางภูมิภาค ก็คืออินเดียนะครับ ในขณะที่คนระดับกลางของที่นี่ก็เจริญเติบโตอย่างต่อเนื่องนะครับ ปีนี้ 2018, 2019 เนี่ย ล่าสุด Asian Development Bank มีการคาดการณ์นะครับว่าอัตราการขยายตัวของเศรษฐกิจอินเดียเนี่ย น่าจะอยู่ประมาณสัก 7.3-7.6% นะครับ นี่คืออัตราการขยายตัวของเศรษฐกิจ ซึ่งเป็นเศรษฐกิจมูลค่าใหญ่เป็นระดับ 6 ของโลกนะครับ เพราะฉะนั้นอัตราการขยายตัว 7% กว่าๆ ถือว่ามีความสำเร็จมากๆในเรื่องของพัฒนา

억만장자는 약 3억 5천만 명이다. 우리는 억만장자의 수가 유럽 지역 전체의 인구보다 더 많은 나라가 바로 인도라는 것을 알 수 있다. 반면 인도의 중산층은 지속적으로 성장하고 있다. 올해 2018년과 2019년에, 최근 아시아개발은행(Asian Development Bank)은 인도경제성장률이 약 7.3-7.6%일 것이라고 예상했다. 이 경제성장률은 경제 가치가 세계 6위로 높다는 것을 알 수 있다. 따라서 경제성장률이 7% 이상이라는 것은 경제가 매우 성공적으로 발전했다는 것을 보여준다.

หากแต่หน้าประวัติศาสตร์การค้าของโลกเมื่อ 2,000 ปีก่อน เริ่มต้นด้วยความยิ่งใหญ่ของการผลิตจากจีนและอินเดียในช่วงแรก ก่อนที่เกิดเหตุการณ์เป็นระลอก สร้างความเปลี่ยนแปลงกับอินเดียอย่างต่อเนื่อง ไม่ว่าจะเป็นผลจากลัทธิ

จักรวรรดินิยม หรือการเปลี่ยนแปลงระบอบการปกครองในประเทศ ดร.ปิติมอง ว่า อินเดียกับจีนผลัดกันเป็นเบอร์หนึ่งของประเทศที่มีเศรษฐกิจใหญ่ที่สุดของโลกต่อเนื่องมากกว่า 1,800 ปี ที่มีจุดพลิกผันอยู่ในศตวรรษที่ 19 เมื่อมีการล่าอาณานิคมยุโรปเข้ายึดครองอินเดียได้สำเร็จ ทำให้ตั้งแต่นั้นเป็นต้นมา การผลิตมีขึ้นเพื่อยุโรปและชาติตะวันตกเท่านั้น หลังผ่านสงครามเศรษฐกิจครั้งใหญ่ๆ หลายต่อหลายครั้ง อินเดียได้เรียนรู้ประสบการณ์ และปฏิรูประบบเศรษฐกิจภายใน ค่อยๆ กลับสู่ระบบการค้าโลกอีกครั้งหนึ่ง ขณะที่ยุโรปกับสหรัฐอเมริกาเคยมีเศรษฐกิจที่ยิ่งใหญ่ แต่ตอนนี้ถูกดึงกลับมาเป็นศูนย์กลางเศรษฐกิจเดิม

하지만 2000년전의 세계 무역 역사를 살펴보면 초창기에는 중국과 인도의 대량 생산으로 시작된다. 이 시기는 제국주의의 결과와 국가 통치제도의 변화 등 인도의 지속적인 변화가 연달아 발생하기 전의 시기이다. 삐띠 박사는 인도와 중국은 세계 경제 대국을 1800년 이상 지속적으로 번갈아 차지했다고 말했다. 19세기 식민지 약탈 시기에 유럽이 인도 점령에 성공하면서 인도는 전환점을 맞이하였다. 그때부터 현재까지 인도는 유럽과 서구를 위해서 생산하였다. 여러 번의 경제전이 지난 후 인도는 경험을 쌓아 내부 경제체제를 개혁하여 점진적으로 세계무역제도에 복귀하였다. 반면 과거에 경제 대국이었던 유럽과 미국은 현재 예전과 동일한 경제 중심으로 회귀하였다.

จริงๆ แล้วตลอดประวัติศาสตร์ของมนุษยชาติเนี่ย อินเดียกับจีนก็เป็นเบอร์หนึ่งหรือเบอร์สองของเศรษฐกิจโลกมาตลอดอยู่แล้วนะครับ เพิ่งจะมียุโรปกับอเมริกาเข้ามาแทนที่เนี่ย ก็ในช่วงสัก 150 ถึง 200 ปีเท่านั้นเองนะครับ ตอนนี้จีนกลับมาเป็นเบอร์หนึ่งแล้วนะครับ อินเดียอีกไม่นานก็คงจะกลับมาเป็นเบอร์สองเช่นกันนะครับ

사실 인류 전체의 역사를 살펴보면 인도와 중국은 세계 경제의 1위나 2위를 차지해 왔다. 유럽과 미국이 그 자리를 대신한 것은 얼마 되지 않은 일로 약 150-200년밖에 되지 않았다. 현재 중국은 세계 1위로 복귀하였다. 인도도 머지않아 2위로 복귀할 것이다.

แบบทดสอบก่อนเรียน2

ด้าน price water house คาดการณ์ว่าในปี 2030 อินเดียจะมีเศรษฐกิจใหญ่เป็นอันดับ 3 ของโลก และในปี 2050 อินเดียจะ ____ เป็นอันดับ 2 ของโลก ดังนั้นอินเดียจะเป็น ____ และนี่ไม่ใช่เรื่องใหม่ สำหรับไทยก็เป็นอีกประเทศหนึ่งที่ ____ โดยไทยมีความเชื่อมโยมกับอินเดีย ____ ประวัติศาสตร์ร่วมกัน เป็นจุดเชื่อมโยงระดับประชาชน

เพราะว่า ____ เราก็มีความเชื่อมโยงกับเขามาตั้งแต่สมัยที่เขายังเป็นมหาอำนาจ ผ่านทางด้านของสังคมวัฒนธรรม ____ นะครับ ทุกวันนี้เราก็ยังมีเมืองหลวง กรุงเทพมหานคร ซึ่งชื่อเป็นภาษาอินเดียอยู่นะครับ ก็คือเป็น ____ นะครับ คนไทยเกือบจะทุกคนเลยด้วยซ้ำนะครับ ก็ยังมี ____ ที่เป็นภาษาสันสกฤตหรือภาษาบาลีอยู่ในตัว เพราะฉะนั้นเรามี ____ อยู่ในวิถีชีวิตของเรามากกว่าที่เราคิด และ ____ สำหรับคนอินเดียเนี่ย เขามองว่าพระพุทธเจ้าคือ the proud sign of India ในการที่เผยแผ่ทำให้ ____

ในอีก 20 เดือนข้างหน้า ____ หรือ

National Highway จะแล้วเสร็จ ซึ่งเป็น Hardware Connectivity เส้นทางขนส่งสินค้าจาก เข้ามาถึงภาคตะวันออกเฉียงเหนือของอินเดียได้ โดยผ่านทางรถยนต์ ขณะเดียวกันอินเดียก็ ที่เรียกว่า SAGA ซึ่งนายกรัฐมนตรีอินเดียนาเรียนทรา โมดี้ ได้เล่นคำมาจากคำว่า Security and growth for all region ถ้าเทียบกับภาษาไทย SAGA ออกเสียงคล้ายกับคำว่าสาคร ที่ตรงกับความพยายามของอินเดีย ที่ รอบอ่าวเบงกอล ทั้งมิติด้านความมั่นคงและเศรษฐกิจ

นะครับ อินเดียเนี่ยมีเกาะที่เรียกว่าอันดามันและนิโคบาร์อยู่ จุดศูนย์กลางของอันดามันและนิโคบาร์เนี่ยเรียกว่าพอร์ทแบลร์ พอร์ทแบลร์สามารถเห็น เราอยู่ใกล้ชิดกันขนาดมองข้ามทะเลแล้วเห็นแสงสว่างนะครับ เรามี ที่จะเชื่อมโยงถึงกัน เรามีโครงการซึ่งเขาแน่นอนนอกจาก SAGA แล้ว มันเป็นแผนใหญ่นะครับ ของสิ่งที่เราเรียกว่า Act East Policy

นอกจากนี้ อินเดียยังมีนโยบาย Act East Policy หรือ ที่มุ่งมามี ซึ่งอยู่ทางตะวันออกพอดีของอินเดีย ดังนั้นนโยบายเหล่านี้ จะ ให้ดียิ่งขึ้น

คำศัพท์หรือประโยคที่น่าสนใจ2

ก้าวขึ้น	올라서다, 딛다
ประเทศมหาอำนาจ	강대국
ความเชื่อมโยง	연관, 연결, 관련
อย่างน้อยที่สุด	적어도, 최소한
ร่วมกัน	같이, 함께
เมืองหลวง	수도
ด้วยซ้ำ	또한, 추가해서, 부가적으로, 게다가
พยางค์	음절
ความเป็นอินเดีย	인도화
วิถีชีวิต	생활방식
พระพุทธศาสนา	불교
พระพุทธเจ้า	불타, 부처
เผยแผ่	전파하다, 확대하다, 확산하다
อารยธรรม	문명
แล้วเสร็จ	마무리하다, 끝마치다
เส้นทางขนส่งสินค้า	물류 운송로 **เส้นทาง** (교통)노선, 경로, 통로 **ขนส่ง** 나르다, 운반하다, 운송하다 **สินค้า** 상품, 화물

ยุทธศาสตร์การพัฒนาเศรษฐกิจร่วมกันอย่างยั่งยืน	지속적인 경제 발전 협력 전략 **ยุทธศาสตร์** 전략 **การพัฒนา** 발전 **เศรษฐกิจ** 경제 **ร่วมกัน** 함께, 협력하여 **อย่างยั่งยืน** 지속적인, 영구히
สาคร	강, 물
เร่งผลักดัน	서둘러 추진하다 **เร่ง** 서두르다, **ผลักดัน** 추진하다, 밀다
ความมั่นคง	안보, 안정
ไฟส่องสว่าง	밝은 빛
ตึกรามบ้านช่อง	빌딩이나 가옥
โครงการ	프로젝트, 계획, 기획
แผนใหญ่	대형 프로젝트
นโยบาย	정책
ปฏิสัมพันธ์	상호 관계, 상호 작용, 쌍방향
ส่งเสริม	후원하다, 지지하다

เนื้อหาและการแปล2

ด้าน price water house คาดการณ์ว่าในปี 2030 อินเดียจะมีเศรษฐกิจใหญ่เป็นอันดับ 3 ของโลก และในปี 2050 อินเดียจะก้าวขึ้นมามีเศรษฐกิจใหญ่เป็นอันดับ 2 ของโลก ดังนั้นอินเดียจะเป็นประเทศมหาอำนาจทางเศรษฐกิจแน่นอน และนี่ไม่ใช่เรื่องใหม่ สำหรับไทยก็เป็นอีกประเทศหนึ่งที่มีศักยภาพเข้าถึงตลาดอินเดีย โดยไทยมีความเชื่อมโยงกับอินเดียตั้งแต่เป็นประเทศมหาอำนาจทางด้านสังคมวัฒนธรรม ประวัติศาสตร์ร่วมกัน เป็นจุดเชื่อมโยงระดับประชาชน

Price water house는 2030년에 인도가 세계 제3위의 신경제 대국이 될 것이라고 예상했다. 그리고 2050년에 인도는 세계 제2위 경제 대국으로 발돋움할 것이라고 보았다. 따라서 인도는 분명히 경제 대국이 될 것이고 이는 새로운 일이 아니다. 태국도 인도 시장과 버금가는 잠재력을 가지고 있는 나라 중 하나이다. 태국은 사회문화면에서 강대국이라는 점에서부터 인도와 연관이 되어 있다. 역사적인 공유는 국민 수준에서부터 연관성이 있다.

เพราะว่าอย่างน้อยที่สุด เราก็มีความเชื่อมโยงกับเขามาตั้งแต่สมัยที่เขายังเป็นมหาอำนาจ ผ่านทางด้านของสังคมวัฒนธรรม ผ่านทางด้านประวัติศาสตร์ร่วมกันนะครับ ทุกวันนี้เราก็ยังมีเมืองหลวง กรุงเทพมหานคร ซึ่งชื่อเป็นภาษาอินเดียอยู่นะครับ ก็คือเป็นภาษาบาลีและสันสกฤตนะครับ คนไทยเกือบจะทุกคนเลยด้วยซ้ำนะครับ ก็ยังมีชื่ออย่างน้อยหนึ่งพยางค์ ที่เป็นภาษาสันสกฤตหรือภาษาบาลีอยู่ในตัว เพราะฉะนั้นเรามีความเป็นอินเดียอยู่ในสังคมวัฒนธรรม อยู่ในวิถีชีวิตของเรามากกว่าที่เราคิด และแน่นอนที่สุด พระพุทธศาสนา สำหรับคนอินเดียเนี่ย เขามองว่าพระพุทธเจ้าคือ the proud sign of India ในการที่เผยแผ่ทำให้อารยธรรมของอินเดียเนี่ย เผยแผ่ไปได้ทั่วโลก

왜냐하면 적어도 우리는 인도가 강대국일 때부터 사회문화면, 공유된 역사면에서 연관이 되어 왔다. 현재 우리의 수도인 방콕은 인도어이다. 즉, 발리 싼스크리트어이다. 게다가 대부분의 태국인은 이름의 적어도 한 음절은 발리어나 싼스크리트어를 사용하고 있다. 그러므로 우리는 우리의 생활방식 내에서 사회문화적으로 우리가 생각하는 것보다 더 인도화가 되어 있다. 그리고 당연히 불교도 그렇다. 인도인들은 불타를 인도의 자랑스러운 상징(the proud sign of India)이라고 믿으며 인도의 문명이 세계에 퍼질 수 있도록 전파시킨다.

ในอีก 20 เดือนข้างหน้า ถนนเชื่อมไทย เมียนมา อินเดีย หรือ National Highway จะแล้วเสร็จ ซึ่งเป็น Hardware Connectivity เส้นทางขนส่งสินค้า จากแม่สอด จังหวัดตาก ผ่านเมียนมา เข้ามาถึงภาคตะวันออกเฉียงเหนือของอินเดียได้ โดยผ่านทางรถยนต์ ขณะเดียวกันอินเดียก็มียุทธศาสตร์การพัฒนาเศรษฐกิจร่วมกันอย่างยั่งยืน ที่เรียกว่า SAGA ซึ่งนายกรัฐมนตรีอินเดียนาเรียนทรา โมดี้ ได้เล่นคำมาจากคำว่า Security and growth for all region ถ้าเทียบกับภาษาไทย SAGA ออกเสียงคล้ายกับคำว่าสาคร ที่ตรงกับความพยายามของอินเดีย ที่กำลังเร่งผลักดันและพัฒนาพื้นที่เศรษฐกิจรอบอ่าวเบงกอล ทั้งมิติด้านความมั่นคงและเศรษฐกิจ

앞으로 20개월 후에 태국, 미얀마, 인도를 잇는 국도(National Highway)가 완공될 예정이다. 이는 하드웨어의 연결(Hardware Connectivity)이며 태국 딱주의 매솟에서 미얀마를 거쳐 인도의 동북부 지방을 자동차 도로를 이용하여 갈 수 있는 물류 운송로이다. 이와 동시에 인도는 SAGA 또는 지속적인 경제 개발 협력 전략을 수립하였다. 이 SAGA라는 단어는 나렌드라 모디 인도 총리가 말한 '전 지역의 안보와 발전(Security and growth for all region)'에서 따온 말이다. 태국어와 비교해 보면 SAGA는 태국어의 싸컨(สาคร)이라는 단어와 발음이 비슷하다. 싸컨은 안보면과 경제면에서 모두 벵골만 지역의 경제 개발을 추진하고 있는 인도의 노력과 일치한다.

ลองนึกภาพดูนะครับ อินเดียเนี่ย มีเกาะที่เรียกว่าอันดามันและนิโคบาร์อยู่ จุดศูนย์กลางของอันดามันและนิโคบาร์เนี่ย เรียกว่าพอร์ทแบลร์ ในวันที่ท้องฟ้าเปิด อากาศดี พอร์ทแบลร์สามารถเห็นไฟส่องสว่างจากตึกรามบ้านช่องบนเกาะภูเก็ตได้ เราอยู่ใกล้ชิดกันขนาดมองข้ามทะเลแล้วเห็นแสงสว่างนะครับ เรามีความเชื่อมโยงทางด้านถนนที่จะเชื่อมโยงถึงกัน เรามีโครงการซึ่งเขาแน่นอนนอกจาก SAGA แล้ว มันเป็นแผนใหญ่นะครับ ของสิ่งที่เราเรียกว่า Act East Policy

생각해 보자. 인도에는 안다만과 니코바르제도가 있다. 안다만과 니코바르제도의 중심에는 포트블레어가 있다. 하늘이 맑고 날씨가 좋은 날 포트블레어에서 푸켓의 빌딩이나 집의 밝은 빛을 볼 수 있다. 우리는 바다 건너서 불빛이 보일 정도로 가까이에 있다. 도로면에서도 서로 연결되어 있다. 우리는 SAGA 프로젝트 외에도 신동방정책(Act East Policy)이라는 거대 프로젝트가 있다.

นอกจากนี้ อินเดียยังมีนโยบาย Act East Policy หรือปฏิบัติการตะวันออก ที่มุ่งมามีปฏิสัมพันธ์กับอาเซียนและไทย ซึ่งอยู่ทางตะวันออกพอดีของอินเดีย ดังนั้นนโยบายเหล่านี้ จะช่วยส่งเสริมศักยภาพทางเศรษฐกิจระหว่างอินเดียกับไทยให้ดียิ่งขึ้น

그 외에도 인도는 인도의 동쪽에 있는 국가인 아세안과 태국과의 상호 관계를 지향하는 신동방정책 또는 적극적 동방정책을 추진하고 있다. 따라서 이 정책들은 인도와 태국 간 경제 잠재력을 지지하여 발전시킬 것이다.

ปู่คออี้แจ้งจับอดีตหน.อุทยานแก่งกระจาน เผาบ้านปี 54

커이 할아버지,
깽끄라짠 국립공원의 2011년 방화를 고발하다

커이 할아버지가 전 국립공원장인 차이왓씨를 재산 방화죄로 고발하러 경찰서를 찾았다. 카렌족의 정신적 지주인 커이 할아버지는 과거에 경찰 조사를 받다가 실종된 빌리의 할아버지이다. 커이 할아버지는 2011년 차이왓씨가 카렌족 마을에 방화를 하여 재산 피해를 입게 하고 주민들을 강제로 쫓아낸 사건을 고발하였다.

https://www.youtube.com/watch?v=XZ9obH4mEn4

แบบทดสอบก่อนเรียน

นายโคอิ มีมิ หรือปู่คออี้ วัย 104 ปี ซึ่งเป็นผู้นำจิตวิญญาณชาวกะเหรี่ยงบ้านบางกลอย ต.ห้วยแม่เพรียง อ.แก่งกระจาน จ.เพชรบุรี ซึ่งเป็นปู่ของนายพอละจี รักจงเจริญ หรือบิลลี่ ที่ ______ ในป่าแก่งกระจาน ______ ภูธรแก่งกระจาน ______ กับนายชัยวัฒน์ ลิ้มลิขิตอักษร อดีตหัวหน้าอุทยานแห่งชาติแก่งกระจาน ใน ______ กรณีเมื่อเดือนพ.ค.2554 นายชัยวัฒน์ได้นำเจ้าหน้าที่อุทยานฯ ______ และทรัพย์สินของชาวกะเหรี่ยงตำบลห้วยแม่ เพรียง อ.แก่งกระจาน พร้อมบังคับให้นายคออี้ และลูกหลานออกจากบ้าน ______ ส่งผลให้บ้านเรือน ยุ้งฉาง และทรัพย์สินเสียหายทั้งหมด

คดีนี้ ผู้ประสานงานเครือข่ายกะเหรี่ยงฯ ______ ให้ทำการตรวจสอบ และมีรายงานผลการตรวจสอบเมื่อ 17 ก.ย. 2557 ว่า การกระทำของนายชัยวัฒน์ กับพวก ______

ขณะที่ นายคออี้กับชาวไทยเชื้อสายกะเหรี่ยง ______ รวมถึง ______ ต่อ ______ เรียกค่าเสียหาย และขอสิทธิใน การกลับไปอยู่อาศัยและทำกิน ______ ป่าแก่งกระจาน ซึ่ง

นางสาว วราภรณ์ อุทัยรังษี ทนายความ บอกว่า เหตุที่นายคออี้เข้าแจ้งความในวันนี้ หลังจากทางเครือข่ายด้านการอนุรักษ์สิ่งแวดล้อม แต่คดีไม่มีความคืบหน้า

คำศัพท์หรือประโยคที่น่าสนใจ

ผู้นำจิตวิญญาณ	정신적 지주 **ผู้นำ** 영도자, 지도자 **จิตวิญญาณ** 정신, 넋, 혼
ชาวกะเหรี่ยง	카렌족
ต. = ตำบล	구, 동
อ. = อำเภอ	군(郡)
จ. = จังหวัด	도, 태국의 가장 큰 지방 행정단위
หายตัวไป	자취를 감추다
สอบสวน	심문하다, 조사하다, 취조하다
สถานีตำรวจภูธร	지방 경찰서
แจ้งความ	(경찰에)신고하다, 고발하다
ดำเนินคดี	(경찰이) 법적 조치를 집행하다

อุทยานแห่งชาติ	국립공원
ข้อหา	용의점, 죄목
วางเพลิง	방화하다, 불을 지르다
เผาทรัพย์	재산을 불태우다
จุดไฟ	점화하다
ยุ้งฉาง	곡창
ทรัพย์สิน	재산
บังคับ	강제하다, 억지로 시키다
เสียหาย	손해를 입다; 파괴되다
คดี	사건, 소송, 고소
ผู้ประสานงาน	중개자, 중개업자, 코디네이터
เครือข่าย	네트워크
ร้องเรียน	청원하다, 호소하다; 알리다, 보고하다
คณะกรรมการสิทธิมนุษยชนแห่งชาติ	국립인권위원회
การตรวจสอบ	검증, 심사
การละเมิด	(주권, 권리)침해, 침범; (법률, 관습)위반, 위배
สิทธิมนุษยชน	인권
เชื้อสาย	혈통
ยื่นฟ้อง	소송하다, 제소하다, 송장을 제출하다

กระทรวงทรัพยากรธรรมชาติและสิ่งแวดล้อม	환경자원부 **กระทรวง** 행정부의 부 **ทรัพยากรธรรมชาติ** 천연자원 **สิ่งแวดล้อม** 환경
ศาลปกครองกลาง	연방 행정 법원
บรรพบุรุษ	조상
ทนายความ	변호사
การอนุรักษ์	보호, 보존
ก่อนหน้านี้	먼저, 진작, 이전 ↔ **ภายหลัง** 이후, 나중, 뒤
ความคืบหน้า	진전, 경과, 진척, 전진

เนื้อหาและการแปล +

นายโคอิ มีมิ หรือปู่คออี้ วัย 104 ปี ซึ่งเป็นผู้นำจิตวิญญาณชาวกะเหรี่ยง บ้านบางกลอย ต.ห้วยแม่เพรียง อ.แก่งกระจาน จ.เพชรบุรี ซึ่งเป็นปู่ของนายพอละจี รักจงเจริญ หรือบิลลี่ ที่หายตัวไปในป่าแก่งกระจาน เข้าพบพนักงานสอบสวนสถานีตำรวจภูธรแก่งกระจาน เพื่อแจ้งความดำเนินคดีกับนายชัยวัฒน์ ลิ้มลิขิตอักษร อดีตหัวหน้าอุทยานแห่งชาติแก่งกระจาน ในข้อหาวางเพลิงเผาทรัพย์ กรณีเมื่อเดือนพ.ค.2554 นายชัยวัฒน์ได้นำเจ้าหน้าที่อุทยานฯเข้าจุดไฟเผาบ้านยุ้งฉาง และทรัพย์สินของชาวกะเหรี่ยงตำบลห้วยแม่เพรียง อ.แก่งกระจาน พร้อมบังคับให้นายคออี้ และลูกหลานออกจากบ้าน โดยไม่ยอมให้นำเอาทรัพย์สินออกไปด้วย ส่งผลให้บ้านเรือน ยุ้งฉาง และทรัพย์สินเสียหายทั้งหมด

코이 미미씨 또는 커이 할아버지는 카렌족의 정신적 지주로서 104세이고 펫차부리도 깽끄라짠군 매후어이프리양면 방끌러이리에 산다. 그는 퍼라찌 락쫑짜른씨 또는 빌리의 할아버지이다. 빌리는 깽끄라짠 경찰서에서 조사를 받던 중 실종되었다. 커이 할아버지는 전 깽끄라짠 국립공원장이었던 차리왓 림리킷악썬씨를 신고하기 위해 경찰서를 찾았다. 죄목은 재산 방화로 2011년에 차이왓씨가 국립공원에서 일할 때 깽끄라짠군 후어이매프리양면에 침입하여 그 곳에 사는 카렌족들의 재산과 곡창에 방화를 한 것이다. 뿐만 아니라 그는 짐도 챙기지 못하게 한 채 커이씨와 자손들을 집에서 강제로 쫓아내었다. 그 결과 마을 주민들은 가옥, 곡창, 재산 등 모든 부분에서 피해를 입었다.

คดีนี้ผู้ประสานงานเครือข่ายกะเหรี่ยงฯ ได้ร้องเรียนต่อคณะกรรมการสิทธิมนุษยชนแห่งชาติให้ทำการตรวจสอบ และมีรายงานผลการตรวจสอบเมื่อ 17 ก.ย. 2557 ว่า การกระทำของนายชัยวัฒน์กับพวก เป็นการละเมิดสิทธิมนุษยชน

이 사건은 카렌족네트워크의 대변인이 국립인권위원회에 청원하여 조사하게 되었다. 2014년 9월 17일에 나온 조사 결과 차이왓씨 일행의 행동은 인권 침해라고 밝혀졌다.

ขณะที่นายคออี้กับชาวไทยเชื้อสายกะเหรี่ยงได้ยื่นฟ้องกรมอุทยานแห่งชาติ สัตว์ป่า และพันธุ์พืช รวมถึงกระทรวงทรัพยากรธรรมชาติและสิ่งแวดล้อมต่อศาลปกครองกลาง เรียกค่าเสียหาย และขอสิทธิในการกลับไปอยู่อาศัยและทำกินในพื้นที่บรรพบุรุษป่าแก่งกระจาน ซึ่งขณะนี้คดียังอยู่ระหว่างการพิจารณาของศาล นางสาว วราภรณ์ อุทัยรังษี ทนายความ บอกว่า เหตุที่นายคออี้เข้าแจ้งความในวันนี้ เพราะต้องการร้องทุกข์ด้วยตัวเอง หลังจากทางเครือข่ายด้านการอนุรักษ์สิ่งแวดล้อมเคยแจ้งความไว้แล้วก่อนหน้านี้ แต่คดีไม่มีความคืบหน้า

커이씨와 카렌족들은 국립동식물국립공원과 환경자원부를 연방 행정 법원에 신고하여 손해보상금과 조상들이 거주하던 깽끄라짠 산림 지역의 거주권, 토지권을 요구하였다. 이 소송은 법원에서 아직 진행 중에 있다. 와라펀 우타이랑씨 변호사는 커이씨가 오늘 고발한 사건은 사건으로 인한 고통을 알리기 위해서이며 환경보존네트워크가 전에도 소송을 건 적이 있었지만 아직 이 사건은 진전되지 않고 있다고 했다.

คนไทยจะได้อะไร จากการทำหน้าที่ประธานอาเซียน ปี 62

태국은 2019년 아세안 의장국으로써 무엇을 얻을 것인가?

2019년에 태국은 싱가포르에 이어 아세안 의장국이 되었다. 아세안 의장국으로써 태국은 아세안 국가들의 동반 성장과 안정을 강조하였다. 또한 태국 내에 7개의 아세안센터를 설립하여 지역내 문제를 해결할 것이라 했다. 뿐만 아니라 태국은 사이버 보안 부문에서의 잠재력 개발도 중시하였다.

https://www.facebook.com/TNNASEAN/videos/176892093241130/

แบบทดสอบก่อนเรียน1

ในปี 2562 ประเทศไทยจะเป็นประธานอาเซียน

ทั้งด้านเศรษฐกิจ ความมั่นคง และวัฒนธรรมของ

ซึ่งจะมีการประชุมตลอดปีราว 160 ครั้ง โดยการเป็นประธานอาเซียนในครั้งนี้

ไทยจะต้อง ของอาเซียนอย่าง

และเป็นปีแห่งการเปลี่ยนแปลงไปสู่เศรษฐกิจ 4.0 ซึ่งเป็นการเขย่าคนทั้งอาเซียน

ให้รับกับเรื่องใหม่ๆ

การเป็นประธานอาเซียนของไทยครั้งนี้จะเริ่มขึ้นหลังจาก

ในวันที่ 15 พฤศจิกายน 2561 ที่สิงคโปร์

โดยพลเอกประยุทธ จันทร์โอชา จะเดินทางไปร่วม

ประชุมและรับตำแหน่งประธานอาเซียน

ที่ผ่านมา จะมีโอกาสผลักดันวาระสำคัญของ

อาเซียนได้หลายเรื่อง เช่น ในการประชุมสุดยอดผู้นำอาเซียนครั้งที่ 21 ในปี

2558 มีการผลักดันการรวมตัวเป็น AEC การ

ลดช่องว่างด้านการพัฒนา การสร้างความรู้ร่วม

กันของความเป็นอาเซียน รวมทั้งส่งเสริมความตกลงหุ้นส่วนทางเศรษฐกิจระดับ

ภูมิภาคหรือ RCEP

ส่วนการเป็นประธานของสิงคโปร์ในปี 2561 นี้ได้มีการผลักดันให้เกิดความร่วมมือทางด้าน Cyber Security และ ________

โดยในปีหน้าประเทศไทยจะได้โอกาสในการกำหนดประเด็นการประชุมและผลักดันให้ ________

คำศัพท์หรือประโยคที่น่าสนใจ1

ประธานอาเซียน	아세안 의장 **ประธาน** 의장, 회장, 사장, 위원장, 주석 **อาเซียน** 동남아시아국가연합, ASEAN(Association of Southeast Asian Nations), 경제 성장 및 사회 · 문화 발전을 가속화시키고 지역의 평화와 안전을 추구하기 위해 1967년에 설립된 국제기구
จัดประชุม	회의를 개최하다
ขับเคลื่อน	추진하다
ความมั่นคง	안정
สมาคมประชาชาติเอเชียตะวันออกเฉียงใต้=อาเซียน	동남아시아국가연합(ASEAN, Association of Southeast Asian Nations)
แนวทางเดิน	발전 노선
แข็งขัน	근면하다, 적극적으로, 한결같이 날마다 부지런하다, 열렬히
เอาจริงเอาจัง=เอาจริง	성실하게 하다, 진심으로 하다, 장난치지 않다

เขย่า	흔들어 움직이다, 진동하다, 떨다, 뒤흔들다
สิ้นสุด	완료하다, 끝내다, 다하다
ประชุมสุดยอดผู้นำอาเซียน	아세안정상회의
นายกรัฐมนตรี	수상, 국무총리
รับตำแหน่ง	보임되다, 취임되다
ทางการ	공식; 당국
เจ้าภาพ	주최자
วาระสำคัญ	주요 사항
AEC	아세안 경제 공동체(ASEAN Economic Community) 동남아시아국가연합 10개국으로 구성된 경제 공동체이며, 지역 경제 통합을 목적으로 물류와 인적 자원의 자유로운 이동을 목적으로 2015년 12월 31일 에 출범하였다.
มาตรการ	수단, 방법
ช่องว่าง	틈, 간격, 공백, 간극
ภัยพิบัติ	대재해, 위험, 모험, 위협
หุ้นส่วน	주, 주주
RCEP	역내 포괄적 경제 동반자 협정(Regional Comprehensive Economic Partnership) 동남아시아국가연합 회원국 10개국과 동남아시아국가연합과 자유무역협정을 체결한 일본, 인도, 뉴질랜드, 오스트레일리아, 중화인민공화국, 대한민국이 참여하는 자유 무역 협정을 말한다.
บรรลุเป้าหมาย	목표에 도달하다, 목표를 성취하다, 목표를 완성하다

เนื้อหาและการแปล1

ในปี 2562 ประเทศไทยจะเป็นประธานอาเซียนเพื่อร่วมจัดประชุมขับเคลื่อนการทำงานทั้งด้านเศรษฐกิจ ความมั่นคง และวัฒนธรรมของสมาคมประชาชาติเอเชียตะวันออกเฉียงใต้ ซึ่งจะมีการประชุมตลอดปีราว 160 ครั้ง โดยการเป็นประธานอาเซียนในครั้งนี้ ไทยจะต้องร่วมกำหนดแนวทางเดินของอาเซียนอย่างแข็งขันเอาจริงเอาจัง และเป็นปีแห่งการเปลี่ยนแปลงไปสู่เศรษฐกิจ 4.0 ซึ่งเป็นการเขย่าคนทั้งอาเซียนให้รับกับเรื่องใหม่ๆ โดยเฉพาะเรื่องเทคโนโลยี

2019년에 태국은 동남아시아국가연합 회의에서 경제적, 안정적, 문화적인 개최를 추진하기 위해 아세안 의장직을 맡게 되었다. 매년 160회의 회의를 개최하는데 이번에 아세안 의장을 맡게 된 태국은 적극적으로 아세안의 발전 노선을 협력하여 수립해야 한다. 그리고 경제 4.0 시대로 변화해가는 해이므로 특히 기술 분야에서 아세안 국민들이 새로운 것을 수용할 수 있도록 자극해야 한다.

การเป็นประธานอาเซียนของไทยครั้งนี้จะเริ่มขึ้นหลังจากสิ้นสุดวันประชุมสุดยอดผู้นำอาเซียน ในวันที่ 15 พฤศจิกายน 2561 ที่สิงคโปร์ โดยพลเอกประยุทธ จันทร์โอชา นายกรัฐมนตรีของไทยจะเดินทางไปร่วมประชุมและรับตำแหน่งประธานอาเซียนอย่างเป็นทางการ

태국이 이번에 아세안 의장직을 맡은 것은 지난 2018년 11월 15일 싱가포르에서 열렸던 아세안정상회의가 끝난 후 결정되었다. 이 회의에 참석한 쁘라윳 짠오차 태국 총리가 아세안 의장직을 공식적으로 수용하였다.

ที่ผ่านมาประเทศเจ้าภาพจัดการประชุมจะมีโอกาสผลักดันวาระสำคัญของอาเซียนได้หลายเรื่อง เช่น ในการประชุมสุดยอดผู้นำอาเซียนครั้งที่ 21 ในปี 2558 มีการผลักดันการรวมตัวเป็น AEC การลดมาตรการที่ไม่ใช่ภาษี การลดช่องว่างด้านการพัฒนา การบริหารจัดการภัยพิบัติ การสร้างความรู้ร่วมกันของความเป็นอาเซียน รวมทั้งส่งเสริมความตกลงหุ้นส่วนทางเศรษฐกิจระดับภูมิภาค หรือ RCEP

지난 회의의 주최국에게는 아세안의 여러 가지 주요 사항을 추진할 수 있는 기회가 주어졌다. 예를 들면 2015년 제21회 아세안정상회의에서는 AEC(아세안경제공동체) 추진, 비관세법 축소, 발전 격차 축소, 재해 수습, 아세안 지식 창출 공유, 역내 포괄적 경제 동반자 협정(RCEP) 체결 등의 기회가 주어졌다.

ส่วนการเป็นประธานของสิงคโปร์ในปี 2561 นี้ได้มีการผลักดันให้เกิดความร่วมมือทางด้าน Cyber Security และการส่งเสริมเศรษฐกิจดิจิตอล โดยในปีหน้าประเทศไทยจะได้โอกาสในการกำหนดประเด็นการประชุมและผลักดันให้เรื่องสำคัญบรรลุเป้าหมาย

한편 2018년에 싱가포르는 의장으로서 사이버 보안 부문에서의 협력 추진과 디지털 경제를 활성화하였다. 내년에 태국은 회의 의제를 규정하고 주요 쟁점을 추진하여 목표를 달성할 수 있는 기회를 얻게 될 것이다.

แบบทดสอบก่อนเรียน2

สุริยา　ข้อได้เปรียบก็คือ ______ อันหนึ่งก็คือ ______ เรียกว่า set agenda ว่าปีนี้เราจะ ______ หรือไม่ ที่จะเป็นประโยชน์ทั้งอาเซียนและภูมิภาค นี่คือข้อได้เปรียบของการเป็นประธานอาเซียน เป็น ______ ที่จะออกมานะครับ ว่าจะเป็นอะไร อันนี้ก็คือสิ่งที่ประธานจะได้เปรียบ ______ ใครบ้างนะครับ ประเทศที่อาจจะยังไม่เคยปฏิสัมพันธ์กับอาเซียน แต่ว่าถ้าเรามองแล้วว่าอาจจะเป็นประโยชน์ต่อ ______ น่าจะเชิญมาได้นะครับ อันนี้ก็เป็นเขาเรียกว่าอะไรนะ เป็นสิทธิก็แล้วกันนะครับ ของการประธานอาเซียน แต่การมีสิทธิหรือว่า mandate นะของประธานอาเซียนก็ตามมา ______

โดยในปีหน้าไทยจะเน้นไปที่ ______ ไม่ทิ้งชาติใดไว้ข้างหลัง และเรียนรู้และปรับตัวสู่ ______ โดยเตรียมความพร้อมเพื่ออนาคตในอีก 20 ปีข้างหน้า ควบคู่ไปกับการทำให้ภูมิภาคนี้ ______ รวมทั้งเป้าหมายอื่นเพื่อยกระดับประชาชนในอาเซียน

สุริยา　ศูนย์อาเซียนนะ ______ ซึ่งอันนี้ก็ไม่ใช่อยู่ดีๆ ปีนี้เพิ่งเริ่มคุยเรื่องนี้เตรียมการมาประมาณ 2-3 ปีแล้วนะครับ คาด

ว่า ______ ยกตัวอย่างศูนย์อาเซียนว่าได้เรื่อง ______ และการหารือเรื่องการพัฒนาที่ยั่งยืน อันนี้ประโยชน์คืออะไร มันก็จะ ______ ในการร่วมมือการพัฒนา ในเรื่องของ ______ แม้กระทั่งเรื่องของความมั่นคง เช่น ทำอย่างไงถึงจะให้สภาพความมั่นคงหรือสันติสุขมันยั่งยืน

คำศัพท์หรือประโยคที่น่าสนใจ2

ได้เปรียบ	우위를 점하다, 유리하다, 우세를 차지하다
หน้าที่หลัก	본분, 본무 **หน้าที่** 직책, 직무, 임무 **หลัก** 중요하다, 중심이 되다; 원칙, 원리, 규칙
ระเบียบ	규율, 질서; 규칙, 규정
เป็นประโยชน์	유익하다, 유리하다, 도움이 되다
ริเริ่ม	창시하다, 창안하다, 고안해내다, 개척하다, 일으키다, 주동하다
ผลลัพธ์	(수학)가감승제의 결과, 산물, 수확, 열매
ปฏิสัมพันธ์	쌍방향, 상호 작용
ภูมิภาค	지방, 지역
ระยะยาว	장기간

สิทธิ	권리
เน้น	강조하다, 가중하다, 중점을 두다; 박다
ก้าวหน้า	진보하다, 발전하다, 전진하다
ปรับตัว	적응하다, 순응하다
ควบคู่ไป	나란히 가다, 평행으로 가다
สันติภาพ	평화, 태평, 화평
ศูนย์อาเซียน	아세안센터
ได้ผล	효과가 나타나다, 효험을 보다, 성과(결과)를 얻다
ยกตัวอย่าง	예를 들다, 예시하다
หารือ	상담하다, 의견을 나누다; 협상하다, 협의하다
ยั่งยืน	영속하다, 영생하다, 장수하다, 영원히 갖다
ทัศนคติ	견해, 사고방식, 사상
แม้กระทั่ง	…조차, …만, 심지어, …까지
สันติสุข	안녕, 평화롭고 조용한 행복

เนื้อหาและการแปล2

สุริยา ข้อได้เปรียบก็คือเรามีหน้าที่หลัก อันหนึ่งก็คือการวางจัดระเบียบการประชุม เรียกว่า set agendaว่าปีนี้เราจะขับเคลื่อนอะไรเป็นพิเศษหรือไม่ ที่จะเป็นประโยชน์ทั้งอาเซียนและภูมิภาค นี่คือข้อได้เปรียบของการเป็นประธานอาเซียน เป็นผู้ที่จะช่วยกำหนดริเริ่มผลลัพธ์ที่จะออกมานะครับ ว่าจะเป็นอะไร อันนี้ก็คือสิ่งที่ประธานจะได้เปรียบ เราจะเชิญแขกพิเศษใครบ้างนะครับ ประเทศที่อาจจะยังไม่เคยปฏิสัมพันธ์กับอาเซียน แต่ว่าถ้าเรามองแล้วว่าอาจจะเป็นประโยชน์ต่ออาเซียนและภูมิภาคในระยะยาวน่าจะเชิญมาได้นะครับ อันนี้ก็เป็นเขาเรียกว่าอะไรนะ เป็นสิทธิก็แล้วกันนะครับ ของการประธานอาเซียน แต่การมีสิทธิหรือว่า mandate นะของประธานอาเซียนก็ตามมาด้วยความรับผิดชอบและหน้าที่

쑤리야 아세안 의장이 갖는 장점으로서의 주된 임무는 첫째, 일반적으로 Set agenda라고 말하는 회의의 안건을 수립하는 것으로, 올해 아세안과 역내 도움이 될 어떤 특별한 것을 추진할 것인지 결정하는 것이다. 다시 말하면 도출될 결과물이 무엇이 될 것인지에 대한 기획을 도와주는 역할을 하는 것이다. 우리는 어떤 특별한 나라를 초청할 것인가? 아마도 아세안과 교류가 거의 없는 나라가 될 것이다. 우리가 장기적으로 보았을 때 아세안 지역에 유익하다고 본다면 초청할 수도 있다. 이런 것들을 아세안 의장의 권리라고 부른다. 하지만 아세안 의장의 권리 또는 mandate(권한)에는 책임과 임무가 뒤따른다.

โดยในปีหน้าไทยจะเน้นไปที่การก้าวหน้าไปพร้อมกัน ไม่ทิ้งชาติใดไว้ข้างหลัง และเรียนรู้และปรับตัวสู่เศรษฐกิจดิจิตอล โดยเตรียมความพร้อมเพื่ออนาคตในอีก 20 ปีข้างหน้า ควบคู่ไปกับการทำให้ภูมิภาคนี้มีความมั่นคง และมีสันติภาพรวมทั้งเป้าหมายอื่นเพื่อยกระดับประชาชนในอาเซียน

태국은 내년에 어느 한 나라도 뒤쳐지지 않도록 하는 동반 성장을 강조하였다. 또한 디지털 경제로 나아가기 위해 연구하고 적응하며, 향후 20년의 미래를 위해 준비한다. 뿐만 아니라 아세안 국민들의 위상을 향상시키기 위해 이 지역을 안정되고 평화롭게 하며 그 외 기타 목표를 달성한다.

สุริยา ศูนย์อาเซียนนะ ศูนย์อาเซียนในประเทศไทย ซึ่งอันนี้ก็ไม่ใช่อยู่ดีๆ ปีนี้เพิ่งเริ่มคุยเรื่องนี้เตรียมการมาประมาณ 2–3 ปีแล้วนะครับ คาดว่าปีหน้าก็จะได้ผล ยกตัวอย่างศูนย์อาเซียนว่าได้เรื่องการส่งเสริมการศึกษาและการหารือเรื่องการพัฒนาที่ยั่งยืน อันนี้ประโยชน์คืออะไร มันก็จะช่วยสร้างทัศนคติของความยั่งยืน ในการร่วมมือการพัฒนา ในเรื่องของร่วมมือทางเศรษฐกิจ แม้กระทั่งเรื่องของความมั่นคง เช่น ทำอย่างไงถึงจะให้สภาพความมั่นคงหรือสันติสุขมันยั่งยืน

쑤리야 태국의 아세안센터는 준비가 되지 않은 채 올해 갑자기 논의가 시작된 것이 아니다. 지난 약 2-3년간 준비해 왔다. 내년에는 그 결과가 있을 것으로 예상된다. 예를 들면 아세안센터는 교육을 지원하고 지속적인 발전에 대해 협의하고 있다. 이런 것들은 발전과 협력과 경제 협력 문제, 심지어는 어떻게 하면 지속적으로 안정과 평화를 유지할 수 있는가 등과 같은 안정 문제에 지속적으로 숙고할 수 있도록 도와준다.

แบบทดสอบก่อนเรียน3

สำหรับศูนย์ปฏิบัติการอาเซียนที่จะเปิดดำเนินการขึ้นในประเทศไทยมี 7 ศูนย์ใหญ่ ได้แก่ หนึ่ง ศูนย์เรียนรู้อาเซียน ____ สอง ศูนย์การพัฒนาอย่างยั่งยืน ____ สี่ ศูนย์การเมืองและความมั่นคงในอาเซียน ห้า ____ หก ศูนย์ความเชื่อมโยงในอาเซียน เจ็ด ศูนย์ ____ ซึ่งศูนย์ปฏิบัติการเหล่านี้จะเป็นประโยชน์กับไทยและอาเซียน และมุ่งแก้ปัญหาที่เกิดขึ้นแล้วในภูมิภาค โดยเฉพาะ ____ และการจัดการภัยพิบัติ

สุริยา ในบริบทของการเป็น ____ ท่านลองคิดดูนะ ถ้าเศรษฐกิจเราลิงก์อย่างแท้จริง ในแง่ของ Digital Economy และในแง่ของ Physical Connectivity นะครับ ____ จุดไหนที่อ่อนที่สุดจะเป็นจุดอ่อนให้กับทุกประเทศ เพราะฉะนั้นในที่สุดแล้วมัน ____ แล้วก็ในเรื่องของ Cyber Security ยกตัวอย่างความมั่นคงทาง cyber ให้ถึงระดับ ____ มิฉะนั้นจุดอ่อนที่ไหน ถ้ามันเป็นระบบเศรษฐกิจที่ลิงก์กันแล้วอย่างแท้จริง ____ การที่จะมีจุดอ่อนที่จุดไหนก็แล้วแต่มันจะทำทั้งระบบอ่อนแอ เพราะฉะนั้นมันจะต้องพัฒนาศักยภาพ ____ มันจะต้องลดช่องว่าง

ในเรื่องของศักยภาพทางด้านความมั่นคงทาง cyber นี่คือ ________ ________ ที่จะตั้งศูนย์นี้ในประเทศไทย

แม้จะมี ________ ในฐานะประธานอาเซียนภายในปีหน้า แต่ไทยและอาเซียนก็ ________ ที่จะเกิดขึ้นในภูมิภาคนี้ ซึ่งสมาชิกทั้งหมดต้องร่วมมือกัน ________

คำศัพท์หรือประโยคที่น่าสนใจ3

ปฏิบัติการ	임무를 수행하다, 실행하다; 행동, 활동, 실천
ดำเนินการ	조치하다, 실행하다, 실시하다
ผู้สูงอายุ	고령자, 노인, 노년층
สุขภาวะ	= **สุขภาพ** 건강, 건강 상태
การเมือง	정치, 정무
สตรี	여성, 여자
เชื่อมโยง	관련되다, 연결되다
ปริมาณ	양, 수량
ขยะ	쓰레기, 먼지, 폐기물
มุ่ง	의도하다, 지향하다

แก้ปัญหา	문제를 해결하다
บริบท	맥락, 문맥
ประชาคม	공동체, 협동체
แง่	(문제를 보는)각도, 방면; 수단, 책략, 계략; 뾰족하게 나온 곳, 모퉁이, 구석
กายภาพ	신체적, 물리적
จุดอ่อน	약점
ศักยภาพ	가능성, 잠재력
อย่างน้อย	적어도
ใกล้เคียง	가깝다, 이웃하다, 인접하다; (숫자나 액수가)접근하다, 서로 근접하다
มิฉะนั้น	그렇지 않으면
เท่าเทียมกัน	평등하다, 동일하다, 비견하다, 고루
เหตุผล	이유, 인과, 원인과 결과; 도리
ฐานะ	신분, 지위
ท้าทาย	도전하다, 싸움을 걸다; 도전적이다, 반항적이다
อุปสรรค	장애, 장애물, 방해물;막힘, 고장남, 탈남; 곤란, 위험

เนื้อหาและการแปล3

สำหรับศูนย์ปฏิบัติการอาเซียนที่จะเปิดดำเนินการขึ้นในประเทศไทยมี 7 ศูนย์ใหญ่ ได้แก่ หนึ่ง ศูนย์เรียนรู้อาเซียนเพื่อพัฒนาผู้สูงอายุให้มีสุขภาวะที่ดี สอง ศูนย์การพัฒนาอย่างยั่งยืน สาม ศูนย์จัดการภัยพิบัติ สี่ ศูนย์การเมืองและความมั่นคงในอาเซียน ห้า ศูนย์สตรีและเด็ก หก ศูนย์ความเชื่อมโยงในอาเซียน เจ็ด ศูนย์การลดปริมาณขยะทางทะเล ซึ่งศูนย์ปฏิบัติการเหล่านี้จะเป็นประโยชน์กับไทยและอาเซียน และมุ่งแก้ปัญหาที่เกิดขึ้นแล้วในภูมิภาค โดยเฉพาะเรื่องการเข้าสู่สังคมสูงอายุ และการจัดการภัยพิบัติ

태국에 설립한 아세안추진센터에는 일곱 개의 큰 센터가 있다. 첫째, 고령자의 건강 증진을 위한 아세안 배움 센터, 둘째, 지속적인 발전 센터, 셋째, 재난 처리 센터, 아세안 정치 안정 센터, 다섯째, 여성과 아동센터, 여섯째, 아세안 연결 센터, 일곱째, 해양 쓰레기 감소 센터 등이다. 이 추진 센터들은 태국과 아세안에 도움을 준다. 특히 고령화 사회 진입란과 재난 관리 문제와 같은 이 지역에 발생하는 문제 해결을 지향한다.

สุริยา ในบริบทของการเป็นประชาคมอาเซียนแล้ว ท่านลองคิดดูนะ ถ้าเศรษฐกิจเราลิงก์อย่างแท้จริง ในแง่ของ Digital Economy และในแง่ของ Physical Connectivity นะครับ ความเชื่อมโยงทางกายภาพ จุดไหนที่อ่อนที่สุดจะเป็นจุดอ่อนให้กับทุกประเทศ เพราะฉะนั้นในที่สุดแล้วมันจะต้องพัฒนาศักยภาพ แล้วก็ในเรื่องของ Cyber Security ยกตัวอย่างความมั่นคงทาง cyber ให้ถึงระดับอย่างน้อยใกล้เคียงกัน มิฉะนั้นจุดอ่อนที่ไหน ถ้ามันเป็นระบบเศรษฐกิจที่ลิงก์กันแล้วอย่างแท้จริงภายใต้ประชาคมเศรษฐกิจอาเซียน การที่จะมีจุดอ่อนที่จุดไหนก็แล้วแต่มันจะทำทั้งระบบอ่อนแอ เพราะฉะนั้นมันจะต้องพัฒนา

ศักยภาพ ตอนนี้ไม่เท่าเทียมกัน มันจะต้องลดช่องว่าง ในเรื่องของศักยภาพทางด้านความมั่นคงทาง cyber นี่คือเหตุผลหลักที่อาเซียนกับญี่ปุ่นร่วมมือกันที่จะตั้งศูนย์นี้ในประเทศไทย

쑤리야 아세안 공동체의 상황을 함께 생각해 보자. 만약 우리 경제가 연결되어 있는 것이 사실이라면 디지털 경제(Digital Economy)의 측면과 물리적 연결(Physical Connectivity)의 측면에서이다. 물리적 연결에서 가장 약한 어떤 부분은 모든 국가의 약점이 된다. 그러므로 결국에는 잠재력을 개발해야만 한다. 그리고 사이버 보안(Cyber Security) 문제는 예를 든다면 사이버 보안 기술은 적어도 비슷한 수준으로 해야 한다. 그렇지 않으면 아세안 공동체 내 실제적인 경제적 연결 시스템에 있어서 어떤 작은 약점이라도 있으면 전체 시스템을 약하게 만든다. 그러므로 잠재력을 개발해야만 한다. 지금은 기술 수준이 서로 같지 않으므로 격차를 줄여야만 한다. 사이버 보안 부문에서의 잠재력 문제는 아세안과 일본이 협력하여 태국에 아세안센터를 설립하게 된 주된 이유이다.

แม้จะมีข้อดีหลายอย่างเกิดขึ้นในฐานะประธานอาเซียนภายในปีหน้า แต่ไทยและอาเซียนก็ต้องพบกับความท้าทายหลายเรื่องที่จะเกิดขึ้นในภูมิภาคนี้ ซึ่งสมาชิกทั้งหมดต้องร่วมมือกันแก้ไขอุปสรรคต่างๆต่อไป

비록 내년 아세안 의장의 지위가 많은 이익을 가져오더라도 태국과 아세안은 이 지역 내에 발생할 많은 문제로부터 도전을 받을 것이다. 모든 회원국들은 협력하여 앞으로 발생할 각종 장애물들을 극복해야만 할 것이다.

ยกระดับการแพทย์ไทยในอาเซียน

아세안에서 태국의 의료 수준 향상

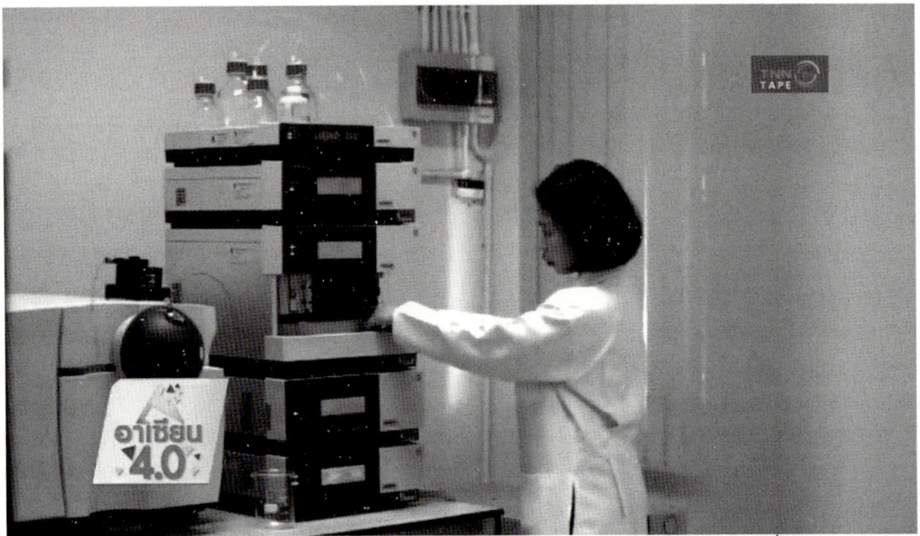

태국이 경제4.0으로 발전하면서 의료 기관이 모여있는 요티로드지구가 의료혁신지구로 지정되었다. 현재 태국의 진료 및 치료를 위한 보건부 예산은 매우 부족하다. 따라서 의료기관끼리 서로 네트워크를 만들어 협력하고 함께 연구개발을 하는 것이 매우 중요하다.

https://www.facebook.com/TNNASEAN/videos/296141237900574/

แบบทดสอบก่อนเรียน1

ในการพัฒนาเศรษฐกิจ 4.0 ของประเทศไทย การใช้เทคโนโลยี ________ หรือ meditech เป็นส่วนหนึ่งของ ________ ________ โดยพัฒนาบน ________ หรือInnovation District เป็นการออกแบบพื้นที่ หรือย่านให้เป็นกลุ่ม cluster โดยใช้ ________ เชื่อมต่อผู้คนและไอเดีย ภายในย่านหรือ connecting สร้างนวัตกรรมและ ________ หรือ Knowledge Sharing ของชุมชนธุรกิจในหน่วยงานในพื้นที่ โดยย่านถนนโยธีถูกกำหนดให้เป็นย่านนวัตกรรมทางด้านทางแพทย์ หรือโยธี Medical Innovation District ________ ทั้งสำนักงานและสถานพยาบาลจำนวนมากในบริเวณนี้ สำนักงานนวัตกรรมแห่งชาติจึง ________ ย่านการแพทย์แห่งนี้ขึ้น

พนิต เป็นโครงการของสำนักงานนวัตกรรมแห่งชาติที่มีเป้าหมายว่าจะทำย่านนวัตกรรมทางการแพทย์ของชาติโดยมีเป้าหมายว่า ________ มีสถานรักษาพยาบาล 13 แห่ง ________ และยังมีเรื่องของสถาบัน ________ และเรื่องที่เกี่ยวข้องอีกประมาณ 7-8 แห่ง เพราะตรงเนี่ย คือย่านของสถานรักษาพยาบาลและ ________ ที่ถูกวางไว้มานานแล้ว

คำศัพท์หรือประโยคที่น่าสนใจ1

ยก	들어 올리다, 들다
ระดับ	정도, 수준; 등급; 수평
การแพทย์	의료, 의술
ยุทธศาสตร์	전략, 작전, 전술
แนวคิด	생각, 방안
ย่าน	지구, 지역
นวัตกรรม	혁신
สารสนเทศ	정보
แบ่งปัน...แก่กัน	서로 …을 나누다 **แบ่งปัน** 배분하다, 나누어 주다, 할당하다 **แก่กัน** 서로
ชุมชนธุรกิจ	사업 공동체 **ชุมชน** 공동체 **ธุรกิจ** 사업, 사무, 업무
หน่วยงาน	부서, 기관, -원, -부
สำนักงาน	사무소, 영업소, -소
จัดตั้ง	설립하다, 창설하다, 설치하다

เนื้อหาและการแปล1 +

ในการพัฒนาเศรษฐกิจ 4.0 ของประเทศไทย การใช้เทคโนโลยีเพื่อการพัฒนาการแพทย์หรือ meditech เป็นส่วนหนึ่งของยุทธศาสตร์ของชาติ โดยพัฒนาบนแนวคิดของย่านนวัตกรรม หรือInnovation District เป็นการออกแบบพื้นที่ หรือย่านให้เป็นกลุ่ม cluster โดยใช้เทคโนโลยีและระบบสารสนเทศ เชื่อมต่อผู้คนและไอเดีย

태국이 경제 4.0으로 발전하면서 의학 발달을 위한 기술 사용, 또는 meditech가 혁신 지구 또는 Innovation District의 발전 방안으로 인해 의학발달이 국가 전략의 일부분이 되었다. 지역 또는 지구를 클러스터로 설계하고 기술 및 정보 시스템을 통해 사람과 생각을 연결시키는 것이다.

ภายในย่านหรือ connecting สร้างนวัตกรรมและแบ่งปันความรู้แก่กัน หรือ Knowledge Sharing ของชุมชนธุรกิจในหน่วยงานในพื้นที่ โดยย่านถนนโยธีถูกกำหนดให้เป็นย่านนวัตกรรมทางด้านทางแพทย์ หรือโยธี Medical Innovation District เพราะมีหน่วยงานทางด้านการแพทย์ ทั้งสำนักงานและสถานพยาบาลจำนวนมากในบริเวณนี้ สำนักงานนวัตกรรมแห่งชาติจึงกำหนดให้มีการจัดตั้งย่านการแพทย์แห่งนี้ขึ้น

지구 내(또는 connecting)에서는 혁신을 도모하고 지역 내 기관의 사업 공동체끼리는 서로 정보를 공유(또는 Knowledge sharing)한다. 요티로드지구는 의료혁신지구(또는 Medical Innovation District)로 지정되었다. 왜냐하면 이 부근에 사무실과 병원과 같은 의료 기관이 모여 있기 때문이다. 이에 따라 국립혁신위원회는 이 지역에 의료 지구를 설치하였다.

พนิต　เป็นโครงการของสำนักงานนวัตกรรมแห่งชาติที่มีเป้าหมายว่าจะทำย่านนวัตกรรมทางการแพทย์ของชาติโดยมีเป้าหมายว่าเพื่อทำให้ประชาชนคนไทยมีเรื่องของสุขภาพที่ดีขึ้น มีสถานรักษาพยาบาล 13 แห่ง สถาบันทางการแพทย์ 12 แห่ง และยังมีเรื่องของสถาบันระบบการศึกษาทางการแพทย์และเรื่องที่เกี่ยวข้องอีกประมาณ 7-8 แห่ง เพราะตรงเนี่ย คือย่านของสถานรักษาพยาบาลและการค้นคว้าและวิจัยที่ถูกวางไว้มานานแล้ว

파닛　국립혁신위원회의 프로젝트는 국가에 의료혁신지구를 만들어서 태국 국민들을 건강하도록 하는 목표를 지니고 있다. 의료 시설이 13곳, 의료 기관이 12곳이 있고 의료 교육 기관과 관련 기관이 추가로 7-8곳이 있다. 의료 및 조사, 연구 지구는 오랫동안 염두에 둔 것이기 때문이다.

แบบทดสอบก่อนเรียน2

ปัจจุบันกลุ่มประเทศในอาเซียนกำลัง ด้านสุขภาพดีดตัวสูงขึ้นต่อเนื่อง คาดว่าในปี 2025 6 ประเทศหลักในอาเซียนคือ จะต้องใช้งบประมาณเพื่อการรักษาพยาบาลประชาชน 740,000 ล้านดอลลาร์สหรัฐ หรือประมาณ 24 ล้านล้านบาท เพิ่มจากปีปัจจุบันที่ 420,000 ล้านดอลลาร์สหรัฐหรือ 13.5 ล้านล้านบาท

โดย 3 ประเทศหลักที่ใช้งบประมาณใน คือไทย 262,000 ล้านบาท มีประชากร 68 ล้านคน สิงคโปร์ 245,000 ล้านบาท มีประชากร 5.6 ล้านคน มาเลเซียใช้งบประมาณ 216,000 ล้านบาท มีประชากร 31 ล้านคน โดย ขณะที่การวิจัยและพัฒนายังขาดงบประมาณจำนวนมาก ดังนั้น เพื่อสร้างนวัตกรรมด้วยกัน จึงเป็นทางเลือกที่จำเป็นเพื่อให้ ราคาถูกลง และแบ่งปันการใช้

พนิต ปัญหาเรื่องของการพัฒนา เรื่องของ มันแพงมาก เพราะฉะนั้นอย่างแรกที่เราต้องทำคือการค้นคว้าและวิจัย เรามีสถาบันทางด้านการแพทย์อยู่มากมาย ทุกคนมีแหล่งค้นคว้าและวิจัย

ของตัวเอง ______ อย่างแรกเพื่อทดแทนการนำเข้า อย่างที่สองก็คือ ______ ______ เพราะด้วยลักษณะของคนไทย ด้วยสภาพอากาศ ______ ด้วยยีนส์ของคนไทย ก็อปปี้คนอื่นมาทั้งหมดไม่สามารถจะรักษาได้ดี เพราะฉะนั้นตรงนี้ มีทั้งผู้ป่วย มี ______ ครบอยู่แล้ว ก็จะทำให้เราสามารถค้นคว้าและวิจัยทางการแพทย์ที่ ______

คำศัพท์หรือประโยคที่น่าสนใจ2

เผชิญ	상대하다, 부딪치다, 충돌하다; 우연히 만나다, 얼굴을 맞대다
งบประมาณ	예산
ดีดตัว	날뛰다
ต่อเนื่อง	연속해서, 계속해서, 지속적으로
กระทรวงสาธารณสุข	보건부, 위생부
ประชากร	인구, 국민, 주민
ส่วนใหญ่	대부분, 대다수
ทุ่มเท	투입하다, 넣다, 기울이다, 쏟다; 헌신하다

ขณะที่	반면; ~는 도중에
วิจัย	연구, 탐구; 연구하다, 탐구하다
ขาด	부족하다, 없다, 결핍되다; 잘라지다, 절단되다, 찢어지다
องค์กร	기관, 기구
จำเป็น	필요하다, 절실하다
ทรงประสิทธิภาพ	효율적으로 하다 **ทรง** 유지하다, 옹호하다, 주장하다; 보존하다, 지키다, 고수하다; 가지다, 소유하다, 있다; 보통 동사 앞에 **ทรง**을 붙이면 높임말인 왕실 용어의 경어 동사가 된다. **ประสิทธิภาพ** 효능, 효율
ค้นคว้า	연구하다, 조사하다
ทดแทน	대체하다, 보상하다; 은혜를 갚다
สถาบัน	학회; 기구
สอดคล้อง	(의견 · 생각이)일치하다, 부합되다; 협조하다, 어울리다
ยีนส์	= genes 유전자
บุคลากร	직원, 사람
ครบ	꽉 차다, 충분하다, 충만하다
ตอบสนอง	부응하다, 호응하다

เนื้อหาและการแปล2 +

ปัจจุบันกลุ่มประเทศในอาเซียนกำลังเผชิญปัญหางบประมาณด้านสุขภาพดีดตัวสูงขึ้นต่อเนื่อง คาดว่าในปี 2025 6 ประเทศหลักในอาเซียนคือไทย มาเลเซีย สิงคโปร์ อินโดนีเซีย ฟิลิปปินส์ และเวียดนามจะต้องใช้งบประมาณเพื่อการรักษาพยาบาลประชาชน 740,000 ล้านดอลลาร์สหรัฐ หรือประมาณ 24 ล้านล้านบาท เพิ่มจากปีปัจจุบันที่ 420,000 ล้านดอลลาร์สหรัฐหรือ 13.5 ล้านล้านบาท

현재 아세안 국가들은 지속적으로 날뛰고 있는 건강 부문의 예산 문제에 직면하고 있다. 2025년에 아세안의 주요 6개국인 태국, 말레이시아, 싱가포르, 인도네시아, 필리핀, 베트남은 국민 의료비로 7,400억 달러 또는 약 24조 바트의 예산을 지불해야 한다. 이는 현재 4,200억 달러 또는 13조 5천억 바트보다 증가된 액수이다.

โดย 3 ประเทศหลักที่ใช้งบประมาณในกระทรวงสาธารณสุขสูงสุดในอาเซียนคือไทย 262,000 ล้านบาท มีประชากร 68 ล้านคน สิงคโปร์ 245,000 ล้านบาท มีประชากร 5.6 ล้านคน มาเลเซียใช้งบประมาณ 216,000 ล้านบาท มีประชากร 31 ล้านคน โดยงบประมาณส่วนใหญ่ทุ่มเทไปที่การรักษา ขณะที่การวิจัยและพัฒนายังขาดงบประมาณจำนวนมาก ดังนั้นการร่วมมือของการองค์กรทางการแพทย์เพื่อสร้างนวัตกรรมด้วยกัน จึงเป็นทางเลือกที่จำเป็นเพื่อให้เกิดงานวิจัยที่ทรงประสิทธิภาพ ราคาถูกลง และแบ่งปันการใช้

아세안에서 보건부의 예산이 가장 높은 3개국 중 태국은 2,620억 바트로 인구는 6,800만명이다. 싱가포르는 2,450억 바트로 인구는 560만명이다. 말레이시아의 예산은 2,160억 바트로 인구는 3,100만명이다. 대부분의 예산은 치료에 사용된다. 반면에 연구와 개발에 들어가는 예산이 매우 부족하다. 그러므로 의료 기구가 협력하여 혁신을 도모해야 한다. 이는 효율적인 연구를 하고 치료비를 낮추며 사용을 공유하기 위한 필수적인 선택이다.

พนิต ปัญหาเรื่องของการพัฒนา เรื่องของการดูแลสุขภาพของบ้านเรา มันแพงมาก เพราะฉะนั้นอย่างแรกที่เราต้องทำคือการค้นคว้าและวิจัยเพื่อทดแทนการนำเข้า เรามีสถาบันทางด้านการแพทย์อยู่มากมาย ทุกคนมีแหล่งค้นคว้าและวิจัยของตัวเอง ทำยังไงให้มีนวัตกรรม อย่างแรกเพื่อทดแทนการนำเข้า อย่างที่สองก็คือมีการแพทย์ที่สอดคล้องกับสุขภาพของคนไทย เพราะด้วยลักษณะของคนไทย ด้วยสภาพอากาศ ด้วยรูปร่างหน้าตา ด้วยยีนส์ของคนไทย ก็อปปี้คนอื่นมาทั้งหมดไม่สามารถจะรักษาได้ดี เพราะฉะนั้นตรงนี้ มีทั้งผู้ป่วย มีทั้งบุคลากรทางการแพทย์ครบอยู่แล้ว ก็จะทำให้เราสามารถค้นคว้าและวิจัยทางการแพทย์ที่ตอบสนองคนไทยได้ดีที่สุด

파닛 개발 문제와 국민의 건강 진료 문제는 비용이 매우 많이 든다. 그러므로 우선적으로 해야 할 일은 수입을 대체하기 위한 연구와 조사를 하는 것이다. 우리는 의료 기관이 매우 많다. 모든 사람들은 스스로 연구하고 조사할 수 있다. 어떻게 하면 혁신을 이룰 것인가? 첫번째는 수입을 대체하는 것이다. 두번째는 의료가 태국인의 체질과 일치하도록 하는 것이다. 왜냐하면 태국인의 모습, 기상 상태, 외모, 태국인의 유전자들은 수입 의료 기술로는 잘 치료할 수가 없기 때문이다. 그러므로 이 부분에 있어서 환자와 의료인들이 모두 갖춰져야 우리는 태국인과 가장 부합하는 의학적 연구와 조사를 할 수 있을 것이다.

แบบทดสอบก่อนเรียน3

ปัญหาหนึ่งในวงการการแพทย์ไทยที่ผ่านมาคือ ______
ไม่ได้มีโอกาสเข้ามาจับมือการทำงาน หรือ ______
ในแต่ละสถาบันทางการแพทย์ หรือโรงพยาบาลต่างๆ การมีศูนย์กลางทางด้านงานวิจัยที่บุคลากรทางการแพทย์ทั่วประเทศจะ ______
______ ซึ่งมีความจำเป็นในยุคที่เทคโนโลยีพัฒนาไปไกล และ
______

พนิต เราจะต้องมีการเชื่อมโยงระหว่างกันเพราะทุกสถานรักษาพยาบาลทุกสถาบันทางการแพทย์ ทุกโรงเรียนแพทย์ต่างมีของของตัวเอง ______ แต่คุณต้องมองเห็นว่าเวลาเราไปหาหมอเนี่ย ______ เราหาเพื่อที่จะตอบสนองการเจ็บป่วยหรือการดูแลของเราทุกอย่าง เพราะฉะนั้นการเชื่อมโยงระหว่างกัน ______ ที่จะสร้างทำให้มีการดูแลสุขภาพ ค้นคว้าและวิจัยที่ดีขึ้น

ในอนาคตไทยอาจจะมีย่านนวัตกรรมทางการแพทย์แบบโยธี Medical Innovation District ทั่วทุกจังหวัด และอาจมีการเชื่อมโยงและ ______
______ ในต่างประเทศ โดยเฉพาะในกลุ่มประเทศอาเซียนที่ ______ อากาศ อาหารคล้ายคลึงกัน ซึ่งจะช่วยให้ ______
______ และนำเงินส่วนที่ประหยัดได้ ไปพัฒนาคุณภาพชีวิตของประชาชนของตนเอง

คำศัพท์หรือประโยคที่น่าสนใจ3

วงการ	…계(界)
ทรัพยากร	자원
ศูนย์กลาง	중심, 중추, 중앙, 센터
ระดมสมอง	브레인 스토밍을 하다, 묘안을 내다 **ระดม** 동원하다, 결집하다, 모이다, 모으다, 집중하다 **สมอง** 뇌, 두뇌; 지혜, 사상
ยุค	시대, 시기
บทบาท	작용; 역할, 역, 배역
เชี่ยวชาญ	정통하다, 능숙하다, 노련하다
องค์ประกอบ	성분, 조성 부분, 구성요소; 부품, 부속품
อนาคต	미래, 장래; 아직 도착하지 않다
ข้อมูล	자료, 정보, 데이터
คล้ายคลึงกัน	똑같다, 비슷하다
ฝ่าย	변, 방면, 측; 파, 종파; 부분
สาธารณสุข	공공 위생, 공중 위생
ประหยัด	절약하다, 근검하다, 아끼다, 삼가다, 절제하다
คุณภาพชีวิต	삶의 질

เนื้อหาและการแปล3

ปัญหาหนึ่งในวงการการแพทย์ไทยที่ผ่านมาคือการค้นคว้าวิจัยพัฒนา ไม่ได้มีโอกาสเข้ามาจับมือการทำงาน หรือใช้ทรัพยากรร่วมกันในแต่ละสถาบันทางการแพทย์ หรือโรงพยาบาลต่างๆ การมีศูนย์กลางทางด้านงานวิจัยที่บุคลากรทางการแพทย์ทั่วประเทศจะมาระดมสมองทำงานร่วมกันได้ ซึ่งมีความจำเป็นในยุคที่เทคโนโลยีพัฒนาไปไกล และมีบทบาทสำคัญในทุกวงการ

지난 태국 의료계의 문제점 중 하나는 연구 개발이다. 각종 의료 기관이나 병원들끼리 업무 협력을 하거나 시설을 공유하여 사용할 수 있는 기회가 없었다. 전국의 의료원들이 연구를 하는 센터를 마련하여 머리를 맞대고 연구를 하는 것은 궁극적으로 기술 발전 시대에 필수적인 일이며 모든 의료계에서 해야할 중요한 임무이다.

พนิต　เราจะต้องมีการเชื่อมโยงระหว่างกันเพราะทุกสถานรักษาพยาบาล ทุกสถาบันทางการแพทย์ ทุกโรงเรียนแพทย์ต่างมีของของตัวเอง มีความเชี่ยวชาญของตัวเองทั้งหมด แต่คุณต้องมองเห็นว่าเวลาเราไปหาหมอเนี่ย เราไม่ได้หาหมอแค่คนเดียว เราหาเพื่อที่จะตอบสนองการเจ็บป่วยหรือการดูแลของเราทุกอย่าง เพราะฉะนั้นการเชื่อมโยงระหว่างกันเป็นองค์ประกอบสำคัญที่จะสร้างทำให้มีการดูแลสุขภาพ ค้นคว้าและวิจัยที่ดีขึ้น

파닛　우리는 서로 간 연결을 해야 한다. 왜냐하면 모든 의료 시설, 의료 기관, 의료학교는 각각 자체적인 시설을 갖추고 있다. 모두 자체적으로 전문성을 보유하고 있다. 하지만 우리가 의사를 찾아갈 때 한 명만을 찾아가지 않는다. 우리는 질병이나 보살핌 등 모든 부분에 대처하기 위해 의사를 찾아간다. 그러므로 서로 간 연결은 건강을 관리하고 연구 · 조사의 발전에 있어서 주요 요소이다.

ในอนาคตไทยอาจจะมีย่านนวัตกรรมทางการแพทย์แบบโยธี Medical Innovation District ทั่วทุกจังหวัด และอาจมีการเชื่อมโยงและเปลี่ยนข้อมูลร่วมกับองค์กรการแพทย์ในต่างประเทศ โดยเฉพาะในกลุ่มประเทศอาเซียนที่มีประชากรมีสภาพร่างกาย อากาศ อาหารคล้ายคลึงกัน ซึ่งจะช่วยให้ทุกฝ่ายลดงบประมาณด้านการสาธารณสุขลง และนำเงินส่วนที่ประหยัดได้ ไปพัฒนาคุณภาพชีวิตของประชาชนของตนเอง

미래에 태국은 요티식의 의료 혁신 지구(Medical Innovation District)가 전국적으로 확대될 것이다. 그리고 해외의 의료 기관과 연결되어 정보를 교환할 것이다. 특히 국민들의 신체 조건, 날씨, 음식이 비슷한 아세안 국가들은 모든 부문에서 협력하여 공공 위생 부문에 드는 예산을 절약하는 데 도움을 줄 것이다. 그리고 절약한 예산은 자국민의 삶의 질을 향상시키는 데 사용될 것이다.

บทที่ 07

สารคดี

7장 다큐멘터리

บทที่ 07

สารคดี

7장 다큐멘터리

วิถีชีวิตชาวกะเหรี่ยง

카렌족의 생활방식

카렌족은 자연 친화적인 생활 방식과 고유한 사회제도, 신념, 의복, 언어를 지닌 민족이다. 태국 정부는 돌려짓기 농법 등 카렌족 고유의 생활방식과 그 중요성을 이해하지 못하고 카렌족의 거주지인 삼림을 이용하여 이익을 추구하는 등 카렌족들과 갈등을 유발하였다. 하지만 정부는 2010년 '카렌족 생활방식 회복정책'을 통해 카렌족의 전통문화를 인정해주었고 그들이 제기하는 각종 문제의 해결을 위해 노력하고 있다.

https://youtu.be/mecSCUYBfWc

แบบทดสอบก่อนเรียน1 ✔

กะเหรี่ยงชนชาติเก่าแก่ที่มีรูปแบบการดำเนินชีวิตที่ ________ มีระบบสังคม ระบบความเชื่อถือศรัทธา การแต่งกาย ________ จากหลักฐานทางประวัติศาสตร์ชาติไทยพบความเกี่ยวข้อง ________ มาตั้งแต่ปีพุทธศักราช 2142 หากแต่ในวันนี้เมื่อวิถีการพัฒนาของคนไทยและรัฐไทยมุ่งไปสู่สิ่งที่เรียกกันว่าความทันสมัย ________ เพื่อขายให้ได้เงิน ได้กำไร อันเป็นรูปแบบการพัฒนาที่ ________ นั่นทำให้ช่องว่างระหว่างคนไทย รัฐไทยกับชาติพันธุ์กะเหรี่ยง ________

เมื่อมีการแบ่งเป็นชาวเขาชาวเราก็เริ่มมีปัญหาโดยปัญหาที่เกิดขึ้นและ ________ ชาวกะเหรี่ยง สามารถแบ่งออกได้เป็นหลายด้าน อาทิ ________ ภูมิปัญญา ภาษา การศึกษา การหาเลี้ยงชีพ เนื่องเพราะแต่ไหนแต่ไรมากะเหรี่ยงเป็น ________ เรียบง่าย อาศัยป่า เคารพและพึ่งพาธรรมชาติ ดังนั้น ________ และที่ทำกิน ก็จะตั้งรกรากกันในป่า แต่เมื่อก่อนพัฒนาที่มิได้เข้าใจวิถี และภูมิปัญญาได้รุกเข้ามา โดยเฉพาะ ________ และการจัดสรรที่ดินที่รัฐไม่มีความเข้าใจในคุณค่าและ ________ สิ่งนี้ได้ก่อเป็นความขัดแย้งระหว่างกะเหรี่ยงกับเจ้าหน้าที่รัฐ ________ ภายหลังการตั้งรกรากของชุมชนกะเหรี่ยง ทำให้กะเหรี่ยงกลายเป็นผู้บุกรุกป่า และ

ด้วยนโยบายที่ส่งเสริม กอปร
กับข้อจำกัดด้านที่ดินทำให้กะเหรี่ยงบางส่วนหันมาทำเกษตรพาณิชย์ แบบเดิม บางรายถึงกับต้องละทิ้งถิ่นฐาน แล้วผันตัวมาเป็นลูกจ้างแรงงานในสถานประกอบการต่างๆ

คำศัพท์หรือประโยคที่น่าสนใจ1

กะเหรี่ยง	카렌족
ชนชาติ	민족, 종족, 인종
เก่าแก่	오래된, 옛
รูปแบบ	형식, 양식
ดำเนินชีวิต	생활하다, 살다, 지내다
ศรัทธา	믿다, 신봉하다
เอกลักษณ์เฉพาะตน	개성, 독특한 정체성, 특성
หลักฐาน	증거
มุ่งไปสู่	~를 의도하다, ~를 지향하다
ความทันสมัย	근대, 현대
ภูมิปัญญา	지식, 지혜
ชาติพันธุ์	종족, 소수민족
ช่องว่าง	틈, 간격, 간극
แบ่ง	나누다, 분배하다
ชาวเขา	고산족
ส่งผลกระทบ	영향을 주다
สืบทอด	계승하다
มรดก	유산
การศึกษา	교육

หาเลี้ยงชีพ	생계를 잇다, 생활하다, 밥벌이하다
แต่ไหนแต่ไร	예전부터 지금까지 쭉, 계속
ความเป็นอยู่	생활, 삶, 생계
เรียบง่าย	수수하다; 순하다; 간단하다
ตั้งถิ่นฐาน	정착하다, 자리잡다
รกราก	고향, 생활의 본거지, 거주지
รุก	침입하다, 침공하다
ใช้ประโยชน์	이익을 취하다
จัดสรรที่ดิน	토지를 분배하다, 토지를 할당하다
ไร่หมุนเวียน	돌려짓기 농법
ความขัดแย้ง	갈등
เจ้าหน้าที่	담당자, 관계자, 책임자
ประกาศ	선포하다, 선언하다, 공포하다
พื้นที่ป่าอนุรักษ์	산림보호구역
ผู้บุกรุกป่า	산림 침입자
ฝ่าฝืน	위반하다, 어기다
กฎระเบียบ	규율
ราชการ	공무, 공사(公事), 정사(政事), 국왕 또는 정부의 일

เนื้อหาและการแปล1 +

กะเหรี่ยงชนชาติเก่าแก่ที่มีรูปแบบการดำเนินชีวิตที่ใกล้ชิดธรรมชาติ มีระบบสังคม ระบบความเชื่อถือศรัทธา การแต่งกาย การใช้ภาษาที่มีเอกลักษณ์เฉพาะตน จากหลักฐานทางประวัติศาสตร์ชาติไทยพบความเกี่ยวข้องสัมพันธ์ระหว่างกะเหรี่ยงกับคนไทยและรัฐไทยมาตั้งแต่ปีพุทธศักราช 2142 หากแต่ในวันนี้เมื่อวิถีการพัฒนาของคนไทยและรัฐไทยมุ่งไปสู่สิ่งที่เรียกกันว่าความทันสมัย เศรษฐกิจการค้าแบบผลิตเพื่อขายให้ได้เงิน ได้กำไร อันเป็นรูปแบบการพัฒนาที่ละเลยภูมิปัญญาชาติพันธุ์ นั่นทำให้ช่องว่างระหว่างคนไทย รัฐไทยกับชาติพันธุ์กะเหรี่ยงห่างกันมากทุกที

카렌족은 자연 친화적인 생활 방식을 갖고 있는 오랜 역사를 지닌 민족이다. 그들은 고유의 사회제도, 신앙, 의복, 언어를 가지고 있다. 태국 사료에 따르면 1599년부터 태국 정부, 태국인, 카렌족은 관계를 맺어 왔다. 그러나 오늘날 태국인과 태국 정부의 발전 방식은 근대적이라 불리는 것을 지향해 왔다. 이는 상품을 판매하여 돈와 이익을 얻기 위한 생산 경제로 소수민족의 삶의 지혜를 간과한 개발 방식이다. 이는 매번 태국인, 태국 정부와 카렌족 간 간격을 매우 벌어지게 하였다.

เมื่อมีการแบ่งเป็นชาวเขาชาวเราก็เริ่มมีปัญหาโดยปัญหาที่เกิดขึ้นและส่งผลกระทบต่อวิถีชีวิตชาวกะเหรี่ยง สามารถแบ่งออกได้เป็นหลายด้าน อาทิ การสืบทอดมรดกทางวัฒนธรรม ภูมิปัญญา ภาษา การศึกษา การหาเลี้ยงชีพ เนื่องเพราะแต่ไหนแต่ไรมากะเหรี่ยงเป็นกลุ่มชนที่มีความเป็นอยู่ เรียบง่าย อาศัยป่า เคารพและพึ่งพาธรรมชาติ ดังนั้นการตั้งถิ่นฐานบ้านเรือน และที่ทำกิน ก็จะตั้งรกรากกันในป่า แต่เมื่อก่อนพัฒนาที่มิได้เข้าใจวิถี และภูมิปัญญาได้รุกเข้ามา โดยเฉพาะประเด็นการใช้ประโยชน์จากป่า และการจัดสรรที่ดินที่รัฐไม่มีความเข้าใจใน

คุณค่าและความสำคัญของไร่หมุนเวียน สิ่งนี้ได้ก่อเป็นความขัดแย้งระหว่างกะเหรี่ยงกับเจ้าหน้าที่รัฐ การประกาศพื้นที่ป่าอนุรักษ์ภายหลังการตั้งรกรากของชุมชนกะเหรี่ยง ทำให้กะเหรี่ยงกลายเป็นผู้บุกรุกป่า และฝ่าฝืนกฎระเบียบของทางราชการ

정부가 고산족과 태국인을 구분하여 문제가 발생하였다. 이 문제들은 카렌족의 생활 방식에 여러 방면으로 걸쳐 영향을 주었다. 예를 들면 문화, 삶의 지혜, 언어적 유산 계승, 교육, 생계 유지 등의 방면에서 영향을 주었다. 왜냐하면 예전부터 지금까지 카렌족은 고유의 생활방식이 있고, 산림에 거주하며 자연을 존경하고 의지하는 민족이기 때문이다. 따라서 집을 짓고 생계를 유지하는 것 모두 생활의 본거지인 산림에서 이루어졌다. 하지만 정부는 카렌족의 생활방식과 삶의 지혜를 이해하지 못한 채 개발을 위해 그들의 토지를 침범하였다. 특히 태국 정부는 돌려짓기 농법의 가치와 중요성을 이해하지 못하고 산림을 이용하여 이익을 추구하고 토지를 분배하였다. 이는 카렌족과 정부 관계자 간 갈등을 유발시켰다. 카렌족이 거주하는 지역을 정부가 산림보호구역으로 지정하여 카렌족들을 산림의 침입자가 되게 하고 정부의 규율 위반자가 되게 하였다.

ด้วยนโยบายที่ส่งเสริมการเกษตรที่เน้นพืชพาณิชย์เชิงเดี่ยว กอปรกับข้อจำกัดด้านที่ดินทำให้กะเหรี่ยงบางส่วนหันมาทำเกษตรพาณิชย์ละทิ้งรูปแบบการดำเนินชีวิต แบบเดิม บางรายถึงกับต้องละทิ้งถิ่นฐาน เลิกการทำการเกษตร แล้วผันตัวมาเป็นลูกจ้างแรงงานในสถานประกอบการต่างๆ

단일 작물 재배를 장려하는 정부의 농업 정책을 이행하는 데에는 토지의 제한이 있었으므로 일부 카렌족들은 과거의 생활방식을 버리고 산업농법으로 전향하게 되었다.

แบบทดสอบก่อนเรียน2

จากปัญหาดังกล่าวนำมาสู่การวางแนวนโยบายและหลักปฏิบัติใน ______ ตามมติคณะรัฐมนตรีเมื่อวันที่ 3 สิงหาคม 2553 ที่ได้พูดถึงการส่งเสริมให้สังคมเกิดความเข้าใจใน ______ การสืบทอดมรดกทางวัฒนธรรมของชุมชนกะเหรี่ยง การกำหนด ______ สำหรับกลุ่มชาติพันธุ์กะเหรี่ยง โดยมีพื้นที่นำร่อง เช่น บ้านห้วยหินลาดใน อำเภอเวียงป่าเป้า จังหวัด เชียงราย บ้างหนองมณฑา อำเภอแม่วาง จังหวัดเชียงใหม่ บ้านเลตองคุ อำเภออุ้มผาง จังหวัดตาก และ ตำบลไล่โว่ อำเภอสังขละบุรี จังหวัดกาญจนบุรี เป็นต้น

นอกจากมิติด้านวัฒนธรรมแล้ว แนวนโยบายและหลักปฏิบัติในการฟื้นฟูวิถีชีวิตชาวกะเหรี่ยงตามมติคณะรัฐมนตรีเมื่อวันที่ 3 สิงหาคม 2553 ยังได้พูดถึงการสนับสนุน ______ ให้กับชาวกะเหรี่ยง ไม่ว่าจะเป็น ______ การใช้ประโยชน์จากป่าที่ถูกประกาศเป็นพื้นที่อนุรักษ์ การส่งเสริม ______ สนับสนุนการดำเนินชีวิตตาม ______ การให้ ______ และการจัดการศึกษาให้เหมาะสมสอดคล้องกับวิถีชีวิตและวัฒนธรรม ซึ่งแนวนโยบายทั้งหลายเหล่านี้หากได้นำไปสู่การปฏิบัติ ______ ก็เชื่อแน่ว่าสังคมพหุวัฒนธรรมที่หลากหลาย ง่าย งาม และนำมาซึ่ง ______

คำศัพท์หรือประโยคที่น่าสนใจ2 ✔

แนวนโยบายและหลักปฏิบัติในการฟื้นฟูวิถีชีวิตชาวกะเหรี่ยง	카렌족 생활방식 회복정책 **แนวนโยบาย** 정책 노선 **หลักปฏิบัติ** 실행, 추진 **ฟื้นฟู** 회복하다, 복구하다 **วิถีชีวิต** 생활방식
มติคณะรัฐมนตรี	내각의 결의 **มติ** 결의, 결정, 결의사항, 결의안 **คณะรัฐมนตรี** 내각
ส่งเสริม	후원하다, 지지하다, 원조하다
พหุวัฒนธรรม	다문화
กำหนด	규정하다, 제한하다; 규정, 법규
พื้นที่	토지, 지역
เขตวัฒนธรรมพิเศษ	특수문화구역 **เขต** 지대, 지구, 구역 **วัฒนธรรม** 문화 **พิเศษ** 특별하다, 특수하다, 특정하다
พื้นที่นำร่อง	시범 지역 **นำร่อง** 뱃길 안내를 하다; 뱃길 안내자
สนับสนุน	지지하다, 돕다
ไม่ว่า	~을 막론하고, ~구분이 없이, ~이나
วิถีเกษตรกรรม	농업 방식
แนวเศรษฐกิจพอเพียง	자급자족 경제 노선 **แนว** 노선 **เศรษฐกิจ** 경제 **พอเพียง** 충분하다, 족하다
สิทธิในสัญชาติ	국적권 **สิทธิ** 권리 **สัญชาติ** 국적; 출생
เหมาะสมสอดคล้อง	부합하다 **เหมาะสม** 어울리다, 적합하다 **สอดคล้อง** 일치하다, 부합되다
อย่างเป็นรูปธรรม	구체적으로
สันติสุข	안녕, 평화롭고 조용한 행복

เนื้อหาและการแปล2 +

จากปัญหาดังกล่าวนำมาสู่การวางแนวนโยบายและหลักปฏิบัติในการฟื้นฟูวิถีชีวิตชาวกะเหรี่ยงตามมติคณะรัฐมนตรีเมื่อวันที่ 3 สิงหาคม 2553 ที่ได้พูดถึงการส่งเสริมให้สังคมเกิดความเข้าใจในการอยู่ร่วมกันแบบพหุวัฒนธรรม การสืบทอดมรดกทางวัฒนธรรมของชุมชนกะเหรี่ยง การกำหนดพื้นที่เขตวัฒนธรรมพิเศษสำหรับกลุ่มชาติพันธุ์กะเหรี่ยง โดยมีพื้นที่นำร่อง เช่น บ้านห้วยหินลาดใน อำเภอเวียงป่าเป้า จังหวัด เชียงราย บ้างหนองมณฑา อำเภอแม่วาง จังหวัดเชียงใหม่ บ้านเลตองคุ อำเภออุ้มผาง จังหวัดตาก และ ตำบลไล่โว่ อำเภอสังขละบุรี จังหวัดกาญจนบุรี เป็นต้น

이와 같은 문제들로 인해 2010년 8월 3일에 정부의 내각은 '카렌족 생활방식 회복정책'을 결의하였다. 이 정책은 태국 사회에 다문화가 공존할 수 있도록 이해를 촉진하고, 카렌족의 문화 유산을 계승하고, 카렌족의 문화특수구역 지역을 지정하는 내용을 담고 있다. 예를 들면 시범구역은 치앙라이도 위앙빠빠오군 후어이힌랏나이리, 치앙마이도 매왕군 넝몬타리, 딱도 움팡군 레떵쿠리, 깐짜나부리도 쌍카라부리군 라이오면으로 되어 있다.

นอกจากมิติด้านวัฒนธรรมแล้ว แนวนโยบายและหลักปฏิบัติในการฟื้นฟูวิถีชีวิตชาวกะเหรี่ยงตามมติคณะรัฐมนตรีเมื่อวันที่ 3 สิงหาคม 2553 ยังได้พูดถึงการสนับสนุน เพื่อแก้ปัญหาด้านต่างๆให้กับชาวกะเหรี่ยง ไม่ว่าจะเป็นเรื่องการจัดสรรทรัพยากร การใช้ประโยชน์จากป่าที่ถูกประกาศเป็นพื้นที่อนุรักษ์ การส่งเสริมวิถีเกษตรกรรมแบบไร่หมุนเวียน สนับสนุนการดำเนินชีวิตตามแนวเศรษฐกิจพอเพียง การให้สิทธิในสัญชาติ และการจัดการศึกษาให้เหมาะสมสอดคล้องกับวิถีชีวิตและวัฒนธรรม ซึ่งแนวนโยบายทั้งหลายเหล่านี้หากได้นำไปสู่การปฏิบัติอย่างเป็นรูปธรรม ก็เชื่อแน่ว่าสังคมพหุวัฒนธรรมที่หลากหลาย ง่ายงาม และนำมาซึ่งสันติสุขจะเกิดขึ้นได้อย่างแน่นอน

2010년 8월 3일에 내각에 의해 결의된 '카렌족 생활방식 회복정책'은 문화 관련 외에도 카렌족의 각종 문제들을 해결하기 위한 내용도 담고 있다. 카렌족에게 자원을 분배하고, 산림보호구역으로 발표된 산림을 사용할 수 있게 하고, 돌려짓기 농업방식을 지원하고, 자급자족경제에 따른 생활방식을 지원하고, 국적권을 주고, 문화와 생활방식에 부합하는 교육을 지원하는 것 등이다. 이 모든 정책들이 만약 구체화되어 추진된다면 태국의 다문화 사회가 편하고 아름다워 질 것이고 분명히 평화롭고 행복해 질 것이다.

สภาชนเผ่าพื้นเมืองแห่งประเทศไทย(CIPT)

태국원주민협회(CIPT)

태국의 원주민들은 태국 사회에서 다양한 문제들에 직면하고 있으며 인정도 받지 못하는 주변인 집단으로 전락하였다. 그들은 그들의 문제를 스스로 해결하기 위해 네트워크를 결성하고 집단행동을 시작했으며 부족회의를 추진하였다. 그리고 2010년에 태국원주민협회를 설립하였다.

https://www.youtube.com/watch?v=D6aBekKLrOU

แบบทดสอบก่อนเรียน1 ✔

ประเทศไทย ______ กว่าสองล้านคนที่ยังคงดำรง และรักษาความหลากหลาย ______ ไว้ แต่ส่วนใหญ่ยัง ______ หลายประการ เช่น การประกาศเขตป่าสงวนทับ ______ ทำให้หลายชุมชนต้องถูก ______ หลายชุมชนไม่สามารถกลับไปทำมาหากิน ______ ได้ การไม่ได้รับสถานะ และ ______ ความเหลื่อมล้ำทางเศรษฐกิจ สังคม และวัฒนธรรม การถูกกลืนทางวัฒนธรรม ภาษา และวิถีชีวิต ______ ที่ทำให้ต้องมีการพึ่งพาระบบเศรษฐกิจจากภายนอก ______ และแก้ไขปัญหาของตนเอง และปัญหาอื่นๆอีกมากมาย ล้วนแล้วแต่ส่งผลกระทบต่อกลุ่มชนเผ่าพื้นเมืองโดยตรงตลอดมา ______ ที่เรียกว่า คนชายขอบ ______ สะสมเรื่อยมาจนกลายเป็นกลุ่มประชากรที่มี ______ ไม่ได้รับการยอมรับในสังคมไทยว่า ______ ในประเทศ

แม้ว่าที่ผ่านมารัฐบาลได้พยายามเข้ามาแก้ไขปัญหาดังกล่าว แต่ก็ปรากฏว่ามี ______ เป็นอย่างมาก อาทิ การลงรายการสถานะบุคคล และ ______ และทรัพยากรธรรมชาติ ทำให้

กลุ่มประชากรเหล่านี้ ________ และดำเนินคดีอย่างไม่เป็นธรรม จึงมักเห็นชนเผ่าพื้นเมือง ________ ร่ำไป และ ________ ที่ถูกทำให้ต่ำลง

คำศัพท์หรือประโยคที่น่าสนใจ1

ชนเผ่าพื้นเมือง	원주민 **ชนเผ่า** 종족, 부족 **พื้นเมือง** 고유의, 토착의
อาศัยอยู่	살다, 거주하다
คง	꾸준히, 참다, 영속적이다, 계속; 고정되다, 불변이다; 유지하다, 지속하다, 변함없다
ดำรง	유지하다, 보존하다, 수호하다; 살아가다, 영위하다
รักษา	보유하다, 보존하다, 유지하다, 지키다; 치료하다, 진료하다; 간호하다, 돌봐주다
หลากหลาย	다양하다, 가지각색이다
วิถีชีวิต	생활방식
ส่วนใหญ่	대부분
ประสบปัญหา	문제에 봉착하다, 문제가 있다
สับสน	복잡하다, 혼란하다
ประการ	사항, 종류, 건(件); 양식, 식(式)
ประกาศ	선언하다, 선포하다, 공포하다, 선고하다, 고시하다
เขตป่าสงวน	보호림 구역
ทับ	~위에 놓다(얹다), 누르다, 겹치다

ชุมชน	공동체
อพยพ	이주하다
สถานะ	지위, 신분, 직무; 상태, 상황, 정황
สิทธิทางพลเมืองไทย	태국 시민권
เหลื่อมล้ำ	격차가 있다
กลืน	동화(同和)시키다, 삼키다, 흡수하다,
ปลูกพืชเศรษฐกิจ	경제 작물을 재배하다
พึ่งพา	기대다, 의지하다, 얹혀 살다
ภาระ	힘든 일, 부담
หนี้สิน	빌린 돈, 부채, 채무, 빚
ล้วนแล้วแต่	모두
ส่งผลกระทบ	영향을 주다
สถานการณ์	상황, 정황
คนชายขอบ	변경인, 주변인 **ชายขอบ** (장소의)가장자리(끝), (주류에 포함되지 않는)주변부
พลเมือง	국민, 시민; 인구
สะสม	수집하다, 축적하다
แปลกแยก	소외하다
ยอมรับ	인정하다, 승인하다
รัฐบาล	정부

ล่าช้า	늦다, 꾸물거리다, 더디다
อาทิ	예를 들면, 보기를 들면
สิทธิในที่ดิน	토지권 **สิทธิ** 권리 **ที่ดิน** 토지, 땅
ทรัพยากรธรรมชาติ	자연(천연)자원
เผชิญ	상대하다, 부딪히다, 충돌하다; 우연히 만나다
จับกุม	체포하다
ดำเนินคดี	법적 조치를 집행하다
ไม่เป็นธรรม	차별하다, 부조리하다, 부당하다
ละเมิด	(주권 · 권리를)침해하다, 침범하다, (법률 · 관습 등을)어기다, 위반하다, 위배하다
สิทธิมนุษยชน	인권
ร่ำไป	항상
ศักดิ์ศรีความเป็นมนุษย์	인간의 존엄성 **ศักดิ์ศรี** 존엄, 영예, 기세와 위엄 **ความเป็นมนุษย์** 인간, 사람

เนื้อหาและการแปล1 +

ประเทศไทยมีชนเผ่าพื้นเมืองอาศัยอยู่กว่าสองล้านคนที่ยังคงดำรงและรักษาความหลากหลายทางภาษา วัฒนธรรม และวิถีชีวิตไว้ แต่ส่วนใหญ่ยังประสบปัญหาที่สับสนหลายประการ เช่น การประกาศเขตป่าสงวนทับที่อยู่อาศัยและที่ดินทำกิน ทำให้หลายชุมชนต้องถูกอพยพออกจากพื้นที่ หลายชุมชนไม่สามารถกลับไปทำมาหากินในที่ดินของบรรพบุรุษตัวเองได้ การไม่ได้รับสถานะ และสิทธิทางพลเมืองไทย ความเหลื่อมล้ำทางเศรษฐกิจ สังคม และวัฒนธรรม การถูกกลืนทางวัฒนธรรม ภาษา และวิถีชีวิต การส่งเสริมการปลูกพืชเศรษฐกิจที่ทำให้ต้องมีการพึ่งพาระบบเศรษฐกิจจากภายนอกเพิ่มภาระ หนี้สิน การไม่มีส่วนร่วมในการพัฒนา และแก้ไขปัญหาของตนเอง และปัญหาอื่นๆ อีกมากมาย ล้วนแล้วแต่ส่งผลกระทบต่อกลุ่มชนเผ่าพื้นเมืองโดยตรงตลอดมา ทำให้ชนเผ่าพื้นเมืองต้องตกอยู่ในสถานการณ์ที่เรียกว่า คนชายขอบ พลเมืองชั้นสอง สะสมเรื่อยมาจนกลายเป็นกลุ่มประชากรที่มีความแปลกแยกในสังคมไทย ไม่ได้รับการยอมรับในสังคมไทยว่าเป็นคนไทยเหมือนกับประชากรอื่นๆใน

ประเทศ

태국에는 아직 언어, 문화, 생활 방식 등의 다양성을 유지하고 있는 원주민들이 200만 명 이상 살고 있다. 하지만 아직까지도 대부분이 여러 복잡한 문제를 지니고 있다. 예를 들면 정부가 그들의 거주지 및 토지를 보호림 구역으로 규정하여 많은 공동체들이 자신들의 토지를 떠나 그들의 조상들이 살던 토지로 다시 돌아와 살지 못하게 된 것, 신분 등록 및 태국 시민권을 받지 못한 것, 경제, 사회, 문화적 격차 발생, 문화, 언어, 생활 방식 면에서의 동화, 외부 경제 시스템에 의존해야 하는 경제 작물 재배 장려로 인한 채무 및 부채, 스스로의 발전 및 문제 해결에 참여하지 못하는 것 등 많은 문제들이 있다. 이 모든 것은 원주민들에게 직접적으로 영향을 주고 있어서 원주민들이 소위 주변인, 2등급 국민으로 불리게 되는 상황에 처하게 되었다. 이러한 문제들은 계속 축적되어 그들이 태국 사회에서 소외된 집단이 되게 하였고 태국 사회에서 다른 태국 국민들과 같은 태국인으로서의 인정을 받지 못하게 했다.

แม้ว่าที่ผ่านมารัฐบาลได้พยายามเข้ามาแก้ไขปัญหาดังกล่าว แต่ก็ปรากฏว่ามีความล่าช้าในการแก้ไขปัญหาเป็นอย่างมาก อาทิ การลงรายการสถานะบุคคลและการแก้ไขปัญหาสิทธิในที่ดิน และทรัพยากรธรรมชาติ ทำให้กลุ่มประชากรเหล่านี้ต้องเผชิญกับการถูกจับกุมและดำเนินคดีอย่างไม่เป็นธรรมจึงมักเห็นชนเผ่าพื้นเมืองถูกละเมิดสิทธิมนุษยชนอยู่ร่ำไป และศักดิ์ศรีความเป็นมนุษย์ที่ถูกทำให้ต่ำลง

비록 이제까지 태국 정부는 이러한 문제들을 해결하기 위해 노력했지만 문제의 해결이 매우 더디게 진행되고 있다는 것이 드러났다. 예를 들면 개인 신분 목록 작성과 토지 및 천연자원 권리 문제의 해결 등이다. 원주민들은 주로 체포되는 상황에 처하게 되었고 불공정한 소송을 당하여 지속적으로 인권을 침해당하고 인간으로서의 존엄성이 땅에 떨어지게 되었다.

แบบทดสอบก่อนเรียน2

จากสถานการณ์และผลกระทบต่างๆ ทำให้เกิด ______ และมีการริเริ่มกิจกรรมรณรงค์ ______ ในการแก้ไขปัญหาของตัวเองดังนี้ ในปีพุทธศักราช 2536 มีการรวมตัวกันครั้งแรกของ ______ ในนามเครือข่ายชาวไทยภูเขา ______ และตัวตนชาวไทยภูเขาต่อสาธารณะ และเรียกร้องให้มี ______ ซึ่งมีชาวเขาอาศัยอยู่ภายใต้ ______ หรือศอข.

พุทธศักราช 2539 มีการขับเคลื่อนในนามของสมัชชาชนเผ่าแห่งประเทศไทย โดยมุ่งเน้นไปที่ ______ ในเขตป่าสงวนและอุทยานแห่ง ชาติ โดยร่วมขับเคลื่อน ______ และมีศอข.เป็นองค์กรสนับสนุนขบวนการ

พุทธศักราช 2550 ขับเคลื่อนกันในนามของเครือข่ายชนเผ่าพื้นเมืองในประเทศไทยหรือคชท. ______ ว่าด้วยสิทธิชนเผ่าพื้นเมือง ประกอบกับการประกาศในวันที่ 9 สิงหาคมของทุกปี ______ โดยมีคณะทำงาน พัฒนาขบวนการชนเผ่าพื้นเมืองในประเทศไทยเป็นกองเลขานุการ ______ เพื่อสะท้อนปัญหาและความต้องการของกลุ่มประชากรชาติพันธุ์และชนเผ่า ______ โดยได้มีการจัดกิจกรรมวันชนเผ่าพื้นที่มา

อย่างต่อเนื่อง ______ ต่อมาในปีพุทธศักราช 2553 ได้ประกาศเจตนารมณ์ร่วมกันจัดตั้ง ______ ขึ้น

คำศัพท์หรือประโยคที่น่าสนใจ2

รวมตัว	모이다
ริเริ่ม	창시하다, 창안하다, 일으키다
กิจกรรม	활동, 행사
รณรงค์	캠페인하다, 운동하다
เรียกร้อง	요구하다, 간청하다, 요청하다, 탄원하다; 소환하다
พุทธศักราช	불력, 약자 **พ.ศ.**
ชาติพันธุ์	소수민족
ในนาม	명목으로, ~의 이름으로, ~을 대신하여
เครือข่ายชาวไทยภูเขา	태국 고산족 네트워크 **เครือข่าย** 네트워크 **ชาวไทย** 태국인 **ภูเขา** 산, 산악, 산맥, 고지
ภาพลักษณ์	이미지, 형상
สาธารณะ	공공의; 일반적인
ส่งเสริม	후원하다, 촉진하다; 지지하다, 원조하다
ชาวเขา	고산족
สนับสนุน	지지하다, 찬성하다, 찬조하다, 후원하다, 원조하다

ศูนย์ประสานงานองค์กรเอกชนพัฒนาชาวไทยภูเขา	태국 고산족 개발 기구 협력 센터 **ศูนย์** 센터 **ประสานงาน** 연결하다, 협조하다, 중개하다 **องค์กรเอกชน** 민간 기구 **พัฒนา** 발전하다, 개발하다, 발달하다 **ชาวไทยภูเขา** 고산지대 태국인
ขับเคลื่อน	추진하다
สมัชชาชนเผ่าแห่งประเทศไทย	태국 부족 회의 **สมัชชา** 회의, 회동 **ชนเผ่า** 종족, 부족 **แห่ง** ~의 **ประเทศไทย** 태국
มุ่งเน้น	강조하다
ประเด็น	쟁점
อุทยานแห่งชาติ	국립공원
เครือข่ายเกษตรกรภาคเหนือ	북부 농민 네트워크
เครือข่ายชนเผ่าพื้นเมืองในประเทศไทย	태국 원주민 네트워크
ตอบรับ	호응하다, 회신하다, 응대하다, 긍정하다
ปฏิญญาสหประชาชาติ	국제연합(U.N.) 선서
กองเลขานุการ	담당 부처
ประสานงาน	업무를 연결하다, 협조하다
จัดกิจกรรม	행사를 진행하다
สะท้อน	반영하다
เจตนารม	의도, 목표
สภาชนเผ่าพื้นเมืองแห่งประเทศไทย	태국 원주민 협회

เนื้อหาและการแปล2 +

จากสถานการณ์และผลกระทบต่างๆ ทำให้เกิดความรวมตัวกันมากขึ้น และมีการริเริ่มกิจกรรมรณรงค์เพื่อเรียกร้องการมีส่วนร่วมในการแก้ไขปัญหาของตัวเองดังนี้ ในปีพุทธศักราช 2536 มีการรวมตัวกันครั้งแรกของประชากรกลุ่มชาติพันธุ์และชนเผ่าพื้นเมืองในนามเครือข่ายชาวไทยภูเขาเพื่อรณรงค์ภาพลักษณ์และตัวตนชาวไทยภูเขาต่อสาธารณะและเรียกร้องให้มีการส่งเสริมการพัฒนาในเขตพื้นที่ ซึ่งมีชาวเขาอาศัยอยู่ภายใต้การสนับสนุนของศูนย์ประสานงานองค์กรเอกชนพัฒนาชาวไทยภูเขาหรือศอข.

여러 상황들과 그 영향으로 인해 집단 행동이 시작되었다. 그리고 이와 같은 문제를 스스로 해결하기 위해 직접 참여하여 문제 해결을 요구하기 위한 운동이 시작되었다. 1993년에 태국고산족네트워크라는 이름으로 소수민족과 원주민 집단이 최초로 집단행동을 시작하였다. 이들은 태국 고산족의 이미지와 실제 모습을 대중들에게 알리고 그들이 거주하고 있는 지역의 개발을 위한 후원을 요구하였다. 이 집단 행동은 태국고산족개발기구협력센터의 후원 하에 추진되었다.

พุทธศักราช 2539 มีการขับเคลื่อนในนามของสมัชชาชนเผ่าแห่งประเทศไทยโดยมุ่งเน้นไปที่ประเด็นการแก้ไขปัญหาสถานะบุคคลและที่ดินในเขตป่าสงวนและอุทยานแห่งชาติ โดยร่วมขับเคลื่อนเครือข่ายเกษตรกรภาคเหนือและมีศอข.เป็นองค์กรสนับสนุนขบวนการ

1996년에 태국 부족 회의가 추진되었다. 이 회의는 개인의 신분과 보호림 및 국립공원 내 토지 문제 해결과 관련된 쟁점을 강조하였다. 이 회의는 북부농민네트워크가 함께 추진하고 태국고산족개발기구협력센터가 후원하였다.

พุทธศักราช 2550 ขับเคลื่อนกันในนามของเครือข่ายชนเผ่าพื้นเมืองในประเทศไทยหรือคชท. ตอบรับไปกับปฏิญญาสหประชาชาติว่าด้วยสิทธิชนเผ่าพื้นเมือง ประกอบกับการประกาศในวันที่ 9 สิงหาคมของทุกปี เป็นวันชนเผ่าพื้นเมืองโลก โดยมีคณะทำงานพัฒนาขบวนการชนเผ่าพื้นเมืองในประเทศไทยเป็นกองเลขานุการในการประสานงานและจัดกิจกรรม เพื่อสะท้อนปัญหาและความต้องการของกลุ่มประชากรชาติพันธุ์และชนเผ่าให้รัฐบาลและโลกได้รับทราบ โดยได้มีการจัดกิจกรรมวันชนเผ่าพื้นที่มาอย่างต่อเนื่องเพื่อรณรงค์ความเป็นตัวตนของชนเผ่า ต่อมาในปีพุทธศักราช 2553 ได้ประกาศเจตนารมณ์ร่วมกันจัดตั้งสภาชนเผ่าพื้นเมืองแห่งประเทศไทยขึ้น

2007년에는 태국원주민네트워크라는 이름으로 추진하였다. 그들은 원주민 권리와 관련된 국제연합의 선언문에 대해 회신을 하고 매년 8월 9일을 '세계 원주민의 날'로 선포하였다. 태국원주민개발업무추진회가 업무 협력 및 행사 진행 지원 부처의 역할을 맡았다. 그들은 소수민족과 원주민 집단의 문제와 요구를 반영하여 태국 정부와 세계가 이를 인식하도록 하는 것을 목표로 하였다. 원주민들의 정체성을 알리기 위하여 원주민의 날에는 지속적으로 행사를 추진하였다. 그 후 2010년에는 함께 뜻을 합하여 태국원주민협회의 설립을 발표하였다.

แบบทดสอบก่อนเรียน3

สภาชนเผ่าพื้นเมืองแห่งประเทศไทยจะเป็นกลไกหลักในการขับเคลื่อน ________ ให้แก่ชนเผ่าพื้นเมือง รวมถึง ________ ต่อชนเผ่าพื้นเมือง อีกทั้งยังส่งเสริมให้ชนเผ่าพื้นเมือง ________ ในการจัดการตนเองได้ อย่างยั่งยืน ให้สอดคล้องกับความหลากหลายของ ________

การที่เราจะสามารถเป็นเจ้าของสภาได้นั้น เราจะต้องมี ________ ต้องมี ________ และ ________ เพื่อร่วมกันออกแบบนโยบายในการแก้ไขปัญหาให้สอดคล้องกับความต้องการของตนเอง ต้องมี ________ การศึกษาบทเรียนการจัดตั้งสภาจากหลายๆที่ ต้องร่วมกันยกร่างพระราชบัญญัติสภาชนเผ่าพื้นเมือง ________ จากพี่น้องชนเผ่าพื้นเมืองเพื่อนำไปปรับปรุงร่างพระราช บัญญัติดังกล่าว ________ และได้รับการสนับสนุน ________ และต้องมีการรณรงค์ต่อสาธารณชน ________ และการสนับสนุนขบวนสภาชนเผ่าพื้นเมืองอย่างต่อเนื่อง ท้ายที่สุดแล้วเรามุ่งหวังจะให้สภาชนเผ่าพื้นเมืองมาหนุนเสริมขบวนชนเผ่าพื้นเมืองให้มีความเข้มแข็ง ________ สามารถปกป้องคุ้มครองสิทธิชนเผ่าพื้นเมืองได้และ ________

คำศัพท์หรือประโยคที่น่าสนใจ3

กลไก	장치; 메커니즘; 기계, 기기
หลัก	중요하다, 중심 되다; 원칙, 원리, 규칙; 기본, 기초, 근본
เชิง	...식, ...풍(風), ...적, ...에 대한, ...에 관계가 있다.
นโยบาย	정책
ติดตาม	뒤따르다 수행(동반)하다, 추적하다
อีกทั้ง	또, 또한, 내지, ~는 데다가
เข้มแข็ง	견고하다, 확고하다 흔들리지 않다; 강경하다 강대하다; 근면하다, 견실하다
ยกระดับศักยภาพ	잠재력을 높이다 **ยก** 들어 올리다 **ระดับ** 정도, 수준, 등급 **ศักยภาพ** 가능성, 잠재력
จัดการ	처리하다, (일의)끝매듭을 짓다, 조치를 취하다
ยั่งยืน	영속하다, 영생하다, 장수하다, 영원하다
สอดคล้อง	(의견・생각이)일치하다, 협조하다, 부합되다
แกนนำ	수뇌부, 중심인물, 지도자, 주도 핵심
รวบรวม	수집하다, 모으다, 결집하다
ข้อมูล	자료, 데이타
ยกร่างพระราชบัญญัติ	법률안을 입안하다 **ยกร่าง** 입안하다 **พระราชบัญญัติ** 국회가 제정하고 왕의 승인을 받은 법률(약자는 **พ.ร.บ.**)
ความคิดเห็น	견해, 주장

ข้อเสนอแนะ	제안, 건의안
ปรับปรุง	개선하다 조정하다
สมบูรณ์	완비되다, 완벽하다; 완전히, 극도의; 풍부하다 충족하다
รับรอง	승인하다; 보증하다 담보를 맡기다
รัฐสภา	국회, 의회
สาธารณชน	일반 사람, 일반 국민, 군중
ยอมรับ	인정하다, 승인하다 수락할 것을 승락 하다
หนุนเสริม	지지하다, 보강하다
อำนาจ	권력, 권한, 힘
ต่อร้อง	흥정하다, 교섭하다
ปกป้อง	방어하다, 보호하다
คุ้มครอง	비호하다, 통치하다

เนื้อหาและการแปล3 +

สภาชนเผ่าพื้นเมืองแห่งประเทศไทยจะเป็นกลไกหลักในการขับเคลื่อนการแก้ปัญหาเชิงนโยบายให้แก่ชนเผ่าพื้นเมือง รวมถึงการติดตามนโยบายที่ส่งผลกระทบต่อชนเผ่าพื้นเมือง อีกทั้งยังส่งเสริมให้ชนเผ่าพื้นเมืองมีความเข้มแข็งและยกระดับศักยภาพในการจัดการตนเองได้อย่างยั่งยืนให้สอดคล้องกับความหลากหลายของวิถีชีวิตและภูมิปัญญาของตน

태국원주민협회는 원주민들이 정책적으로 문제 해결을 추진하고 그들에게 영향을 주는 정책 수행을 위한 주요 장치이다. 또한 원주민들을 결속시키고 지속적으로 정체성을 지킬 수 있는 잠재력을 높이는 것을 지원하여 원주민 스스로의 생활 방식과 지혜의 다양성이 부합하도록 한다.

การที่เราจะสามารถเป็นเจ้าของสภาได้นั้น เราจะต้องมีการเตรียมความพร้อมในระดับพื้นที่ ต้องมีการเสริมสร้างศักยภาพของแกนนำและความเข้มแข็งของแต่ละเครือข่ายเผ่าเพื่อร่วมกันออกแบบนโยบายในการแก้ไขปัญหาให้สอดคล้องกับความต้องการของตนเอง ต้องมีการรวบรวมข้อมูลประเด็นปัญหา การศึกษาบทเรียนการจัดตั้งสภาจากหลายๆที่ ต้องร่วมกันยกร่างพระราชบัญญัติสภาชนเผ่าพื้นเมือง รับฟังความคิดเห็นและข้อเสนอแนะจากพี่น้องชนเผ่าพื้นเมืองเพื่อนำไปปรับปรุงร่างพระราช บัญญัติดังกล่าวให้มีความสมบูรณ์ และได้รับการสนับสนุน การรับรองจากรัฐสภา และต้องมีการรณรงค์ต่อสาธารณชนให้เกิดความเข้าใจ การยอมรับ และการสนับสนุนขบวนสภาชนเผ่าพื้นเมืองอย่างต่อเนื่อง ท้ายที่สุดแล้วเรามุ่งหวังจะให้สภาชนเผ่าพื้นเมืองมาหนุนเสริมขบวนชนเผ่าพื้นเมืองให้มีความเข้มแข็ง มีอำนาจในการต่อร้อง สามารถปกป้องคุ้มครองสิทธิ

ชนเผ่าพื้นเมืองได้และอยู่ร่วมกันด้วยความเข้าใจ

우리가 협회의 주인이 되기 위해서는 토지 부문에서 준비가 되어 있어야 하고 지도자로서의 잠재력을 키워야 하며 각 부족 간의 네트워크를 견고하게 해야 한다. 이는 서로 협력하여 문제 해결을 위한 정책 수립을 자신들의 요구와 부합하도록 하게 위해서이다. 또한 문제의 쟁점이 되는 자료를 수집하고 다양한 장소에서 협회 수립을 위한 선례를 학습해야 하며 서로 협력하여 원주민을 위한 법률을 입안해야 한다. 우리는 원주민 형제들의 견해와 제안을 경청하여 앞에서 언급한 법률안을 완벽하게 개정하고 국회의 지원과 승인을 받아야 한다. 그리고 대중들이 이해를 하고 인정하도록 캠페인을 벌이고 지속적으로 원주민협회 운동이 지원을 받게 해야 한다. 마지막으로 우리는 원주민협회가 원주민 운동이 견고해 지도록 교섭하기 위해 강해지고 원주민 권리가 보호를 받고 서로 이해하며 공존하게 되기를 기대한다.

บทที่ 08

อาหาร

8장 음식

บทที่ 08

อาหาร

8장 음식

ส้มตำ ความหลากหลายแห่งความแซ่บ

쏨땀, 맛있음의 다채로움

쏨땀은 파파야 샐러드로 태국의 음식이다. 쏨땀은 다양한 종류로 유명하며 동남아시아의 인접 국가들에도 비슷한 음식이 있다. 쏨땀에는 많은 재료들이 들어가는데 파파야, 고추, 토마토 등이 주재료이며 모두 우리 몸에 좋은 것들이다.

https://www.youtube.com/watch?v=evPvhuwhODM

แบบทดสอบก่อนเรียน1

ส้มตำ อาหารรสแซ่บยอดนิยมของคนไทยที่ _______ และนอกจากคนไทยแล้ว ส้มตำยังเป็นที่ _______ อีกด้วย ใช่ไหม พ่อหนุ่ม _______ ส้มตำเหรอ อ๋อ ปาปาย่าสลัด ใช่ แล้วเคยทานไหม เคยครับ แล้วอยากรู้เรื่องส้มตำไหม

_______ มีอะไรแนะนำบ้างครับ ส้มตำจะมีพวกตำไทย ตำปู ตำปูปลาร้า ตำใบตอง ตำแมงดา ตำปูม้า ตำกุ้งสด ตำกะท้อนปู ตำกะท้อนไทย ตำไข่เค็ม ตำข้าวโพด ตำโคราช เยอะมาก เลือกไม่ถูกเลย นั้นก็เอามาทั้งหมดนั่นแหละ ว่าแต่ว่าทั้งสองรู้ไหมว่า _______

คงต้องกล่าวย้อนกลับไปว่า ส้มตำที่แพร่หลายในปัจจุบัน _______ ซึ่งมีลักษณะร่วมกับวัฒนธรรมลาว คำว่าส้มตำใกล้เคียงกับชื่ออาหารพื้นบ้านในวัฒนธรรมอีสานและลาวที่เรียกว่า ตำส้ม โดยนำผักหรือผลไม้รสเปรี้ยวปรุงกับวัตถุดิบและเครื่องปรุงอื่น ๆ อย่างปลาร้า กระเทียม พริก รับประทานคู่กับผักเคียง และข้าวเหนียว

แล้วรู้ไหม นอกจากไทย _______

ประเทศลาวมีส้มตำหรือชาวลาวเรียกว่า ตำบักหุ่ง เวียดนามเรียกว่า กอยดูดู คือเอาเส้นมะละกอคลุกกับน้ำยำ _______

กัมพูชาก็มี เรียกว่าบ๊อกระฮอง วิธีทำและวัตถุดิบก็ไม่แตกต่างจากส้มตำแบบอีสานเท่าไร แต่นิยมใส่กะปิ _______

แบบทดสอบก่อนเรียน1

ส้มตำ	쏨땀. 태국 음식의 하나. 덜 익은 파파야를 가느다랗게 채를 썰은 후 말린 새우, 작은 게, 마늘, 고추, 후추 등을 넣어 만든 생채 요리
ความหลากหลาย	다양성, 가지각색
แห่ง	(전치사) ~의; (유별사) ~개 장소, ~개 지역; 장소, 곳, 위치
ความแซ่บ	맛있음
รสแซ่บ	맛있는 맛 **รส** 맛 **แซ่บ** 맛있다
ยอดนิยม	아주 인기 있는 **ยอด** 정상, 정점, 최고의 부분 **นิยม** 유행하다; 좋아하다; 친하다
ใครๆ	누구든지, 불특정 다수를 의미하는 '~이든지'의 의미를 지니는 부정대명사에 속한다. **เช่น ใดๆ** 어떤 것이든지 **อะไรๆ** 무엇이든지 **ที่ไหนๆ** 어디서든지 **ทำไม** 왜
นอกจาก...แล้ว ยัง...อีกด้วย	…이외에도 또한 …이 더 있다.
พ่อหนุ่ม	총각, 청년
รับอะไรดี	무엇을 주문하시겠습니까? 무엇을 드시겠습니까?
เลือกไม่ถูก	선택을 못하겠어요. 잘 모르겠어요. 결정을 못하겠어요.
ว่าแต่ว่า	그런데, 그나저나, 그건 그렇고
ความเป็นมา	유래
ย้อนกลับไป	되돌아가다
แพร่หลาย	유행하다; 보급하다; 만연하다

ในปัจจุบัน	현재 **ในอดีต** 과거 **ในอนาคต** 미래
ได้รับอิทธิพล	영향을 받다 **ได้รับ** 받다; 얻다; 당하다 **อิทธิพล** 영향; 권위
วัฒนธรรม	문화
ร่วม	참여하다; 협동하다; 연합하다
อาหารพื้นบ้าน	토착 음식, 토속적 음식
รสเปรี้ยว	신 맛
วัตถุดิบ	원재료; 원료
เครื่องปรุง	조미료, 양념, 향신료(=**เครื่องปรุงรส**)
ผักเคียง	음식과 함께 먹는 채소
ละแวกเพื่อนบ้าน	이웃 지역 **ละแวก** 지역, 지구, 부근 **เพื่อนบ้าน** 이웃
คลุก	섞다, 혼합하다
ยำ	뒤섞다, 혼합하다; 야채를 중심으로 여러 가지 것을 섞은 요리 이름
เนื้อสัตว์	고기
ตับวัว	쇠간
ไม่แตกต่างจาก...เท่าไร	…와 그다지 다르지 않다
นิยมใส่	즐겨 넣는다
กะปิ	곤쟁이에 소금을 넣어 발효시킨 조미료
เฉพาะตัวอีกแบบหนึ่ง	독특한 **เฉพาะตัว** 독특한; 오로지, ~만, ~뿐 **อีกแบบหนึ่ง** 또 다른 방식의

เรื่องน่ารู้

ส้มตำไทย	쏨땀타이. 마른 새우와 땅콩을 넣어 만든 쏨땀으로 달면서 신 맛이 난다.
ส้มตำปู	쏨땀뿌. 게장을 넣어 만든 쏨땀으로 짠 맛이 난다.
ส้มตำปูปลาร้า	쏨땀쁘라라. 게와 젓갈을 넣어 만든 쏨땀
ส้มตำใบตอง	쏨땀바이떵 . 바나나잎을 넣어서 만든 쏨땀
ส้มตำแมงดา	쏨땀맹다. 투구게를 넣어 만든 쏨땀
ส้มตำปูม้า	쏨땀뿌마. 익히지 않은 바다게를 넣어 만든 쏨땀. 맛은 쏨땀타이와 비슷하다.
ส้มตำกุ้งสด	쏨땀꿍씃. 생새우를 넣은 쏨땀
ส้มตำกะท้อนปู	쏨땀까턴뿌. 게와 태국 과일인 까턴을 넣고 만든 쏨땀
ส้มตำกะท้อนไทย	쏨땀까턴타이. 쏨땀타이에 태국 과일인 까턴을 넣은 쏨땀
ส้มตำไข่เค็ม	쏨땀카이켐. 소금물에 절여 둔 계란을 넣어서 만든 쏨땀으로 짠 맛이 난다.
ส้มตำข้าวโพด	쏨땀카우폿. 삶은 옥수수를 넣어서 만든 쏨땀
ส้มตำโคราช	쏨땀코랏. 코랏은 라오스와 싸얌의 중간 도시였으므로 쏨땀 코랏도 쏨땀라오스와 쏨땀타이의 중간 정도로 양념을 한다. 새우, 젓갈, 카놈찐을 넣고 단 맛이 나게 만든다. 하지만 사실 쏨땀코랏은 코랏에서 시작된 것은 아니며 코랏 사람들도 즐겨 먹지 않는다.

เนื้อหาและการแปล1

ส้มตำ อาหารรสแซ่บยอดนิยมของคนไทยที่ใคร ๆ ก็รู้จัก และนอกจากคนไทยแล้ว ส้มตำยังเป็นที่ชื่นชอบของชาวต่างชาติอีกด้วย ใช่ไหม พ่อหนุ่ม รู้จักส้มตำไหม ส้มตำเหรอ อ๋อ ปาปาย่าสลัด ใช่ แล้วเคยทานไหม เคยครับ แล้วอยากรู้เรื่องส้มตำไหม

쏨땀은 누구나 다 아는 태국의 매우 맛있는 음식입니다. 그리고 쏨땀은 태국인 외에도 외국인들도 좋아합니다. 총각, 맞나요? 쏨땀 알아요? 쏨땀이요? 아하! 파파야 샐러드 알지요. 그러면 먹어 본 적 있어요? 있어요. 쏨땀에 대해서 알고 싶나요?

รับอะไรดีครับ มีอะไรแนะนำบ้างครับ ส้มตำจะมีพวกตำไทย ตำปู ตำปูปลาร้า ตำใบตอง ตำแมงดา ตำปูม้า ตำกุ้งสด ตำกระท้อนปู ตำกะท้อนไทย ตำไข่เค็ม ตำข้าวโพด ตำโคราช เยอะมาก เลือกไม่ถูกเลย นั้นก็เอามาทั้งหมดนั่นแหละ ว่าแต่ว่าทั้งสองรู้ไหมว่า ส้มตำมีความเป็นมายังไง

무엇을 드시겠어요? 뭐가 있는지 좀 추천해 주세요. 쏨땀은 쏨땀타이, 쏨땀뿌, 쏨땀뿌 쁠라라, 쏨담꿍쏫, 쏨담끄라턴뿌, 땀까턴타이, 땀카이켐, 땀카우폿, 땀코랏 등 아주 많아요. 고를 수가 없군요. 그러면 전부 다 드시면 되지요. 그런데 두 분은 쏨땀의 유래에 대해 아시나요?

คงต้องกล่าวย้อนกลับไปว่า ส้มตำที่แพร่หลายในปัจจุบันได้รับอิทธิพลมาจากวัฒนธรรมอีสาน ซึ่งมีลักษณะร่วมกับวัฒนธรรมลาว คำว่าส้มตำใกล้เคียงกับชื่ออาหารพื้นบ้านในวัฒนธรรมอีสานและลาวที่เรียกว่า ตำส้ม โดยนำผักหรือผลไม้รสเปรี้ยวปรุงกับวัตถุดิบและเครื่องปรุงอื่น ๆ อย่างปลาร้า กระเทียม พริก รับประทานคู่กับผักเคียง และข้าวเหนียว

그럼 화제를 전환하여 오늘날 널리 퍼지게 된 쏨땀은 라오스 문화가 포함된 동북부 문화의 영향을 받았어요. 쏨땀이라는 이름은 동북부 지방과 라오스 문화의 전통 음식 이름인 땀쏨과 비슷한데 이 음식은 야채와 시큼한 과일과 젓갈, 마늘, 고추 등의 재료들을 기타 양념과 함께 섞어서 야채, 찹쌀밥과 같이 먹지요.

แล้วรู้ไหม นอกจากไทย ประเทศอื่น ๆ นั้นละแวกเพื่อนบ้านก็มีส้มตำเหมือนกัน ประเทศลาวมีส้มตำหรือชาวลาวเรียกว่า ตำบักหุ่ง เวียดนามเรียกว่า กอยดูดู คือเอาเส้นมะละกอคลุกกับน้ำยำร่วมด้วยเนื้อสัตว์อย่างอื่น หมู ตับวัว กุ้ง ปรุงสุกรอไว้แล้ว กัมพูชาก็มี เรียกว่าบ๊อกระฮอง วิธีทำและวัตถุดิบก็ไม่แตกต่างจากส้มตำแบบอีสานเท่าไร แต่นิยมใส่กะปิให้ได้กลิ่นหอมเฉพาะตัวอีกแบบหนึ่ง

그러면 태국 외 기타 인접 국가들에도 이와 같은 쏨땀이 있다는 것을 아시나요? 라오스도 쏨땀이 있는데 라오스인들은 땀박홍이라고 부릅니다. 베트남인들은 꺼이두두라고 부르는데 파파야 썬 것을 물과 섞고 돼지, 소의 간, 새우 등의 고기들과 함께 혼합한 후 익을 때까지 조리합니다. 캄보디아도 있는데 뻐끄라헝이라고 부르며 요리법과 재료들도 동북부식의 쏨땀과 다르지 않습니다. 하지만 주로 까삐를 넣어 향긋한 냄새를 나게 하는 것이 특징입니다.

แบบทดสอบก่อนเรียน2

สำหรับมะละกอวัตถุดิบหลักที่ใช้ทำส้มตำ เดิมเป็นพืชที่มีต้นกำเนิด ในทวีปอเมริกากลาง ต่อมาชาวโปรตุเกสได้นำมะละกอไปพื้นที่ต่าง ๆ ________ มะละกอจึงได้เข้ามาสู่เอเชียตะวันออกเฉียงใต้ รวมทั้งพื้นที่ประเทศไทย ________

เดี๋ยวก่อนพ่อหนุ่ม แล้วรู้ไหมว่า วัตถุดิบของส้มตำมีประโยชน์อย่างไร ไม่เคยรู้มาก่อนนะครับ งั้นก็ลองไปฟังสิ่งที่นักกำหนดอาหารกำลังจะบอก

ค่ะ ต้องบอกว่า จริง ๆ แล้วส้มตำเป็นอาหารจานโปรดของหลาย ๆ คนนะคะ ซึ่งในส่วนประกอบของส้มตำเนี่ย จะมีวัตถุดิบมากมายเลย ซึ่งล้วนแล้วแต่ให้สารอาหารที่สำคัญกับร่างกายทั้งสิ้นเลยนะคะ มะละกอถือว่า ________ มะละกอจะเป็นตัวที่ให้ไฟเบอร์ค่ะ ซึ่งไฟเบอร์ช่วยการลดปริมาณการเกิดคอลเลสเตอรอลในร่างกายได้นะคะ นอกจากนี้นะคะ ________ ให้ทำงานอย่างเป็นปกติมากขึ้นค่ะ

พริกนะคะ นอกจากจะช่วยในเรื่องของการเจริญอาหารได้แล้วนะคะ ในพริกเองก็จะมีสารที่เรียกว่า แคปไซซินนะคะ ซึ่งจะมีมากในขั้วพริก ________ มะเขือเทศถือเป็นวัตถุดิบอีกตัวหนึ่งที่สำคัญในการทำส้มตำนะคะ ________ มะเขือเทศก็ยังให้วิตามินเอด้วยนะคะ และที่สำคัญคือมะเขือเทศยังให้สารอาหาร

สีแดงที่เรียกว่าไรโคปีนค่ะ สารอาหารตัวนี้พบการวิจัยแล้วว่า ช่วยในเรื่องการต้านอนุมูลอิสระนะคะ และ

คำศัพท์หรือประโยคที่น่าสนใจ2

ต้นกำเนิด	기원
เส้นทางเดินเรือ	해로 **เส้นทาง** (교통)노선, 방향 **เดินเรือ** 배를 몰다; 배가 다니다; (선박으로)운송사업을 하다
ยุคอาณานิคม	식민지 시대
เพาะปลูก	재배하다, 심다, 기르다
ใช้ประโยชน์	이익을 추구하다
เดี๋ยวก่อน	잠시만요, 잠깐만요
นักกำหนดอาหาร	영양사
โปรด	좋아하다, 마음에 들다
ส่วนประกอบ	성분; 부품
ล้วนแล้วแต่	전부~뿐이다 **ล้วน** 전부, 모두 **แล้วแต่** ~를 따르다, ~에 달려있다
สารอาหาร	영양소
ไฟเบอร์	섬유질
ระบบการขับถ่าย	배설시스템
อย่างเป็นปกติ	정상적으로

การเจริญอาหาร	식욕 증진
ขั้วพริก	고추 속
ป้องกัน	막다, 방어하다, 보호하다
อุดตัน	막다
มะเขือเทศ	토마토
นอกเหนือจาก	~외에, ~이외에 = **นอกจาก, ยกเว้น**
สีสัน	색깔
การวิจัย	연구
การต้านอนุมูลอิสระ	항산화
โรคหลอดเลือดหัวใจ	관상동맥질환

เนื้อหาและการแปล2 +

สำหรับมะละกอวัตถุดิบหลักที่ใช้ทำส้มตำ เดิมเป็นพืชที่มีต้นกำเนิดในทวีปอเมริกากลาง ต่อมาชาวโปรตุเกสได้นำมะละกอไปพื้นที่ต่าง ๆ ผ่านเส้นทางเดินเรือในยุคอาณานิคม มะละกอจึงได้เข้ามาสู่เอเชียตะวันออกเฉียงใต้ รวมทั้งพื้นที่ประเทศไทย เพาะปลูกเพื่อใช้ประโยชน์และแพร่หลายมาจนในปัจจุบัน

쏨땀의 주재료인 파파야는 예전에 중앙 아메리카에서만 재배하는 작물이었지만, 그 후 포르투갈 사람들이 식민지 시대에 선편을 통해 다른 지역으로 들여오면서 태국을 포함한 동남아에도 들어오게 되었고 이를 심고 재배하여 오늘날까지 널리 퍼지게 되었어요.

เดี๋ยวก่อนพ่อหนุ่ม แล้วรู้ไหมว่า วัตถุดิบของส้มตำมีประโยชน์อย่างไร ไม่เคยรู้มาก่อนนะครับ งั้นก็ลองไปฟังสิ่งที่นักกำหนดอาหารกำลังจะบอก

청년, 잠깐만. 쏨쌈의 원재료가 어떤 효능이 있는지 아나요? 잘 모르겠어요. 그러면 영양사가 하는 말씀을 들어봅시다.

ค่ะ ต้องบอกว่า จริง ๆ แล้วส้มตำเป็นอาหารจานโปรดของหลาย ๆ คนนะคะ ซึ่งในส่วนประกอบของส้มตำเนี่ย จะมีวัตถุดิบมากมายเลย ซึ่งล้วนแล้วแต่ให้สารอาหารที่สำคัญกับร่างกายทั้งสิ้นเลยนะคะ มะละกอถือว่า เป็นวัตถุดิบหลักของการทำส้มตำนะคะ มะละกอจะเป็นตัวที่ให้ไฟเบอร์ค่ะ ซึ่งไฟเบอร์ช่วยการลดปริมาณการเกิดคอลเลสเตอรอลในร่างกายได้นะคะ นอกจากนี้นะคะ ตัวมะละกอยังช่วยในเรื่องของระบบการขับถ่ายของเราให้ทำงานอย่างเป็นปกติมากขึ้นค่ะ

네. 사실 쏨땀은 많은 사람들이 좋아하는 음식이라고 할 수 있습니다. 쏨땀의 재료는요. 원재료가 많이 들어갑니다. 전부 몸에 중요한 것들뿐이지요. 파파야는 쏨땀을 만드는 데 주요 재료입니다. 파파야는 섬유질입니다. 섬유질은 몸에 콜레스테롤이 생기는 것을 줄여줍니다. 파파야는 우리 몸의 배설 시스템이 정상화되는 것을 도와주기도 합니다.

พริกนะคะ นอกจากจะช่วยในเรื่องของการเจริญอาหารได้แล้วนะคะ ในพริกเอง ก็จะมีสารที่เรียกว่า แคปไซซินนะคะ ซึ่งจะมีมากในขั้วพริก ตัวนี้จะช่วยในส่วน การป้องกันไขมันอุดตันในเส้นเลือดได้ค่ะ มะเขือเทศถือเป็นวัตถุดิบอีกตัวหนึ่ง ที่สำคัญในการทำส้มตำนะคะ นอกเหนือจากการให้สีสันที่สวยงามแล้วนะคะ มะเขือเทศก็ยังให้วิตามินเอด้วยนะคะ และที่สำคัญคือมะเขือเทศยังให้สารอาหาร สีแดงที่เรียกว่าไรโคปีนค่ะ สารอาหารตัวนี้พบการวิจัยแล้วว่า ช่วยในเรื่องการ ต้านอนุมูลอิสระนะคะ และป้องกันการเกิดโรคหลอดเลือดหัวใจและไขมันอุดตัน ในเส้นเลือดได้ค่ะ

고추는요. 음식의 소화를 도와주는 것 외에도요. 고추에는 캡타이신이라는 물질이 들어 있습니다. 특히 고추 씨에 많이 들어있지요. 이것은 혈관 안에 지방이 끼는 것을 막는 것을 도와줍니다. 토마토는 쏨땀을 만드는 중요한 또 하나의 주재료입니다. 색깔이 아름다운 것 외에도 토마토는 비타민A 가 풍부합니다. 또 중요한 것은 토마토에는 빨간 식물에 들어있는 라이코핀이라는 물질이 들어있습니다. 이 물질은 산화를 방지해 주고 관상동맥성 심장병과 혈관에 지방이 끼는 것을 방지해 줍니다.

เปิด "ครัวไทย" ปรุงอาหารติดใจคนต่างแดน

공개된 '태국 주방'에서 만든 요리로 외국인의 마음을 사로잡다

'쑤다'는 유럽 시장에 진출한 태국 식당이다. 이 식당의 간판 메뉴인 킹팟타이 요리, 미양캄 요리는 꾸준히 외국인들에게 사랑을 받고 있다. 열린 주방에서 요리하는 모습을 볼 수 있는 것이 특징인 쑤다는 태국의 전통적인 맛과 독자성을 찾는 관광객들이 다시 찾고 싶은 장소로 유명하다.

https://www.youtube.com/watch?v=q66FdrWM02k

แบบทดสอบก่อนเรียน1

ถ้าพูดถึงประเด็น ______ อันกลมกล่อมของอาหารไทย ก็ถือเป็นเอกลักษณ์ที่นักท่องเที่ยวทั่วโลกนั้นติดใจกันนะคะ "สุดา" ซึ่งเป็น ______ ในเครือเอสแอนด์พี ซึ่งใช้รุกตลาดยุโรปนะคะ ก็เชื่อว่าการคงรสชาติไทยแท้ด้วย ______ ก็จะเป็นจุดขายให้นักท่องเที่ยวนั้น ______ และจะเดินทางตามไปชิมมาท่องเที่ยวที่ประเทศไทยด้วยนะคะ ติดตามจากรายงานของคุณศรัญญา คงอยู่ค่ะ

หลังกระทะร้อนใส่หอมแดงลงเจียวผัดกับไข่ฟองโต ______ และวัตถุดิบนานาชนิดตามแบบฉบับผัดไทขนานแท้ ______ ของทางร้าน คลุกเคล้าให้เข้ากันกับถั่วงอก จัดแต่งจานอีกนิด ______ พร้อมเสิร์ฟแล้วค่ะ สำหรับเมนูคิงผัดไท signature ของร้านสุดา ย่าน Covent Garden ในกรุงลอนดอน สหราชอาณาจักร

ด้วยรสชาติที่ ______ ที่ซึมเข้าไปในเส้นก๋วยเตี๋ยวที่เหนียวหนึบกำลังดี เต็มอิ่มด้วยเครื่องแบบจัดเต็ม ทำให้เมนูนี้ ______ อีกหนึ่งเมนูยอดฮิตก็คือเมี่ยงคำ เพราะนอกจากรสชาติของน้ำเมี่ยงคำจะถูกปากแล้วยังถือเป็นเมนูที่ ______ ทำกิจกรรมรวมกันด้วยค่ะ

วสันต์ แล้วก็จับแล้วก็เลือกเฉพาะตัวที่เราสามารถที่จะนำออกมาพรีเซ็นต์ได้มากกว่านะครับ ก็ให้เป็น อย่างเช่น จะเห็นว่าเมี่ยงคำเนี่ย ไม่มีขาดอะไรสักอย่างนะครับ และผัดไทก็ครบทุกอย่าง เพราะว่าเราจะไม่แปลงอาหาร เราจะ

นักท่องเที่ยวในต่างประเทศที่ชื่นชอบอาหารไทยส่วนใหญ่ยังคงเป็น ส่วนชาวฝรั่งเศส อิตาลี และชาวสหราชอาณาจักรเอง

คำศัพท์หรือประโยคที่น่าสนใจ1

ปรุงอาหาร	요리하다, 조리하다
ติดใจ	반하다, 미련을 갖다, 그리워하다, 마음에 들다
คนต่างแดน	= **ชาวต่างแดน** 외국인, 외지인
รสชาติ	맛, 미각
กลมกล่อม	(맛과 소리가)적당하다, 알맞다
เอกลักษณ์	특색, 속성, 동일성, 독자성
รุก	침입하다, 정리하다, 침공(侵攻)하다
วัตถุดิบดั้งเดิม	예전의 재료 **วัตถุดิบ** 원재료, 원료, 재료 **ดั้งเดิม** 옛날의, 원시(原始)의, 고대의
ลิ้มรสอาหารไทย	태국 음식의 맛을 보다
ชิม	맛을 보다, 간을 보다, 시식하다, 시음하다
กระทะ	프라이팬
หอมแดง	빨간 양파
เจียว	(기름으로)지지다, (기름으로)볶아 조리하다
ไข่ฟองโต	큰 계란
เครื่องปรุงรส	조미료, 향료, 양념
นานาชนิด	각종의
แบบฉบับ	전형; 지침서

ขนานแท้	원조, 오리지널 **ขนาน** 명명하다, …라고 이름을 붙이다
สูตร	공식, 방정식, 법칙
คลุกเคล้า	혼합하다, 비비다, 버무리다, 뒤섞다
ถั่วงอก	콩나물, 숙주
ซึมเข้าไป	스며들다, 삼투하다, 배어들다
เหนียวหนึบ	끈끈히, 차지다, 찐득대다, 끈적대다
เต็มอิ่ม	배부르게(먹다), 충분히(자다); 배부르게, 충분히
เครื่องแบบจัดเต็ม	재료를 충분히 넣다
ได้รับความนิยม	인기를 얻다, 선호하다
ยอดฮิต	인기가 많다, top hit
เมี่ยงคำ	(음식)미양캄, 태국의 전체 요리 중 하나로 채소와 구운 코코넛을 잘게 썰어 여러 가지 재료를 섞어 **ใบชะพลู** 또는 **ใบทองหลาง** 잎사귀로 싸서 **น้ำเมี่ยง**에 찍어서 먹는 음식
ถูกปาก	(음식이)입에 맞다, 맛있다
จุดเด่น	사람의 마음이나 눈길을 끄는 것, 특징
ชื่นชอบ	마음에 맞다, 마음에 들다, 좋아하다, 흡족하다
ต่างแดน	객지, 외지, 타향, 타국

เนื้อหาและการแปล1 +

ถ้าพูดถึงประเด็นเรื่องของรสชาติอาหารอันกลมกล่อมของอาหารไทย ก็ถือเป็นเอกลักษณ์ที่นักท่องเที่ยวทั่วโลกนั้นติดใจกันนะคะ "สุดา" ซึ่งเป็นหนึ่งในร้านอาหารไทยในเครือเอสแอนด์พี ซึ่งใช้รุกตลาดยุโรปนะคะ ก็เชื่อว่าการคงรสชาติไทยแท้ด้วยการใช้วัตถุดิบดั้งเดิมให้ได้มากที่สุด ก็จะเป็นจุดขายให้นักท่องเที่ยวนั้นสนใจมาลิ้มรสอาหารไทยและจะเดินทางตามไปชิมมาท่องเที่ยวที่ประเทศไทยด้วยนะคะ ติดตามจากรายงานของคุณศรัญญา คงอยู่ค่ะ

만약 태국을 느낄 수 있는 음식의 맛에 대해 이야기한다면 전 세계 관광객들의 마음을 사로잡은 독자성을 갖고 있는 '쑤다'를 말할 수 있을 것입니다. 쑤다는 S&P그룹의 태국 음식점 중 하나로 유럽 시장에 진출하였습니다. 태국 고유의 맛은 아마도 전통적인 식재료를 많이 사용하기 때문일 것입니다. 이것이 태국 음식을 맛본 후 관심을 갖고 음식을 찾아서 여행객들이 태국으로 놀러 오는 판매 포인트입니다. '싸란야 콩유'씨가 보도해 드리겠습니다.

หลังกระทะร้อนใส่หอมแดงลงเจียวผัดกับไข่ฟองโต ใส่เครื่องปรุงรสตามด้วยเส้นและวัตถุดิบนานาชนิดตามแบบฉบับผัดไทขนานแท้ เติมซอสผัดไทสูตรพิเศษของทางร้าน คลุกเคล้าให้เข้ากันกับถั่วงอก จัดแต่งจานอีกนิดด้วยไก่ย่างและกุ้งเผาตัวโต พร้อมเสิร์ฟแล้วค่ะ สำหรับเมนูคิงผัดไท signature ของร้านสุดา ย่าน Covent Garden ในกรุงลอนดอน สหราชอาณาจักร

후라이팬이 데워지면 빨간 양파를 넣고 알이 큰 계란과 함께 볶습니다. 양념을 넣고 원조 팟타이 지침서에 따라 국수와 각종 재료를 넣습니다. 이 식당의 특별한 비결인 팟타이 소스를 첨가하고 숙주를 섞습니다. 닭고기 구이와 왕새우 구이로 접시를 살짝 장식하면 영국, 런던의 코벤트 가든에 있는 음식점 쑤다의 간판 메뉴인 킹팟타이 요리가 완성됩니다.

ด้วยรสชาติที่กลมกล่อมของซอสสูตรพิเศษที่ซึมเข้าไปในเส้นก๋วยเตี๋ยวที่เหนียวหนึบกำลังดี เต็มอิ่มด้วยเครื่องแบบจัดเต็ม ทำให้เมนูนี้ได้รับความนิยมจากนักท่องเที่ยวนานาชาติ อีกหนึ่งเมนูยอดฮิตก็คือเมี่ยงคำ เพราะนอกจากรสชาติของน้ำเมี่ยงคำจะถูกปากแล้วยังถือเป็นเมนูที่นักท่องเที่ยวจะได้ใช้เวลาช่วงรับประทานอาหารทำกิจกรรมรวมกันด้วยค่ะ

적당하게 끈기가 있는 쌀국수에 특수 제작한 소스가 스며들어 딱 알맞은 맛으로 배도 충분히 부릅니다. 재료를 충분히 넣은 이 메뉴는 외국 관광객들에게 사랑받고 있지요. 인기가 있는 또 하나의 메뉴는 미양캄입니다. 왜냐하면 맛있는 미양캄 소스 외에도 이 메뉴는 관광객들이 식사를 하면서 업무도 볼 수 있기 때문입니다.

วสันต์ แล้วก็จับแล้วก็เลือกเฉพาะตัวที่เราสามารถที่จะนำออกมาพรีเซ็นต์ได้มากกว่านะครับ ก็ให้เป็นอาหารไทยจริงๆและแท้ๆ อย่างเช่น จะเห็นว่าเมี่ยงคำเนี่ย เรามีเครื่องครบเลย ไม่มีขาดอะไรสักอย่างนะครับ และผัดไทก็ครบทุกอย่าง จะเรียกว่าจุดเด่นก็ได้นะครับ เพราะว่าเราจะไม่แปลงอาหาร เราจะทำอาหารให้เป็นอาหารไทย

와란 우리가 내세울 수 있는 한가지를 선택하라면 정통 태국 음식이라는 것입니다. 예를 들면 미양캄을 만들 때 우리는 모든 양념을 완벽하게 합니다. 하나라도 빠지는 것이 없습니다. 그리고 팟타이도 모든 양념을 합니다. 이것이 바로 장점이라고 할 수 있습니다. 왜냐하면 우리는 음식을 변용시키지 않고 정통 태국음식으로 만들기 때문입니다.

นักท่องเที่ยวในต่างประเทศที่ชื่นชอบอาหารไทยส่วนใหญ่ยังคงเป็นกลุ่มเอเชียที่มาอาศัยอยู่ในต่างแดน ส่วนชาวฝรั่งเศส อิตาลี และชาวสหราชอาณาจักรเองยังคงมีเฉพาะบางกลุ่มเท่านั้น

태국 음식을 좋아하는 외국의 관광객들은 아직은 대부분이 아시아인들입니다. 반면에 태국 음식을 좋아하는 프랑스인, 이탈리아인, 영국인들은 아직 일부에 불과할 뿐입니다.

แบบทดสอบก่อนเรียน2

วสันต์ บางท่านเนี่ยไปแล้ว แล้ว ________ อยาก จะกลับมาได้รสชาติความเป็นไทย ความเผ็ด แล้วก็รสชาติอร่อยๆ อย่างนั้น ________

และอีกกลุ่มหนึ่งที่เราขายได้แล้วก็นำเสนอได้คือ ________ เขาอยากรู้ว่าอาหารไทยเป็นอย่างไร เขาจะได้ปรับตัวเขาได้ เขาก็มาชิม ถ้าไปเมืองไทยก็จะเห็นว่า ________

ในตลาด ผัดกันเดี๋ยวนั้นให้เห็นเดี๋ยวนั้นแล้วก็มีควันไฟหอมออกมา สิ่งที่เราทำออกมา ________ จะเห็นว่า ________ ซึ่งสามารถมองเห็นคนทำอาหารได้เลย

การคงรสชาติและใช้วัตถุดิบตามสูตรดั้งเดิมของอาหารไทยเป็นสิ่งที่สุดา ร้านอาหารไทยในเครือ S&P ________ เพราะนอกจากจะเป็น ________ แล้วยังเชื่อว่าจะเป็นจุดขายที่ทำให้นักท่องเที่ยวในต่างประเทศติดใจ จนต้องแพ็คกระเป๋าบินไปประเทศไทยเพื่อ ________ ค่ะ

ผู้สัมภาษณ์ ด้วยรสชาติอาหารและเอกลักษณ์จะ ได้มากน้อยแค่ไหนคะ

วสันต์ ผมว่าไม่ยากเลยครับ ครับ ในเรื่องวัตถุดิบต่างๆ เรื่องของingredient แล้วก็เฮิร์บต่างๆที่เรามีเนี่ย สู้ได้เสมอ เพียงแต่ว่าการนำเสนอของเราอาจจะน้อยไปนิดหนึ่งเท่านั้นเอง แล้วก็บางทีอาจจะ ที่นี้อยากจะเรียนทุกท่านนะครับ ถ้าเป็นไปได้อาหารไทยของเราอย่าดัดแปลงครับ นั่นคือจุดเด่นของเราครับ

ปัจจุบัน S&P Syndicate ใช้ร้านภัทรา สุดาเป็น โดยตั้งเป้าหมายจะเปิดร้านอาหารไทยในสหราชอาณาจักรให้ครบ 15 ถึง 20 สาขาภายใน 5 ปี จากปัจจุบันที่มีภัทราอยู่ 6 สาขา สุดา 1 สาขาและกำลัง ที่มีสาขาอยู่เดิม เช่น จีน สิงคโปร์ ออสเตรีย และสวิตเซอร์แลนด์ ศรัญญา คงอยู่ข่าวไทยรัฐทีวีรายงาน

คำศัพท์หรือประโยคที่น่าสนใจ2

จดจำ	기억하다, 명기(銘記)하다, 외우다, 유념하다
ความเป็นไทย	태국적인 것
ปรับตัว	적응하다, 순응하다
ท้องถนน	(도시 · 근교 등의)대로, 큰길, 노상, 길거리
เดี๋ยวนั้น	찰나
ควันไฟ	연기
นอกจาก...แล้วยัง...	…뿐만 아니라 ..도
จุดขาย	셀링 포인트, selling point, (상품이 지닌)장점
แพ็คกระเป๋าบิน	비행기를 타고 갈 여행 가방을 싸다
ดึงดูด	흡인하다, 끌어당기다
เสน่ห์	매력, 흡인력
เฮิร์บ	허브, 약초, herb
สู้ได้	맞먹다, 비견하다
เพียงแต่ว่า	단지, 다만
ดัดแปลง	각색하다, 변조하다, 변형하다, 개정하다, 다시 편집하다
ตั้งเป้าหมาย	목표를 세우다
สหราชอาณาจักร	영국, 연합왕국(The United Kingdom)
สาขา	지점, 출장소, 과, 계열, 갈래

เนื้อหาและการแปล2 +

วสันต์ บางท่านเนี่ยไปแล้ว แล้วจดจำความเป็นไทย อยากจะกลับมาได้รสชาติความเป็นไทย ความเผ็ด แล้วก็รสชาติอร่อยๆ อย่างนั้นอีกครั้งแล้วก็มาหาเรา และอีกกลุ่มหนึ่งที่เราขายได้แล้วก็นำเสนอได้คือกลุ่มที่กำลังจะไป เขาอยากรู้ว่าอาหารไทยเป็นอย่างไร เขาจะได้ปรับตัวเขาได้ เขาก็มาชิม ถ้าไปเมืองไทยก็จะเห็นว่าเราจะเห็นอาหารที่ขายอยู่ตามท้องถนนในตลาด ผัดกันเดี๋ยวนั้นให้เห็นเดี๋ยวนั้นแล้วก็มีควันไฟหอมออกมา สิ่งที่เราทำออกมาเรากำลังทำให้ลูกค้าได้เห็น จะเห็นว่าครัวของเราเป็นครัวเปิด ซึ่งสามารถมองเห็นคนทำอาหารได้เลย

와란 어떤 손님은 오셔서 태국적인 것을 기억합니다. 태국적인 맛, 매운 맛과 맛있음을 느끼기 위해 다시 오고 싶어 합니다. 그래서 다음 번에도 우리를 찾습니다. 그리고 우리가 소개할 수 있는 또 다른 손님은 태국으로 여행을 이제 막 떠나려고 하는 분들입니다. 그들은 태국 음식이 어떤지 궁금해 합니다. 그들은 적응할 준비가 되어 있으므로 와서 맛을 봅니다. 만약 태국에 가시면 시장의 노점에서 음식을 파는 것을 보실 수 있을 것입니다. 볶는가 하는 찰나 맛있는 연기가 나옵니다. 우리가 해 온 것은 손님들이 보고 있는 것들입니다. 태국의 주방은 열린 주방이므로 요리하는 사람을 보실 수 있습니다.

การคงรสชาติและใช้วัตถุดิบตามสูตรดั้งเดิมของอาหารไทยเป็นสิ่งที่สุดา ร้านอาหารไทยในเครือ S&Pให้ความสำคัญ เพราะนอกจากจะเป็นการรักษาเอกลักษณ์ของอาหารไทยแล้วยังเชื่อว่าจะเป็นจุดขายที่ทำให้นักท่องเที่ยวในต่างประเทศติดใจ จนต้องแพ็คกระเป๋าบินไปประเทศไทยเพื่อลองลิ้มชิมรสกันถึงถิ่นค่ะ

전통 레시피에 따른 태국 음식의 맛과 식재료의 사용은 S&P 그룹의 태국 음식점인 '쑤다'가 중요하게 여기는 것입니다. 왜냐하면 이것이 태국 음식의 독자성을 유지하는 것 외에도 외국 관광객들의 마음을 사로잡아 현지에 와서 직접 맛을 보기 위해 가방을 싸서 태국으로 오게 만드는 셀링 포인트라고 여기기 때문입니다.

ผู้สัมภาษณ์ ด้วยรสชาติอาหารและเอกลักษณ์จะช่วยดึงดูดให้เขาไปเที่ยวบ้านเราได้มากน้อยแค่ไหนคะ

질문 음식의 맛과 독자성이 관광객들을 태국으로 놀러 오게 하는데 얼마나 많은 도움을 줄 수 있을까요?

วสันต์ ผมว่าไม่ยากเลยครับ อาหารไทยมีเสน่ห์อยู่แล้วครับ ในเรื่องวัตถุดิบต่างๆ เรื่องของingredient แล้วก็เฮิร์บต่างๆที่เรามีเนี่ยเราสู้ได้เลย สู้ได้เสมอ เพียงแต่ว่าการนำเสนอของเราอาจจะน้อยไปนิดหนึ่งเท่านั้นเอง แล้วก็บางทีอาจจะเกิดการดัดแปลง ที่นี้อยากจะเรียนทุกท่านนะครับ ถ้าเป็นไปได้อาหารไทยของเราอย่าดัดแปลงครับ พยายามคงความเป็นไทยของเราไว้ นั่นคือจุดเด่นของเราครับ

와산 그것은 어렵지 않다고 생각합니다. 태국 음식은 매력적이지요. 다양한 식재료들과 우리가 갖고 있는 각종 허브들로 승부할 수 있습니다. 항상 이기지요. 다만 우리의 홍보가 좀 적을 뿐이지요. 그리고 어떤 곳은 음식에 변화를 주기도 할 것입니다. 사람들에게 이 부분에 대해 말씀드리고 싶습니다. 가능하다면 태국 음식에 변화를 주지 마세요. 태국적인 것을 유지하기 위해 노력하세요. 이것이 바로 우리의 장점입니다.

ปัจจุบัน S&P Syndicate ใช้ร้านภัทรา สุดาเป็นแบรนด์หลักในการรุกตลาดยุโรป โดยตั้งเป้าหมายจะเปิดร้านอาหารไทยในสหราชอาณาจักรให้ครบ 15 ถึง 20 สาขาภายใน 5 ปี จากปัจจุบันที่มีภัทราอยู่ 6 สาขา สุดา 1 สาขาและกำลังมองหาโอกาสขยายภัทราในประเทศอื่นๆที่มีสาขาอยู่เดิม เช่น จีน สิงคโปร์ ออสเตรีย และสวิตเซอร์แลนด์ ศรัญญา คงอยู่ข่าวไทยรัฐทีวีรายงาน

현재 S&P 신디케이트는 팟타라 식당을 운영하고 있습니다. 쑤다는 유럽 시장에 진출한 주요 브랜드입니다. 목표는 영국에 태국 식당 지점을 5년 내에 15곳에서 20곳에 여는 것입니다. 지금까지 '팟타라 식당'은 6개 지점, '쑤다 식당'은 1개 지점이 있으며 지점이 있는 중국, 싱가포르, 호주, 스위스와 같은 다른 나라에 팟타라 식당의 지점 수를 넓힐 기회를 찾고 있습니다. 타이랏티비의 싸란야 콩유가 보도해 드렸습니다.

บทที่ 09

การท่องเที่ยว& วัฒนธรรม

9장 관광&문화

บทที่ 09

การท่องเที่ยว&วัฒนธรรม

9장 관광&문화

ท่องเที่ยววิถีไทย เก๋ไก๋ไม่เหมือนใคร (Discover Thainess)

태국식으로 나만의 여행을 재미있게 여행해보자

올해는 태국식으로 여행해보자. 태국에만 있는 교통수단을 타고, 태국 음식을 먹고, 태국 국기에 대한 경례를 해보자. 태국 실크로 만든 옷을 입고 태국 사원에 들어가보자. 태국의 전국에 있는 관광지에 가서 책을 읽어보고, 태국의 축제에 참여해보자.

https://www.youtube.com/watch?v=9vrhzcHBOOg

แบบทดสอบก่อนเรียน

พุทธศักราชไทย ๒๕๕๘

ปีนี้ ________ เริ่มเดินทางแบบไทยกับรถบัสไทย ________ เรือไทย รถม้าไทย ________ เกวียนไทย หรือสกายแลปไทย แวะ ________ กับไส้กรอกไทย ________ แพนเค้กไทย ตามด้วยกาแฟไทย ________ ต่อด้วยกินผัดไทย น้ำกะทิแตงไทย หรือ ________ เล่นเวคบอร์ดไทย ________ ขี่ฟอร์มูล่าม้งในไทย ________ จีน ฝรั่ง พักแช่ออนเซนไทย แล้ว ________ ขึ้นเหนือดูแกรนด์แคนยอนเมืองไทย ไปอีสานชมฟูจิเมืองไทย ลงใต้ดูกุ้ยหลินเมืองไทย หรือช็อปปิ้งที่เวนิสเมืองไทย ________ หมูสวรรค์ เห็ดสวรรค์ ปลาสวรรค์ ฉิงช้าสวรรค์ น้ำตก อำเภอ จังหวัดยังสวรรค์เลย ________ ตรุษจีน ตรุษฝรั่ง ตรุษไทย ________ ก็เที่ยวได้ทั่วไทย เที่ยววิถีไทย ________ การท่องเที่ยวแห่งประเทศไทย

คำศัพท์หรือประโยคที่น่าสนใจ

เก๋ไก๋	귀여운, 남과 다른
พุทธศักราช	불력(서력+543년) 약자 **พ.ศ.**
วิถี	방식, 수단
รถม้า	마차
สามล้อ	삼륜차
เกวียน	소가 끄는 차, 달구지
สกายแลปไทย	skylab thailand 뚝뚝이
ไส้กรอก	소시지
ไข่ลวก	반숙 계란, 수란
แพนเค้ก	pancake, 팬케이크
เคารพธงชาติ	국기에 대한 경례를 하다
ผัดไทย	[음식]팟타이, 태국식 볶음국수
น้ำกะทิแตงไทย	[음식]메론을 야자즙에 넣어서 먹는 태국식 후식
กบทอดกระเทียมพริกไทย	[음식]개구리 다리, 마늘, 후춧가루를 섞고 바삭하게 튀긴 요리
เวคบอร์ด	wake board, 웨이크보드
วาฬ	whale 고래
ขี่ฟอร์มูล่าม้ง	태국의 고산족인 몽족의 방식으로 경주차(formula)를 타다
พักแช่	(몸을)담그고 쉬다 **พัก** 쉬다 **แช่** (물 등의 액체에)담그다, 잠그다

ออนเซน	온천
นิยาย	고사, 전설, 소설, 이야기
สวรรค์	천당, 천국, 신의 세계, 낙원
หมูสวรรค์	돼지고기로 만든 음식 이름
เห็ดสวรรค์	버섯으로 만든 음식의 이름
ปลาสวรรค์	생선으로 만든 음식의 이름
ฉิงช้าสวรรค์	관람차
น้ำตก	폭포
ประเพณี	풍속, 풍습, 관습, 전통
ตรุษจีน	(중국)정월, 음력설
ตรุษฝรั่ง	서양인의 정월의 의미인데 실제로는 크리스마스를 뜻한다
ตรุษไทย	옛날 태국의 정월
จุใจ	만족하다

เนื้อหาและการแปล

พุทธศักราชไทย ๒๕๕๘

불력 2558(2015)년

ปีนี้ปีท่องเที่ยววิถีไทย เริ่มเดินทางแบบไทยกับรถบัสไทย รถไฟไทย เรือไทย รถม้าไทย สามล้อไทย เกวียนไทย หรือสกายแลปไทย แวะกินอาหารเช้าแบบไทยกับไส้กรอกไทย ไข่ลวกไทย แพนเค้กไทย ตามด้วยกาแฟไทย หยุดเคารพธงชาติไทย ต่อด้วยกินผัดไทย น้ำกะทิแตงไทย หรือกบทอดกระเทียมพริกไทย เล่นเวคบอร์ดไทย เล่นกับวาฬไทย ขี่ฟอร์มูล่ามังในไทย ใส่ผ้าไทย แล้วเข้าวัดไทย จีน ฝรั่ง พักแช่ออนเซนไทย แล้วนอนอ่านนิยายไทย

올해는 태국식으로 놀러가보자. 태국 기차, 태국 배, 태국 마차, 태국 삼륜차, 태국 달구지 아니면 태국 뚝뚝이를 타고 태국식으로 여행을 시작하자. 태국 소시지, 태국 수란, 태국 팬케이크로 아침 식사를 하러 가자. 이어서 태국 커피를 마시며 태국 국기에 대한 경례를 해보자. 그 다음에는 팟타이, 남까티땡타이, 꼽텃끄라티얌프릭타이를 먹으면서 길을 걸어 태국식 웨이크보드를 타고 고래와 놀고 태국 몽족의 포뮬러도 타보자. 태국 실크로 된 옷을 입고 태국식, 중국식, 서양식 사원에 들어가보자. 태국 온천에 몸을 담그고 쉬어 보자. 그리고 누워서 태국 소설을 읽어 보자.

ขึ้นเหนือดูแกรนด์แคนยอนเมืองไทย ไปอีสานชมฟูจิเมืองไทย ลงใต้ดูกุ้ยหลินเมืองไทย หรือช็อปปิ้งที่เวนิสเมืองไทย อยู่เมืองไทยไปไหนก็เจอสวรรค์ หมูสวรรค์ เห็ดสวรรค์ ปลาสวรรค์ ฉิงช้าสวรรค์ น้ำตก อำเภอ จังหวัดยังสวรรค์เลย ประเพณีไทยมีเป็นร้อย ตรุษจีน ตรุษฝรั่ง ตรุษไทย ถ้ายังไม่จุใจ ไม่ต้องรอตรุษใด ๆ ก็เที่ยวได้ทั่วไทย เที่ยววิถีไทย เก๋ไก๋ไม่เหมือนใคร การท่องเที่ยวแห่งประเทศไทย

북쪽으로 올라가서 태국의 그랜드캐년을 보자. 동북부로 가서 태국의 후지산을 구경하고 남쪽으로 내려가서 태국의 계림을 구경하자. 아니면 태국의 베니스에 쇼핑을 하러 가자. 태국에 있으면 어디서든지 천국을 만날 수 있다. 돼지고기 천국, 버섯 천국, 생선 천국, 관람차, 폭포, 군, 도의 이름에도 천국이 들어간다. 태국에는 축제가 아주 많다. 중국식 정월, 서양식 정월, 태국식 정월 등이 있다. 아직 만족스럽지 못하다면 정월을 기다릴 필요없이 태국 전국을 여행하면 된다. 다른 사람들과 다른 나만의 태국식 여행을 재미있게 해보자. 태국 관광청.

Amazing ไทยเท่ "มุมมองดวงตา"

태국의 놀라운 '시선'으로

태국으로의 여행은 아주 감미롭다. 새끼 물고기와 같은 작은 것들이 신비로운 이야기의 시작점이 된다. 태국은 모든 곳이 아름답고 매 시간이 놀라운 곳이다.

https://www.youtube.com/watch?v=h2L_P_uT6ql

แบบทดสอบก่อนเรียน

การได้ ________ ทำให้ผมรู้ว่า บางทีดวงตาที่สวยที่สุด ________ ถ้าจะบอกว่าคนที่นี่ ________ ก็คงจะจริง

เด็ก พี่รู้ไหม ก็เพราะปลาลูกเบร่ ตัวเล็กๆ นี่แหละ เขาจึงสร้างยอใหญ่ๆมาจับมัน

แบบนี้สินะ สิ่งเล็กๆอาจ ________ เมืองไทยสวยทุกที่เท่ทุกเวลา Amazing ไทยเท่

คำศัพท์หรือประโยคที่น่าสนใจ

เท่	말쑥하다, 스마트하다; 기울어지다, 삐딱하다
มุมมอง	시선, 시각, 시야, 각도
ดวงตา	눈, 안구; 가장 사랑하는 사람
ใบหน้า	얼굴, 표정
หวาน	달다, 감미롭다; 맛있다
ปลาลูกเบร่	새끼 잉어
ยอใหญ่ๆ	크기가 큰 물고기를 잡는 도구의 일종
จุดเริ่มต้น	시작점
มหัศจรรย์	매우 신비롭다, 대단히 기이하고 신기롭다, 매우 이상하다

เนื้อหาและการแปล

การได้ออกไปเที่ยวเมืองไทย ทำให้ผมรู้ว่า บางทีดวงตาที่สวยที่สุดอาจไม่ได้อยู่บนใบหน้า ถ้าจะบอกว่าคนที่นี่หวานที่สุดในโลกก็คงจะจริง

태국으로의 여행은 나에게 가장 아름다운 눈이 단지 얼굴에만 있는 것이 아니라는 점을 깨닫게 해 줍니다. 여기 사람들이 가장 감미롭다는 말은 아마 사실일 것입니다.

เด็ก　พี่รู้มไหม ก็เพราะปลาลูกเบร่ ตัวเล็กๆ นี่แหละ เขาจึงสร้างยอใหญ่ๆ มาจับมัน

아이　형, 작은 잉어 새끼들을 큰 도구를 사용해서 잡아요.

แบบนี้สินะ สิ่งเล็กๆอาจเป็นจุดเริ่มต้นของเรื่องราวมหัศจรรย์ เมืองไทยสวยทุกที่เท่ทุกเวลา Amazing ไทยเท่

이런 식이지요. 작은 것들이 신비로운 이야기의 출발점이 됩니다. 태국은 모든 곳이 아름답고 매 시간이 놀랍습니다. Amazing 멋이 있는 태국.

ลำพูนเมืองในตำนาน

전설의 도시, 람푼

태국의 람푼도에는 100년 이상의 역사를 갖고 있는 프라탓하리푼차이와라마하위한사원이 위치하고 있다. 치앙마이의 도이쑤텝 사원과 유사한 이 사원은 란나식 예술을 보여주며 부처의 머리카락과 사리가 금으로 된 유골함에 안치되어 불탑 속에 보관되어 있다.

https://www.youtube.com/watch?v=bOPJCByYUYY

แบบทดสอบก่อนเรียน

สองข้างทางนะครับ เราก็จะผ่านธรรมชาติแล้วก็ ______ ของจังหวัดลำพูนด้วยนะครับ เดี๋ยวอีกสักครู่นะครับ เราจะได้ผ่านสะพานขาวทาชมภูที่เรา ______ นะครับ

เสน่ห์อีกอย่างหนึ่งนะครับ บนรถไฟไทยเนี่ย ก็จะมี ______ ให้เราได้เลือกซื้อเรียกว่าไม่มีท้องว่างเลยนะครับ

มะม่วง 20 บาทค่ะ

อ๋อ 20 บาทครับ ถุงนึงครับ พอดีเลย

ขอบคุณค่ะ

______ ครับ อำเภอเมือง จังหวัดลำพูนนะครับ เดี๋ยวผมจะพาไปอีกที่นึงนะครับ ที่ต่อไปนี้เป็น ______ จังหวัดลำพูนมากกว่าร้อยกว่าปี นั่นก็คือวัดพระธาตุหริภุญชัยวรมหาวิหารครับไป

วัดพระธาตุหริภุญชัยวรมหาวิหารเป็นพระอารามหลวงชั้นเอก ตั้งอยู่ใจกลางเมืองลำพูนครับ เป็นศิลปะแบบล้านนานะครับ ที่เรียกว่า ______ โดยพระเกศาบรมธาตุบรรจุอยู่ในโกศทองคำ ประดิษฐานอยู่ในพระเจดีย์ ถ้ามองดีๆนะครับ พระเจดีย์นี้จะ ______ กับพระธาตุดอยสุเทพที่จังหวัดเชียงใหม่ครับ

ในบริเวณวัดนะครับ ยังมีวิหารของพระเจ้าทันใจ เดี๋ยวผม หน่อยนะครับ ผม นะครับ ถวายองค์พระธาตุเจ้าหริภุญชัยด้วยคนนะครับ

สถานที่ที่เป็นตำนานนะครับ ย่อมบ่งบอกถึงประวัติความเป็นมาของสถานที่นั้นๆ นะครับ ก็ยังคงทิ้ง ให้พวกเรารุ่นปัจจุบันได้ศึกษาค้นคว้าหาความรู้ แล้วก็ ต้องบอกว่าเป็นโชคดีนะครับ ของประเทศไทยแล้วก็คนไทยที่มี ให้พวกเราได้ภาคภูมิใจกันครับ

คำศัพท์หรือประโยคที่น่าสนใจ

ลำพูน	(지명)람푼, 태국 북부지방에서 가장 규모가 작은 도이다.
ตำนาน	전설, 유래, 기원, 신화
ข้างทาง	길가, 노변, 노상, 길옆
ธรรมชาติ	자연, 천연
เสน่ห์	매력, 흡인력
คาว	음식 냄새가 나다; 비린내, 비릿하다; (전의)얼룩, 오점, 하자; 날 것, 가공하지 않은
ท้องว่าง	공복이다, 빈속이다
พอดี	딱 알맞다, 꼭 맞다
เรียบร้อย	질서정연하다; (만사가)안정되다, 잘 되다, 무사태평하다; 예의 범절이 바르다, 정중하다; 깔끔하다, 말쑥하다
ศักดิ์สิทธิ์	신성하다, 신통력이 있다; 영험하다, 효능이 있다
คู่บ้านคู่เมือง	국가에 견줄만한 가치가 있다, 국가의 상징이다
พระอารามหลวง	왕실이 건설한 사원
ชั้นเอก	일급, 일등급
ลงตัว	조응되다, 조응하다, 딱 맞아떨어지다
พระเกศา	(왕실어)머리카락
บรมธาตุ	부처의 뼈, 사리
บรรจุ	안치하다; 임용하다, 취임하다; 채우다, 넣다
โกศทองคำ	금으로 된 입식형(立式型)의 관

ประดิษฐาน	건립하다, 설립하다; 안치하다, 고귀한 지위에 세우거나 임명하다
พระเจดีย์	불탑
คล้าย	거의 같다, 유사하다, 근사하다, 닮다, 비슷하다; 처럼 보이다, … 와 같다
พระธาตุดอยสุเทพ	도이쑤텝 사원의 불탑
บริเวณ	범위, 지역, 부근, 주위, 일대
วิหาร	불당, 사원, 불전(佛殿)
พระเจ้า	불상
สักการะ	제물을 바치고 경봉(敬奉)지내다
บูชาโคม	등불 공양 **บูชา** 공양하다, 숭배하다, 제사 지내다 **โคม** 등, 초롱, 램프
ถวาย	(왕족이나 승려에게 금품이나 언사를)헌상하다, 바치다, 시주하다
ย่อม	당연하다, 필연적이다
บ่งบอก	함축하다, 함축되다
ประวัติความเป็นมา	유래, 연혁, 내력, 발자취
ไม่ว่า...แค่ไหน	아무리…했어도
ร่องรอย	흔적, 자국, 발자취, 단서
ถ่ายทอด	전달하다, 전하다, 전수하다
ภาคภูมิใจ	성취의 기쁨에 차 있다, 위세가 당당하다, 뿌듯하다, 보람차다, 내세우다

เนื้อหาและการแปล

สองข้างทางนะครับ เราก็จะผ่านธรรมชาติแล้วก็วิวทิวทัศน์ที่สวยงามของจังหวัดลำพูนด้วยนะครับ เดี๋ยวอีกสักครู่นะครับ เราจะได้ผ่านสะพานขาวทาชมภู ที่เราเพิ่งไปมาเมื่อสักครู่นี้นะครับ

เสน่ห์อีกอย่างหนึ่งนะครับ บนรถไฟไทยเนี่ย ก็จะมีอาหารทั้งคาวทั้งหวานให้เราได้เลือกซื้อเรียกว่าไม่มีท้องว่างเลยนะครับ

길가 양 옆은요. 우리는 자연을 따라서 람푼도의 아름다운 경치를 볼 수 있을 것입니다. 조금 후에 우리는 카우타촘푸 다리를 건널 것입니다. 우리가 방금 전에 지나온 곳입니다.

태국 기차 위에서의 또 다른 매력은 가공하지 않은 음식, 단 음식을 골라 먹을 수 있어서 배가 고플 사이가 없다는 것입니다.

มะม่วง 20 บาทค่ะ

อ๋อ 20 บาทครับ ถุงนึงครับ พอดีเลย

ขอบคุณค่ะ

망고가 20바트입니다.

아, 20바트군요. 한 봉지 주세요. 딱 알맞게 있네요. 감사합니다.

ถึงเรียบร้อยแล้วครับ อำเภอเมือง จังหวัดลำพูนนะครับ เดี๋ยวผมจะพาไปอีกที่นึงนะครับ ที่ต่อไปนี้เป็นสถานที่ศักดิ์สิทธิ์คู่บ้านคู่เมืองจังหวัดลำพูนมากกว่าร้อยกว่าปี นั่นก็คือวัดพระธาตุหริภุญชัยวรมหาวิหารครับ ไป

잘 도착했습니다. 람푼도 므엉군입니다. 잠시 후에 제가 다른 곳으로 안내하겠습니다. 다음 장소는 100년 이상의 역사를 갖고 있는 람푼도의 상징이자 신성한 곳입니다. 프라탓하리푼차이와라마하위한 사원입니다. 갑시다.

วัดพระธาตุหริภุญชัยวรมหาวิหารเป็นพระอารามหลวงชั้นเอก ตั้งอยู่ใจกลางเมืองลำพูนครับ เป็นศิลปะแบบล้านนานะครับ ที่เรียกว่าสวยงามแล้วก็ลงตัวมากๆ โดยพระเกศาบรมธาตุบรรจุอยู่ในโกศทองคำ ประดิษฐานอยู่ในพระเจดีย์ ถ้ามองดีๆนะครับ พระเจดีย์นี้จะมีลักษณะคล้ายๆกับพระธาตุดอยสุเทพที่จังหวัดเชียงใหม่ครับ

프라탓하리푼차이와라마하위한 사원은 1등급 왕실 사원으로 므엉람푼군의 중심에 있습니다. 란나식 예술로 아름답고 아주 완벽하다고 할 수 있지요. 부처의 머리카락과 사리가 금으로 된 유골함 안에 안치되어 불탑 속에 보관되어 있습니다. 잘 보시면 이 불탑은 치앙마이의 도이쑤텝 사원의 불탑과 모습이 비슷하는 것을 알 수 있습니다.

ในบริเวณวัดนะครับ ยังมีวิหารของพระเจ้าทันใจ เดี๋ยวผมขออนุญาตเข้าไปสักการะหน่อยนะครับ

ผมขอร่วมบูชาโคมนะครับ ถวายองค์พระธาตุเจ้าหริภุญชัยด้วยคนนะครับ

사원의 주변에는 탄짜이 불상의 불당이 있습니다. 제가 잠시 들어가서 불공을 드리겠습니다. 저도 등을 띄워 하리푼차이 부처의 사리에 불공을 드리겠습니다.

สถานที่ที่เป็นตำนานนะครับ ย่อมบ่งบอกถึงประวัติความเป็นมาของสถานที่นั้นๆไม่ว่ากาลเวลาจะผ่านไปนานแค่ไหนนะครับ ก็ยังคงทิ้งร่องรอยของคนรุ่นเก่าให้พวกเรารุ่นปัจจุบันได้ศึกษาค้นคว้าหาความรู้ แล้วก็ถ่ายทอดไปยังรุ่นถัดไป ต้องบอกว่าเป็นโชคดีนะครับ ของประเทศไทยแล้วก็คนไทยที่มีสถานที่ที่เป็นตำนานแบบนี้ให้พวกเราได้ภาคภูมิใจกันครับ

전설이 된 지역은요. 아무리 시간이 많이 흘렀어도 그 지역의 역사는 구전되기 마련입니다. 구세대 사람들이 남긴 발자취는 현세대 사람들이 연구하여 지식을 쌓아 다음 세대 사람들에게 전달할 수 있게 합니다. 행운이라고 할 수 있지요. 태국과 태국인들에게 이곳과 같은 전설이 된 지역이 남아 있어서 자부심을 갖게 할 수 있는 것이지요.

วิถีชีวิตชาวเล บ้านปากพนัง

빡파낭 마을 레족의 생활방식

빡파낭군에 살고 있는 소수민족인 레족은 독특한 생활방식을 갖고 있다. 그들의 대부분은 어부로 물고기를 잡아서 판매하며 살아간다. 그들은 연못에서 바라문디를 양식하고, 강가에 집을 짓고 어망 잡이를 하며, 새우, 게, 숭어 등을 잡아서 판매하며 생활한다.

https://www.youtube.com/watch?v=xVmadGVokpw

แบบทดสอบก่อนเรียน1

พิธีกร สวัสดีครับ พบกับผมแต๊ง พงศกร มหาเปารยะในรายการไทยทาวน์อีกครั้งนะครับ วันนี้ ______ ที่อำเภอปากพนัง จังหวัดนครศรีธรรมราชนะครับผม มา ______ ที่นี่นะครับ ที่นี่ ______ อย่างที่ทราบนะครับ แต่วันนี้ชีวิตเขาจะเป็นยังไง ______ ตามผมไปดูเลยครับ

พิธีกร วันนี้เราก็มาอยู่กับคุณสมเกียรติ ทิศนุ่น สวัสดีครับ คุณสมเกียรติ ______ และก็บริเวณนี้เกือบทั้งหมดเลยนะครับ ______

สมเกียรติ เลี้ยงปลากะพงขาว

พิธีกร ปลากะพงขาว แต่ว่านี่เป็นบ่อเลี้ยง ______ เนี่ย

สมเกียรติ ______ ครับ

พิธีกร แล้วเราไปเอาปลากะพงที่ไหนมาครับ

สมเกียรติ มันมีฟาร์มที่อยู่ฉะเชิงเทรา

พิธีกร คือ ______ แล้วมาเพาะพันธุ์ที่นี่

สมเกียรติ ครับ มันเป็นตัวมาแล้ว มาเลี้ยงได้เลยครับ

พิธีกร โอ้โห แล้วก็ ______ ครับ

สมเกียรติ มันประมาณ 6 เดือน

พิธีกร	6 เดือนเอามาเลี้ยงก่อน 6 เดือน
สมเกียรติ	แล้วก็
พิธีกร	ถ้าอยากได้ตัวใหญ่ๆ 4-5 กิโลต้องทำยังไงนะครับ
สมเกียรติ	สองปี
พิธีกร	สองปีเลยเหรอครับ
สมเกียรติ	ครับ อันนี้ก็โต ถ้า 2 ปีมันก็ได้ประมาณสัก 4 กิโล 5 กิโลเหมือนกันครับ
พิธีกร	พูดถึงการเลี้ยงปลากะพงแบบว่าเลี้ยงได้ในบ่อเนี่ยครับ ครับ
สมเกียรติ	เยอะเหมือนกันครับ
พิธีกร	เลยหรือเปล่า
สมเกียรติ	เป็นอาชีพหลักได้เลย
พิธีกร	เรียกว่าปลากะพงนี้จากพนังนี่ขึ้นชื่อ
สมเกียรติ	ใช่ ปลาอร่อย น้ำดี
พิธีกร	แล้วถ้าเลี้ยงสองปีนี้คือจะได้ตัวประมาณ 5-6 กิโลเลยใช่มั้ยครับ ครับ
สมเกียรติ	ถ้า 5 ถึง 6 กิโลจะได้ 220 บาท
พิธีกร	โอ้โห แสดงว่าตัวนึงเป็นพันเลยนะครับ
สมเกียรติ	พันห้าถึงพันหก
พิธีกร	โอเค
สมเกียรติ	ได้ครับ

พิธีกร	และในบ่อนี้ตอนนี้อายุประมาณกี่เดือนแล้วครับ
สมเกียรติ	ตอนนี้ 3 เดือน
พิธีกร	3 เดือนก็ประมาณนี้
สมเกียรติ	3 เดือนก็ประมาณ 5 ขีดนะครับ
พิธีกร	เราก็ไปดูเลยดีกว่า ________ ครับ
สมเกียรติ	ปลา 3 เดือนครับ
พิธีกร	________ นะครับ
สมเกียรติ	ใช่ 5 ขีด 4-5 ขีดแล้ว

คำศัพท์หรือประโยคที่น่าสนใจ1

วิถีชีวิต	생활 방식
ชาวเล	레족, 태국 남부 지방의 바닷가 근처에 사는 소수민족
ผู้ชม	시청자, 관람객
สัมผัส	접촉하다, 겪다; 잘 어울리다, 조화되다
ประมง	어업; 고기를 잡다, 어업을 하다
เจ้าของ	소유자, 주인, 물주, 임자
บ่อ	우물, 연못, 물웅덩이
บริเวณ	범위, 지역, 부근, 지대
เลี้ยง	기르다, 양육하다, 돌보아 주다; 접대하다, 대접하다, 한턱 내다, 회식하다; (꽃을)기르다, 재배하다
ปลากะพงขาว	큰입선농어 또는 바라문디(Lates calacrifer), 동남아시아와 인도, 오스트레일리아 북부에 걸쳐 분포하는 농어과의 작은 식용어
อาหารเม็ด	사료
ฟาร์ม	= farm, 농장, 사육장, 목장
เพาะพันธุ์	양식하다
ขีด	무게를 재는 단위, 10분의 1Kg을 1 **ขีด**이라고 함
ตามธรรมชาติ	자연적, 선천적
อาชีพหลัก	본업, 주업, 본직, 전업
ขึ้นชื่อ	잘 알려져 있다, 유명하다, 저명하다; [전의]…를 예로 하다, …라는 이름을 붙이다, …라고 말하다.

เนื้อหาและการแปล1 +

พิธีกร สวัสดีครับ พบกับผมแต๊ง พงศกร มหาเปารยะในรายการไทยทาวน์อีกครั้งนะครับ วันนี้ผมพาผู้ชมลงมาที่อำเภอปากพนังจังหวัดนครศรีธรรมราชนะครับผม มาเพื่อสัมผัสกับวิถีชีวิตของชาวเลที่นี่นะครับ ที่นี่เขามีการทำการประมงกันอย่างที่ทราบนะครับ แต่วันนี้ชีวิตเขาจะเป็นยังไง มีอะไรน่าสนใจตามผมไปดูเลยครับ

사회자 안녕하세요. 타이타운 프로그램의 퐁싸껀 마하빠오라야, 땡이 다시 인사 드립니다. 오늘 저는 시청자들을 모시고 나컨씨탐마랏도 빡파낭군으로 왔습니다. 여기 레족의 생활방식을 경험하러 왔는데요. 여기서 그들은 우리가 알고 있는 것처럼 물고기를 잡으며 살고 있습니다. 하지만 오늘은 그들이 어떻게 생활하는지, 어떤 흥미로운 것들이 있는지 저를 따라 가면서 구경합시다.

พิธีกร วันนี้เราก็มาอยู่กับคุณสมเกียรติ ทิศนุ่น สวัสดีครับ คุณสมเกียรติเป็นเจ้าของบ่อนี้ และก็บริเวณนี้เกือบทั้งหมดเลยนะครับ ในบ่อนี้เลี้ยงอะไรครับ

사회자 오늘 우리는 끼얏 팃눈씨를 만나러 왔습니다. 안녕하세요. 씨얏씨는 이 연못과 이 일대 전부를 거의 다 소유한 분이십니다. 이 연못에서는 무엇을 양식하나요?

สมเกียรติ เลี้ยงปลากะพงขาว

쏨끼얏 바라문디를 기릅니다.

พิธีกร ปลากะพงขาว แต่ว่านี่เป็นบ่อเลี้ยง เลี้ยงด้วยอะไรครับเนี่ย

사회자 바라문디요. 하지만 여기는 양식장인데 뭘로 양식하나요?

สมเกียรติ อาหารเม็ดครับ
쏨끼얏 사료입니다.

พิธีกร แล้วเราไปเอาปลากะพงที่ไหนมาครับ
사회자 그러면 우리는 바라문디를 어디서 가지고 오나요?

สมเกียรติ มันมีฟาร์มที่อยู่ฉะเชิงเทรา
쏨끼얏 차층사오도에 있는 어장에 있습니다.

พิธีกร คือเราไปรับลูก ไปรับพันธุ์มันมา แล้วมาเพาะพันธุ์ที่นี่
사회자 우리가 가서 새끼와 종자를 받아 와서 여기서 양식하는 것이군요.

สมเกียรติ ครับ มันเป็นตัวมาแล้ว มาเลี้ยงได้เลยค่ะ
쏨끼얏 네. 이미 새끼라서 양식이 가능해요.

พิธีกร โอ้โห แล้วก็ปกตินี่จับได้วันละกี่ตัวครับ
사회자 아하! 그러면 보통 하루에 몇 마리 잡을 수 있나요?

สมเกียรติ มันประมาณ 6 เดือน
쏨끼얏 대략 6개월입니다.

พิธีกร 6 เดือนเอามาเลี้ยงก่อน 6 เดือน
사회자 6개월, 6개월 전에 가지고 와서 양식 하는군요.

สมเกียรติ แล้วก็จับขายได้อยู่ประมาณ 8 ขีดถึงหนึ่งกิโลกรัม

쏨끼얏 그리고 대략 0.8-1kg 정도면 잡아서 팔 수 있어요.

พิธีกร ถ้าอยากได้ตัวใหญ่ๆ 4-5 กิโลต้องทำยังไงนะครับ
사회자 만약 4-5Kg 정도 되는 큰 물고기를 원한다면 어떻게 해야 하나요?

สมเกียรติ สองปี
쏨끼얏 2년 걸려요.

พิธีกร สองปีเลยเหรอครับ หรือต้องไปจับตามธรรมชาติ
사회자 2년이나요? 아니면 자생하는 물고기를 잡아야 하는군요.

สมเกียรติ ครับ อันนี้ก็โต ถ้า 2 ปีมันก็ได้ประมาณสัก 4 กิโล 5 กิโลเหมือนกันครับ
쏨끼얏 네. 자생하는 물고기도 2년 정도 자라야 대략 4-5Kg이 돼요.

พิธีกร พูดถึงการเลี้ยงปลากะพงแบบว่าเลี้ยงได้ในบ่อเนี่ยครับ ที่นี่ทำกันเยอะมั้ยครับ
사회자 여기 연못에서 바리문디 양식은 많이들 하고 있나요?

สมเกียรติ เยอะเหมือนกันครับ
쏨끼얏 많이 하고 있지요.

พิธีกร เป็นอาชีพหลักของคนชาวปากพนังเลยหรือเปล่า
사회자 빡파낭 주민들의 본업인가요?

สมเกียรติ เป็นอาชีพหลักได้เลย

쏨끼얏 본업이라고 할 수 있지요.

พิธีกร เรียกว่าปลากะพงนี้จากพนังนี่ขึ้นชื่อ

사회자 파낭의 이 바라문디는 유명해요.

สมเกียรติ ใช่ ปลาอร่อย น้ำดี

쏨끼얏 맞아요, 물고기가 맛있고 물도 좋고요.

พิธีกร แล้วถ้าเลี้ยงสองปีนี้คือจะได้ตัวประมาณ 5-6 กิโลเลยใช่มั้ยครับ อย่างงั้นขายได้กิโลเท่าไรครับ

사회자 2년간 양식해서 대략 5-6Kg의 물고기를 얻을 수 있다면 Kg당 얼마에 판매할 수 있나요?

สมเกียรติ ถ้า 5 ถึง 6 กิโลจะได้ 220 บาท

쏨끼얏 5-6Kg이라면 220바트에 팔아요.

พิธีกร โอ้โห แสดงว่าตัวนึงเป็นพันเลยนะครับ

사회자 아하! 한 마리 당 1,000바트나 되는군요.

สมเกียรติ ตัวนึงก็ตกประมาณพันกว่าบาท พันห้าถึงพันหก

쏨끼얏 한마리는 1,000바트 이상 받아요. 1,500-1,600바트요.

พิธีกร โอเค เดี๋ยวลองไปจับให้ดูดีกว่า

사회자 알았어요. 잠시 후에 잡아서 보여드리는 게 좋겠어요.

สมเกียรติ ได้ครับ
쏨끼얏 알겠어요.

พิธีกร และในบ่อนี้ตอนนี้อายุประมาณกี่เดือนแล้วครับ
사회자 그리고 이 연못에 있는 물고기는 현재 몇 개월쯤 되었나요?

สมเกียรติ ตอนนี้ 3 เดือน
쏨끼얏 현재 3개월 됐어요.

พิธีกร 3 เดือนก็ประมาณนี้
사회자 3개월이면 이 정도군요.

สมเกียรติ 3 เดือนก็ประมาณ 5 ขีดนะครับ
쏨끼얏 3개월이면 대략 0.5Kg이에요.

พิธีกร เราก็ไปดูเลยดีกว่า ตัวใหญ่แค่ไหนครับ
사회자 우리가 가서 얼마나 큰지 직접 보는게 좋을 것 같아요.

สมเกียรติ ปลา 3 เดือนครับ
쏨끼얏 3개월 된 물고기에요.

พิธีกร ก็ตัวประมาณขนาดนี้นะครับ
사회자 크기가 약 이정도네요.

สมเกียรติ ใช่ 5 ขีด 4-5 ขีดแล้ว
쏨끼얏 맞아요. 0.5Kg이에요. 0.4-0.5Kg 정도 됐어요.

แบบทดสอบก่อนเรียน2

พิธีกร	และในตอนนี้นะครับ ______ นะครับ ชาวเลที่อยู่ที่ปากพนังแห่งนี้ ได้แบบว่ารู้สึกถึงความรู้สึกจริงๆ เลยนะครับ เราต้องลงเรือครับ ______ นะครับ ตอนนี้ผมอยู่กับพี่มาโนช ดวงดีครับ สวัสดีครับ พี่มาโนช
มาโนช	สวัสดีครับ
พิธีกร	พี่มาโนชเป็นนายกสมาคม ______ ครับ
มาโนช	ประมงชายฝั่ง อำเภอปากพนัง จังหวัดนครศรีธรรมราช
พิธีกร	วันนี้จะพาเราดูอะไรครับ
มาโนช	______ ครับผม
พิธีกร	ครับผม โอเคครับ ไปกันเลยครับผม

พิธีกร	ตั้งแต่ออกจากท่าเรือมานะครับ ทั้งสองฝั่งจะเห็นได้ชัดเลยนะครับ ว่า ______ ริมตลิ่งแถวนี้นะครับ ก็จะมีทั้งเรือประมง ______ มีทั้งอู่ต่อเรือ อู่ซ่อมเรือ แล้วก็เป็นบ้านของชาวประมงเองนะครับ ______ แต่ว่า ผมเชื่อว่าเดี๋ยวได้คุยกับท่านนายกสมาคม ท่านมาโนชเนี่ย เราคงจะได้ความรู้อีกมากมายเลย แต่ว่าตอนนี้เราต้องเดินทางไปถึงจุดบริเวณที่ ______ ตอนนี้เราก็ชมวิวทิวทัศน์สองข้างทางไปก่อนนะครับ

พิธีกร สวัสดีครับ พี่ๆครับ วันนี้ได้น้อยๆเนอะ กั้งทะเล นี่เรียกว่ากั้งทะเล อ๋อ แมงดา

พิธีกร เมื่อกี้เราก็ นะครับ จากตรงท่าเรือมาเนี่ยก็มาถึงอ่าวในแหละ ตรงนี้ในบริเวณนี้จะสังเกตได้ว่า หลากหลายอย่างเลยทีเดียว ที่ผ่านมาเนี่ย ตอนแรกเลยเราเห็นทำ ก็คือการไปเจาะโพรงปลาดุก แล้วนั่งเรือ เล่นเรือต่อมาก็จะเห็นได้สักสองสามลำที่ผ่านมานี้ ลอยอวนจับกุ้งนะครับ ก็จะมีทั้งกุ้งทั้งปู กุ้งที่ได้นี่เรียกว่ากุ้งอะไรครับ

มาโนช ถ้าภาษาชาวบ้านเขาเรียกว่ากุ้งหัวมัน หรือว่ากุ้งไม่เหลือง

พิธีกร ถ้าเกิดเราไปต่อจะ ครับ

มาโนช น่าจะไปดูวิธีการทำปลากระบอกครับ

พิธีกร ครับผม งั้นเดี๋ยวเราจะไปดูกันครับ

พิธีกร นี่ครับ หน้าตาปลากระบอก ตัวขาวๆ ครับ

มาโนช แปรรูปเป็นปลากระบอกร้า หรือว่าแกงส้มก็ได้ ต้มส้ม

พิธีกร เอาไปต้มไปแกงส้ม วันนี้ได้มาเท่าไรแล้วครับเนี่ย โอ้ นิ ได้กุ้งด้วย อย่างนี้ได้กุ้งอะไรครับ กุ้งกุลาดำ ธรรมชาติด้วย

คำศัพท์หรือประโยคที่น่าสนใจ2

นายกสมาคม	협회장, 회장, 총재
ประมง	어업
ชายฝั่ง	바닷가, 물가, 강가
ลุ่มน้ำ	강의 하류지역
ริมชายฝั่ง	물가, 강가
ริมตลิ่ง	강둑, 강변, 강가
อู่ต่อเรือ	배를 만드는 곳, 조선소
อู่ซ่อมเรือ	배를 수리하는 곳
ลอยอวน	어망의 띄우다 **ลอย** 뜨다, 부상하다, 부동(浮動)하다; 표류하다, 떠돌아 다니다; (사람이)방황하다, 실직하다 **อวน** 어망, 그물, 투망, 그물이나 자루 그물 등의 대형 어망
ชมวิวทิวทัศน์	경치를 구경하다, 경치를 감상하다 **ชม** 보다, 구경하다, 감상하다, 관상하다; 칭찬하다, 찬양하다; 좋아하다, 안다, 포옹하다 **วิวทิวทัศน์** 경치, 경관, 전망
กั้งทะเล	바닷에 사는 갯가재과
แมงดา	투구게
พอสมควร	적당하다, 그럴싸하다, 적절하다
ท่าเรือ	항구, 부두, …항
อ่าวใน	만 = **อ่าว**

สังเกต	관찰하다, 주목하다, 주시하다; 규정, 결정, 약정
ประกอบอาชีพ	직업에 종사하다, 직업을 갖다
เจาะโพรงปลาดุก	**เจาะ** 뚫다, 채취하다 **โพรง** 구멍, 구덩이, 굴 **ปลาดุก** 메기
เล่นเรือ	항해하다, 조종하다
สักสองสามลำ	배 약 두, 세 척
ปลากระบอก	숭어
แปรรูป	변형하다, 가공하다
ปลากระบอกร้า	숭어 젓국, 숭어 젓갈
แกงส้ม	태국 남부 음식, 생선 등을 사용한 시큼하고 아주 매운 국

เนื้อหาและการแปล2

พิธีกร และในตอนนี้นะครับ เราจะได้ลงไปสัมผัสกับวิถีชีวิตของชาวประมงนะครับ ชาวเลที่อยู่ที่ปากพนังแห่งนี้ ได้แบบว่ารู้สึกถึงความรู้สึกจริงๆเลยนะครับ เราต้องลงเรือครับ เพื่อไปดูว่าเขาทำยังไงกันนะครับ ตอนนี้ผมอยู่กับพี่มาโนช ดวงดีครับ สวัสดีครับ พี่มาโนช

사회자 지금 우리는 어부들의 생활 모습을 보러 배에 탔습니다. 여기 빡파낭에 살고 있는 레족인데요. 그들의 모습을 실제로 느끼기 위해서 우리는 배에 타야만 합니다. 그들이 어떻게 하는지 보기 위해서 입니다. 지금 저는 마놋 두엉디씨와 함께 있습니다. 안녕하세요, 마놋씨.

มาโนช สวัสดีครับ

마놋 안녕하세요.

พิธีกร พี่มาโนชเป็นนายกสมาคม เป็นนายกสมาคมอะไรครับ

사회자 마놋씨는 협회장님이십니다. 무슨 협회장님이시지요?

มาโนช ประมงชายฝั่ง อำเภอปากพนัง จังหวัดนครศรีธรรมราช

마놋 나컨씨탐마랏도 빡파낭군 어업 협회입니다.

พิธีกร วันนี้จะพาเราดูอะไรครับ

사회자 오늘은 우리에게 무엇을 보여 줄 것인가요?

มาโนช ไปดูวิถีชีวิตของคนลุ่มน้ำพนังครับผม

마놋 파낭 강의 하류지역 사람들이 생활하는 모습을 보러 갈 것입니다.

พิธีกร ครับผม โอเคครับ ไปกันเลยครับผม

사회자 네. 그럼 함께 갑시다.

พิธีกร ตั้งแต่ออกจากท่าเรือมานะครับ ทั้งสองฝั่งจะเห็นได้ชัดเลยนะครับ ว่าจะมีบ้านพักของชาวบ้านที่อยู่ตามริมชายฝั่ง ริมตลิ่งแถวนี้นะครับ ก็จะมีทั้งเรือประมง มีเรือประมงจำนวนมาก มีทั้งอู่ต่อเรือ อู่ซ่อมเรือ แล้วก็เป็นบ้านของชาวประมงเองนะครับ เราก็ยังไม่มีโอกาสได้ลงไปคุยแต่ว่าผมเชื่อว่าเดี๋ยวได้คุยกับท่านนายกสมาคม ท่านมาโนชเนี่ย เราคงจะได้ความรู้อีกมากมายเลย แต่ว่าตอนนี้เราต้องเดินทางไปถึงจุดบริเวณที่เขาทำการลอยอวนกันก่อน ตอนนี้เราก็ชมวิวทิวทัศน์สองข้างทางไปก่อนนะครับ

사회자 배를 타고 나온 후부터 강가 양쪽에 주민들이 사는 집들이 아주 잘 보입니다. 이 강변 부근에는 대부분이 어업을 하는 배들, 선박 조선소, 선박 수리소, 어부들이 사는 집들이 있습니다. 우리는 아직 내려가서 이야기를 할 기회는 없었지만 제가 확신컨데 잠시 후에 협회장이신 마놋씨와 이야기를 해 보면 많은 정보를 얻을 수 있을 것입니다. 하지만 지금 우리는 먼저 이 부근에 있는 어망 잡이를 하는 곳으로 가야만 합니다. 우선 양쪽으로 보이는 경치를 감상합시다.

พิธีกร สวัสดีครับ พี่ๆครับ ได้เยอะมั้ยครับวันนี้ วันนี้ได้น้อยๆเนอะ กั้งทะเล นี่เรียกว่ากั้งทะเล อ๋อ แมงดา

사회자 안녕하세요. 여러분, 오늘 많이 잡으셨나요? 오늘 조금 잡으셨군요. 이것은 바닷가재이군요. 아하! 투구게군요.

พิธีกร เมื่อกี้เราก็นั่งเรือมาไกลพอสมควรนะครับ จากตรงท่าเรือมาเนี่ยก็มาถึงอ่าวในแหละ ตรงนี้ในบริเวณนี้จะสังเกตได้ว่ามีชาวบ้านประกอบอาชีพการประมงหลากหลายอย่างเลยทีเดียว ที่ผ่านมาเนี่ย ตอนแรกเลยเราเห็นทำ ก็คือการไปเจาะโพรงปลาดุก แล้วนั่งเรือ เล่นเรือต่อมาก็จะเห็นได้สักสองสามลำที่ผ่านมานี้มีชาวบ้านกำลังลอยอวน ลอยอวน

จับกุ้งนะครับ ก็จะมีทั้งกุ้งทั้งปู แต่หลักๆก็คือต้องการจะจับกุ้ง กุ้งที่ได้นี่เรียกว่ากุ้งอะไรครับ

사회자 조금 전에 배를 타고 멀리 갔었는데요. 항구에서부터 만까지요. 여기 이 근처에는 다양한 종류의 물고기를 잡고 있는 어민들이 보이네요. 우리가 처음으로 지나온 곳에서는 메기에 구멍을 뚫어 잡았어요. 그리고 배를 타고 계속 가니 2, 3대의 배에서 어민들이 어망으로 잡고 있는 것이 보였어요. 어망으로 새우를 잡았어요. 새우랑 게가 있었어요. 하지만 새우를 잡는 것이 목적이었어요. 이 잡은 새우들은 무슨 새우에요?

มาโนช ถ้าภาษาชาวบ้านเขาเรียกว่ากุ้งหัวมัน หรือว่ากุ้งไม่เหลือง

마놋 주민들이 쓰는 말로는 후어만새우 또는 마이르엉새우라고 불러요.

พิธีกร ถ้าเกิดเราไปต่อจะมีการทำอะไรอีกบ้างครับ

사회자 더 가면 무엇 하는 것을 볼 수 있나요?

มาโนช น่าจะไปดูวิธีการทำปลากระบอกครับ

마놋 아마도 숭어 잡는 것을 볼 수 있을 거에요.

พิธีกร ครับผม งั้นเดี๋ยวเราจะไปดูกันครับ

사회자 네. 그러면 잠시 후에 가서 보도록 합시다.

พิธีกร นี่ครับ หน้าตาปลากระบอก ตัวขาวๆ อันนี้เอาไปทำอะไรกินครับ

사회자 이것이 바로 숭어의 모습이에요. 하얀색이에요. 이것을 잡아서 어떻게 해서 먹지요?

มาโนช แปรรูปเป็นปลากระบอกร้า หรือว่าแกงส้มก็ได้ ต้มส้ม

마놋 숭어 젓갈을 만들어서 먹거나 생선 찌개를 끓여 먹어요.

พิธีกร เอาไปต้มไปแกงส้ม วันนี้ได้มาเท่าไรแล้วครับเนี่ย โอ้ ได้ไม่เท่าไรนี้ก็ได้ประมาณเกือบ 10 กิโลนิ ได้กุ้งด้วย อย่างนี้ได้กุ้งอะไรครับ กุ้งกุลาดำธรรมชาติด้วย

사회자 끓여서 생선 찌개를 해서 먹는군요. 오늘 얼마나 잡았나요? 우와! 얼마 잡지 못한 것이 거의 10Kg이나 되는군요. 새우도 잡았군요. 이 새우는 무슨 새우인가요? 꿀라담 새우군요. 자생하는 새우이기도 하네요.

วิถีชุมชนชาวมอญสังขละบุรี

쌍카라부리군 먼족 공동체 생활방식

쌍카라부리군에 살고 있는 소수민족인 먼족은 때묻지 않은 삶의 모습으로 인해 관광객들이 많이 찾는다. 이 곳에 위치한 '먼족의 다리'는 웃따마 스님이 기초하고 먼족에 의해 완성된 다리로 소수민족 간 관계를 긴밀하게 하기 위해 설립되었다. 먼족들은 전통 의상을 입고 머리 위에 물건을 이고 가는 특징이 있다.

https://www.youtube.com/watch?v=TX8j-ZqeLUI

แบบทดสอบก่อนเรียน1

พิธีกร สวัสดีครับ ผม ยัง ธรากร สุขสมเลิศนะครับ วันนี้รายการไทยทาวน์ จะพาผู้ชมนะครับ ไปสัมผัสกับวิถีชีวิตอีกรูปแบบหนึ่งที่เรียกได้ว่า ______ ในประเทศไทยเลย นั่นก็คือ ______ สังขละบุรีครับ

พิธีกร โดยชุมชนชาวมอญที่นี่นะครับ อยู่ที่อำเภอสังขละบุรี จังหวัดกาญจนบุรี ครับผม ที่นี่มีคำขวัญว่าเมืองสามหมอก ______ ครับ เพราะประกอบไปด้วยชาวกะเหรี่ยง ชาวไทยแล้วก็ชาวมอญนะครับ ชุมชนที่นี่ ______ นะครับ ที่ชาวบ้านส่วนใหญ่เป็นชาวมอญนะครับ ที่เรียกได้ว่าเป็นวิถีชีวิตที่เรียบง่าย ______ ทำให้นักท่องเที่ยวจากทั่วประเทศนะครับ ______ ครับ

พิธีกร ตอนนี้ครับ ผมยืนอยู่บนสะพานมอญ สะพานที่มีชื่อเสียงของสังขละบุรีนะครับ โดยสะพานนี้นะครับ ______ โดยการริเริ่มของหลวงพ่ออุตตมะนะครับ ทำให้สะพานนี้มีชื่ออย่างเป็นทางการว่าสะพานไม้อุตตมานุสรณ์ นั่นเอง เป็นสะพานที่สร้างเพื่อ ______ นั่นเอง และที่สำคัญสะพานนี้คือสัญลักษณ์ของอำเภอสังขละบุรีครับ

พิธีกร ที่นี่นะครับ ยังคงใช้วิถีชีวิตแบบชาวมอญนะครับ ส่วนหนึ่งนะครับ ก็คือ ______ แล้วก็มาใส่บาตรยาม

เช้า อีกอย่างหนึ่งที่เห็นได้ชัดนะครับ ก็คือเวลาชาวบ้านเขาถือสิ่งของ นะครับ ราวกับเป็นส่วนหนึ่งของร่างกายเลย ขออนุญาตใช้วิถีชีวิตแบบชาวมอญหนึ่งวันนะครับผม

คำศัพท์หรือประโยคที่น่าสนใจ1

รายการ	프로그램, 리스트, 목록, 항목, 사항
รูปแบบ	형식, 양식
แพ้	지다; 알레르기 증세를 일으키다; 차이를 보이다
ชุมชน	공동체
วิถีชีวิต	생활방식
คำขวัญ	구어, 축사, 표어, 슬로건
หมอก	안개, 안개 끼다
ดินแดน	영토, 지역, 구역
ประกอบไปด้วย...	…로 구성되어 있다
เรียบง่าย	순하다, 수수하다
แฝง	감추다, 은폐하다, 몰래 감추다, 숨다
หลั่งไหล	흘러나오다, (물이)흘러가다
เป็นประจำ	언제나, 습관적으로, 늘상

หลวงพ่ออุตตมะ	웃따마 스님
สะพานไม้อุตตมานุสรณ์	우따마 스님을 기념하는 나무로 놓은 다리
เชื่อม	관련되다, 관계되다
ความสัมพันธ์	관계
สัญลักษณ์	상징, 표상; 부호, 표지
ส่วนหนึ่ง	일부, 일편, 단편 = **ส่วนใดส่วนหนึ่ง** ↔ **ทั้งหมด**
แต่งตัว	옷을 입다, 모양을 차리다
ใส่บาตร	(탁발하러 온 승려의 주발에)음식을 주다
ยามเช้า	아침 **ยาม** 시각, 시기, 시후(時候), 때; 3시간을 1 **ยาม**으로 하고 하루를 8 **ยาม**으로 나눔
เทินไว้	위에 놓아 두다
ราวกับ	마치 …처럼, 마치 …같다
ไหนๆ ...ก็...แล้ว	이왕, …김에

เนื้อหาและการแปล1

พิธีกร สวัสดีครับ ผม ยัง ธรากร สุขสมเลิศนะครับ วันนี้**รายการ**ไทยทาวน์ จะพาผู้ชมนะครับ ไปสัมผัสกับวิถีชีวิตอีก**รูปแบบ**หนึ่งที่เรียกได้ว่า น่าสนใจไม่**แพ้ชุมชน**ใดๆในประเทศไทยเลย นั่นก็คือ**วิถีชีวิต**ชุมชนชาวมอญ สังขละบุรีครับ

사회자 안녕하세요. 저는 타라껀 쑥쏨릇이고 별명은 용입니다. 오늘 타이타운 프로그램에서는 시청자 여러분들에게 또 다른 삶의 방식을 보여드리겠습니다. 태국의 그 어떤 공동체의 삶보다 더 흥미로울 것입니다. 바로 쌍카라부리군에 사는 먼족의 생활 방식입니다.

พิธีกร โดยชุมชนชาวมอญที่นี่นะครับ อยู่ที่อำเภอสังขละบุรี จังหวัดกาญจนบุรี ครับผม ที่นี่มี**คำขวัญ**ว่าเมืองสาม**หมอก ดินแดน**สามวัฒนธรรม ครับ เพราะ**ประกอบไปด้วย**ชาวกะเหรี่ยง ชาวไทยแล้วก็ชาวมอญนะครับ ชุมชนที่นี่ เป็นชุมชนขนาดกลางนะครับ ที่ชาวบ้านส่วนใหญ่เป็นชาวมอญนะครับ ที่เรียกได้ว่าเป็นวิถีชีวิตที่**เรียบง่าย**แต่ว่า**แฝง**ไปด้วยเสน่ห์ ทำให้นักท่องเที่ยวจากทั่วประเทศนะครับ **หลั่งไหล**กันมาที่นี่**เป็นประจำ**ครับ

사회자 여기 먼족 공동체는 깐짜나부리도 쌍카라부리군에 있습니다. 이곳은 '세 개의 안개'라는 별명이 있습니다. 세 문화를 가진 지역이라는 의미입니다. 왜냐하면 카렌족, 태국인, 먼족이 함께 살고 있기 때문입니다. 이곳의 공동체는 중간 정도의 인구 규모를 가진 공동체입니다. 주민 중에 대부분은 먼족입니다. 때묻지 않은 삶의 방식을 갖고 있으면서도 숨겨진 매력 때문에 전국의 관광객들이 항상 몰려들고 있습니다.

พิธีกร ตอนนี้ครับ ผมยืนอยู่บนสะพานมอญ สะพานที่มีชื่อเสียงของสังขละบุรีนะครับ โดยสะพานนี้นะครับ ถูกก่อสร้างด้วยชาวมอญโดยการริเริ่มของ**หลวงพ่ออุตตมะ**นะครับ ทำให้สะพานนี้มีชื่ออย่างเป็นทางการว่า **สะพานไม้อุตตมานุสรณ์** นั่นเอง เป็นสะพานที่สร้างเพื่อ **เชื่อมความสัมพันธ์**ระหว่างชุมชนชาวมอญและชาวไทยกะเหรี่ยงนั่นเอง และที่สำคัญสะพานนี้คือ**สัญลักษณ์**ของอำเภอสังขละบุรีครับ

사회자 지금 저는 '먼족의 다리' 위에 서 있습니다. 쌍카라부리군에 있는 유명한 다리입니다. 이 다리는 웃따마 스님이 기초하고 먼족들에 의해 완성되었습니다. 그래서 이 다리는 공식적으로 '웃따마누썬(웃따마 스님을 기념하다) 다리'라는 이름을 얻게 되었습니다. 이 다리는 먼족과 카렌족 간 관계를 긴밀하게 하기 위해 세워졌습니다. 그리고 중요한 것은 이 다리가 쌍카리부리도의 상징이라는 점입니다.

พิธีกร ที่นี่นะครับ ยังคงใช้วิถีชีวิตแบบชาวมอญนะครับ **ส่วนหนึ่ง**นะครับ ก็คือชาวบ้านจะ**แต่งตัว**แบบมอญแล้วก็มา**ใส่บาตรยามเช้า** อีกอย่างหนึ่งที่เห็นได้ชัดนะครับ ก็คือเวลาชาวบ้านเขาถือสิ่งของเขาจะ**เทินไว้**บนหัวนะครับ **ราวกับ**เป็นส่วนหนึ่งของร่างกายเลย **ไหนๆ**นะครับ วันนี้ผม**ก็มาที่นี่แล้ว** ขออนุญาตใช้วิถีชีวิตแบบชาวมอญหนึ่งวันนะครับผม

사회자 이곳은 아직 먼족의 전통적 생활 방식을 따르고 있습니다. 일부 주민들은 먼족의 의복을 입고 스님들에게 아침 식사를 공양하러 오고, 또 자주 눈에 띄는 것은 주민들이 머리 위에 물건을 이고 가는 것입니다. 마치 신체의 일부인 듯합니다. 오늘 이왕 이곳에 온 김에 먼족의 전통적 생활 방식으로 하루를 보내고 가겠습니다.

แบบทดสอบก่อนเรียน2

พิธีกร ถ้าถามถึงวิถีชีวิตชาวมอญนะครับ ต้องถามท่านนี้เลยครับ สวัสดีครับ

อรัญญา สวัสดีค่ะ

พิธีกร ครูอรัญญา

อรัญญา ใช่ค่ะ

พิธีกร ครูอรัญญา ________ ครับ

อรัญญา เป็นเลขานุการนายกเทศมนตรีค่ะ

พิธีกร ________ ครับ

อรัญญา ตอนที่หลวงพ่ออุตตมะท่านมาธุดงค์ที่เมืองไทยอ่ะค่ะ ท่านมาธุดงค์นานหลายปีค่ะ แล้วก็พอ ________ ท่านเลยกลับไปที่เมืองมอญ พอกลับไปที่เมืองมอญ ลูกหลานคือญาติ โยมก็จะสอบถามว่า ________ ท่านก็จะเล่าให้ฟังว่า ท่านเดินธุดงค์ไปอีกประเทศหนึ่ง ________ แล้วก็เป็นเมืองสวรรค์น่ะค่ะ คือเรานึกอยากทานอะไรก็ได้ทาน ________ อะไรอย่างเงี่ย ทุกคนก็เลยมีความสนใจ เพราะว่าเราอยู่ที่เมืองมอญลำบาก ________ แต่ว่าคือถ้าไปเนี่ย ทุกคนก็ต้องเดินทางไปทางทิศตะวันออก กลุ่มแรกที่เดินทางมาถึงอำเภอสังขละบุรี 60 หลังคาเรือน

พิธีกร วิถีชาวมอญของที่นี่แตกต่างจากที่โน่นมั้ยครับ

อรัญญา การทำงาน วิถีการทำงานเปลี่ยน คือ ________ เราไม่ได้

ทำไร่ทำนาแล้ว ไม่มีแล้วค่ะ แล้วก็ส่วนหนึ่งที่เรามาอยู่ที่นี่ ณ ตอนนั้นชุมชนยังเป็นผู้พักพิงสัญชาติพม่าอยู่ ยังไม่ได้เป็นคนไทย 100 เปอร์เซ็นต์ แต่ที่อยู่อาศัย ณ ปัจจุบัน คือหลวงพ่ออุตตมะเนี่ย ขอทางการไฟฟ้าเนี่ย ขอที่ส่วนหนึ่งที่จะมาสร้างหมู่บ้าน ก่อตั้งให้กับหมู่บ้านให้ลูกหลานท่านได้กลับมาอยู่ที่นี่

พิธีกร ก็เรียกว่า ชาวมอญถึงทุกวันนี้

อรัญญา ใช่ค่ะ

พิธีกร แล้วเอกลักษณ์ของชุมชนชาวมอญที่เราจะคุ้นตากันก็คือ ซึ่งผมได้ไปเห็นแล้ว ตรงสะพานมอญ คือเห็นน้องเค้าบอกว่าคือเวลาเราขนของต้องใช้ขนของทีนึงเยอะมาก ก็เลย เนี่ย ต้องขนบนศีรษะเป็นเลยมั้ยครับ

อรัญญา ไม่ค่ะ เรื่องของเรื่องเนี่ย ชาวมอญ การที่เราจะต้องส่งข้าวให้กับพระสงฆ์ หรือ ที่ถือศีลที่วัดเนี่ย เราจะไม่ใช้ เราไม่หิ้วเอา

พิธีกร เรา

อรัญญา เราไม่หิ้วต่ำกว่าเอว เขาก็เลยใช้เทินบนศีรษะ ถ้าเราเทินเนี่ย มือเราสามารถทำงานได้อีก

พิธีกร ทำแล้วมันถนัดเหรอครับ

อรัญญา ถนัดค่ะ

พิธีกร ที่สังเกตก็คือพระมอญเนี่ย เวลาใส่บาตรเนี่ย

อรัญญา เดินไปเรื่อยๆ

พิธีกร เราตักช้านี้ท่านไปแล้วครับ แล้ว เวลาการใส่บาตรนี้เขาจะใส่แต่ข้าวนะครับ คนไทยใส่กับด้วย

อรัญญา ใส่แต่ข้าวอย่างเดียวค่ะ เนี่ย ท่านจะใช้ได้สองมื้อ มื้อเช้ากับมื้อเพล แต่ว่า เนี่ย เท่าที่เราใส่ไปเนี่ย ท่านไม่สามารถที่จะไปฉันได้ เพราะมันจะมีสิ่งตัวอื่นปนเปื้อนอยู่ในข้าวค่ะ

พิธีกร ยังมีเรื่องของเสื้อผ้า ต่างมั้ยครับ เมื่อก่อนที่อยู่ที่นู้นกับมาอยู่ที่นี่

อรัญญา เสื้อผ้าคงเหมือนเดิม เราไม่มีอะไรเปลี่ยนแปลงมาก แต่ ณ ให้ตามแฟชั่นเลย มันก็หรูหราขึ้น

พิธีกร ก็มีซื้อสำเร็จบ้าง

อรัญญา ถ้าเราทำบุญไปวัด มันเป็นเสื้อผ้าที่เราต้องตัด ต้องไปตัดเอาค่ะ

พิธีกร อ๋อ ทุกวันนี้ก็ตัดเสื้อผ้าวิถีเดิมๆของเราอยู่ใช่มั้ยครับ

อรัญญา ใช่ค่ะ

พิธีกร ซึ่งเดี๋ยวต้อง นิดหนึ่ง

อรัญญา พาไปดูค่ะ บ้าง ไปเลยค่ะ

พิธีกร เชิญเลยครับ

คำศัพท์หรือประโยคที่น่าสนใจ2

เลขานุการนายกเทศมนตรี	시장 비서 **เลขานุการ** 비서, 서기 **นายกเทศมนตรี** 시장
ธุดงค์	[불교]두타(탐욕을 제거하기 위한 고행의 하나)
พระอาจารย์	[불교]제자들에게 매우 존경을 받는 스님
อาพาธ	[불교](비구나 사미승이)병들다, 앓다
เมืองมอญ	먼국, 버마에 있는 먼족들이 모여 살던 도시
ลูกหลาน	자손, 후손, 여기서는 제자들을 친근하게 이르는 말(= **ลูกศิษย์**)
ญาติ	친족, 친척
โยม	[불교]스님이 자신의 부모 또는 동년배의 사람을 부르는 말
อุดมสมบูรณ์	풍부하다, 풍성하다, 풍요하다, 비옥하다
สวรรค์	천당, 천국, 낙원, 극락
อาตมา	(승려가 속인과의 대화 시 사용하는 1인칭 대명사)빈승(貧僧), 빈도(貧道), 소승 = **อาตม, อาตมภาพ**
ทิศตะวันออก	동, 동쪽
หลังคาเรือน	호(등록된 가옥을 세는 말), 가구
ทำไร่ทำนา	농사짓다
รับจ้างทั่วไป	일반적으로 고용되다 **รับจ้าง** 고용되다 **ทั่วไป** 일반적으로, 보통
ณ	…에(서), …내에(시간이나 어느 지점을 표시하는 전치사) 뒤에 시간이나 장소가 위치한다.

ผู้พักพิง	임시체류자 **ผู้** 접두사로 사람을 표시함 **พักพิง** 잠시 기거하다, 의지하다, 의탁하다
สัญชาติ	국적, 출생, 근원, 출생지
ที่อยู่อาศัย	주소, 사는 곳, 주거지, 집, 거처
หน่วยงาน	부, 원, 부서, 기관
การไฟฟ้า	전기 업무, 전력 기구
จุดกำเนิด	유래, 출처, 기점, 기원, 조상, 고향
เอกลักษณ์	동일성, 독자성, 특색, 특질, 속성; [수학]항등식
คุ้นตา	눈에 익다
ศีรษะ	머리; 꼭대기, 정상
ขนของ	물건을 운반하다
ความจำเป็น	필수, 필요, 중요
เรื่องของเรื่อง	일의 단서, 맨 처음 이야기
นับถือ	존경하다, 신봉하다, 믿다
ศาสนาพุทธ	불교
พระสงฆ์	[불교]중, 승려, 비구
ศีล	[불교]계율; 도덕, 윤리; 성격, 성질, 본질
หิ้ว	손에 들다
เอว	허리; [전의]사물의 중앙이 잘록한 부분
ถนัด	능숙하다, 숙달되다, 숙련되다

สังเกต	관찰하다, 주목하다, 주시하다; 규정, 결정, 약정
เรื่อยๆ	끊임없이, 시종; 조금씩, 점점, 언제나, 항상
ตัก	(국자・바가지 따위로)뜨다, 푸다, 떠내다, 건져내다, 퍼내다
กะ	예측하다, 짐작하다, 예상하다
จังหวะ	박자, 운율, 리듬, 주기; [전의]합당한 시기, 적당한 기회
มื้อเช้า	아침 식사 **มื้อ** (식사에 사용)번, 회(回) **เช้า** 아침
มื้อเพล	[불교]승려의 점심 식사
เท่าที่	…하는 한, 대로, …한 만큼
ฉัน	[불교](승려가)공양하다, 식사하다
ปนเปื้อน	섞여서 더러워지다
ประยุกต์	응용하다, 유용하다
หรูหรา	화려하다, 현란하다; 훌륭하다, 당당하다
ทำบุญ	[불교]음식 등을 스님에게 드리다, 선을 행하다, 공덕을 쌓다, 자비심을 베풀다
ตัด	(옷을)재단하다, 마름질하다, (머리를)깎다; (벼・풀・나무 등을)베다, 자르다
เย็บ	꿰매다, 깁다, 봉합하다, 하나로 만들다

เนื้อหาและการแปล2

พิธีกร ถ้าถามถึงวิถีชีวิตชาวมอญนะครับ ต้องถามท่านนี้เลยครับ สวัสดีครับ

사회자 먼족의 생활 방식에 대해 궁금한 점은 꼭 이분에게 여쭤 봐야 합니다. 안녕하세요.

อรัญญา สวัสดีค่ะ

아란야 안녕하세요.

พิธีกร ครูอรัญญา

사회자 아란야 선생님.

อรัญญา ใช่ค่ะ

아란야 네.

พิธีกร ครูอรัญญาเป็นตำแหน่งอะไรครับ

사회자 아란야 선생님의 직위는 무엇인가요?

อรัญญา เป็น**เลขานุการนายกเทศมนตรี**ค่ะ

아란야 시장님 비서입니다.

พิธีกร ทำไมชาวมอญถึงเลือกมาที่นี่ครับ

사회자 왜 먼족은 이곳에 오게 되었지요?

อรัญญา ตอนที่หลวงพ่ออุตตมะท่านมา**ธุดงค์**ที่เมืองไทยอ่ะค่ะ ท่านมาธุดงค์นานหลายปีค่ะ แล้วก็พอท่านได้ข่าวว่า**พระอาจารย์**ของท่าน**อาพาธ** ท่าน

เลยกลับไปที่เมืองมอญ พอกลับไปที่เมืองมอญ ลูกหลานคือญาติ โยม ก็จะสอบถามว่าท่านหายไปไหนมา ท่านก็จะเล่าให้ฟังว่า ท่านเดินธุดงค์ ไปอีกประเทศหนึ่ง เป็นประเทศที่อุดมสมบูรณ์ แล้วก็เป็นเมืองสวรรค์ น่ะค่ะ คือเรานึกอยากทานอะไรก็ได้ทาน อยากกินอะไรก็ได้กินอะไร อย่างเงี่ย ทุกคนก็เลยมีความสนใจ เพราะว่าเราอยู่ที่เมืองมอญลำบาก ถ้าใครจะไปก็ตามอาตมาไปได้ แต่ว่าคือถ้าไปเนี่ย ทุกคนก็ต้องเดิน ทางไปทางทิศตะวันออก กลุ่มแรกที่เดินทางมาถึงอำเภอสังขละบุรี 60 หลังคาเรือน

아란야 (먼족인) 웃따마 스님이 고행을 하러 태국에 오셨을 때 입니다. 스님은 수년간 오래도록 고행하셨습니다. 그때 그분의 스승이 아프다는 소식을 들었습니다. 그래서 먼국으로 돌아가게 되었습니다. 먼국으로 돌아왔을 때 친척과 같은 제자들이 어디에 다녀 오셨냐고 물었습니다. 스님은 그들에게 지상낙원처럼 비옥한 다른 나라에 고행하러 갔다 온 이야기를 들려주었습니다. 그들은 그곳이 먹고 싶은 것이 있으면 언제나 먹을 수 있는 나라라고 생각했습니다. 먼국은 살기가 힘들었기 때문에 모든 마을 사람들은 관심을 갖게 되었습니다. 누구든지 가고 싶으면 소승을 따라가도 좋지만 만약 가게 된다면 동쪽을 향해 가야 한다고 했습니다. 쌍카라부리군에 도착한 첫 번째 이주 집단은 60 가구였습니다.

พิธีกร วิถีชาวมอญของที่นี่แตกต่างจากที่โน่นมั้ยครับ

사회자 여기 먼족의 생활 방식은 저쪽과 어떻게 다른가요?

อรัญญา การทำงาน วิถีการทำงานเปลี่ยน คือการที่เราทำไร่ทำนา เราไม่ได้ทำไร่ทำนาแล้ว ไม่มีแล้วค่ะ เราต้องรับจ้างทั่วไป แล้วก็ส่วนหนึ่งที่เรามาอยู่ที่นี่ ณ ตอนนั้นชุมชนยังเป็นผู้พักพิงสัญชาติพม่าอยู่ ยังไม่ได้เป็นคนไทย 100 เปอร์เซ็นต์ แต่ที่อยู่อาศัย ณ ปัจจุบัน คือหลวงพ่ออุตตมะเนี่ย ท่านขอหน่วยงาน ขอทางการไฟฟ้าเนี่ย ขอที่ส่วนหนึ่งที่จะมาสร้าง

หมู่บ้าน ก่อตั้งให้กับหมู่บ้านให้ลูกหลานท่านได้กลับมาอยู่ที่นี่

아란야 일하는 방식이 달라졌습니다. 즉, 농사를 짓는 것인데요. 우리는 더 이상 농사를 짓지 않습니다. 우리는 대부분 고용되어 일을 합니다. 그리고 일부 먼족은 버마 국적의 임시체류자여서 진정한 태국인이 아니었습니다. 하지만 현재 살고 있는 이 곳은 웃따마 스님이 정부 부처, 전력 기구에 마을 설립의 도움을 요청하여 스님의 자손들이 이 곳에 와서 살 수 있는 마을로 만들었습니다.

พิธีกร ก็เรียกว่าจุดกำเนิดทำให้เกิดเป็นชุมชนชาวมอญถึงทุกวันนี้

사회자 먼족 공동체가 오늘날 만들어지기까지의 기원이라고 할 수 있겠군요.

อรัญญา ใช่ค่ะ

아란야 맞습니다.

พิธีกร แล้วเอกลักษณ์ของชุมชนชาวมอญที่เราจะคุ้นตากันก็คือการเทินของบนศีรษะ ซึ่งผมได้ไปเห็นแล้ว ตรงสะพานมอญ คือเห็นน้องเค้าบอกว่าคือเวลาเราขนของต้องใช้ขนของทีนึงเยอะมาก ก็เลยมีความจำเป็นทุกคนเนี่ย ต้องขนบนศีรษะเป็นเลยมั้ยครับ

사회자 그리고 우리가 자주 보는 먼족 공동체의 특징은 물건을 머리에 이는 것입니다. 저도 '먼족의 다리'에서 봤는데요. 한 아이가 말하기를 물건을 운반할 때에는 한번에 많은 양을 운반해야 하므로 모든 사람들이 물건을 머리에 이는 것은 필수라고 했습니다.

อรัญญา ไม่ค่ะ เรื่องของเรื่องเนี่ย ชาวมอญนับถือศาสนาพุทธ การที่เราจะต้องส่งข้าวให้กับพระสงฆ์ หรือส่งข้าวให้กับพ่อแม่ปู่ย่าตายายที่ถือศีลที่วัดเนี่ย เราจะไม่ใช้ เราไม่หิ้วเอา

아란야 아닙니다. 유래라면 먼족은 불교를 신봉하기 때문입니다. 우리는 사원의 계율을 지켜서 승려나 부모님, 조부모님께 쌀을 보낼 때에는 손에 들지 않습니다.

พิธีกร เราไม่หิ้วต่ำๆเหมือนคนไทยหิ้ว

사회자 태국인들이 드는 것처럼 아래로 향하게 들지 않는군요.

อรัญญา เราไม่หิ้วต่ำกว่าเอว เขาก็เลยใช้เทินบนศีรษะ ถ้าเราเทินเนี่ย มือเรา สามารถทำงานได้อีก เราสามารถจับอะไรก็ได้

아란야 우리는 허리 아래로 들지 않습니다. 그래서 머리 위에 얹습니다. 우리가 머리 위에 얹으면 손으로 다른 일을 할 수 있습니다. 손으로 다른 것을 잡을 수도 있습니다.

พิธีกร ทำแล้วมันถนัดเหรอครับ

사회자 하다 보면 능숙해 지나요?

อรัญญา ถนัดค่ะ

아란야 능숙해 집니다.

พิธีกร ที่สังเกตก็คือพระมอญเนี่ย เวลาใส่บาตรเนี่ย เขาจะเดินเร็วมากนะ

사회자 주시해서 보았던 점은 먼족 스님들은 탁발하실 때 매우 빨리 걸으시던데요.

อรัญญา เดินไปเรื่อยๆ

아란야 계속해서 걷습니다.

พิธีกร เราตักช้านี้ท่านไปแล้วครับ ก็ต้องกะจังหวะดีๆ แล้วเวลาการใส่บาตรนี้ เขาจะใส่แต่ข้าวนะครับ คนไทยใส่กับด้วย

사회자 우리가 천천히 푸면 스님은 이미 가버리셨어요. 드리는데 걸리는 시간을 예상해야 돼요. 음식을 드릴 때 보면 밥만 드리더라고요. 태국인들은 반찬도 함께 드립니다.

อรัญญา ใส่แต่ข้าวอย่างเดียวค่ะ การที่เราจะใส่ข้าวอย่างเดียวเนี่ย ท่านจะใช้ได้สองมื้อ มื้อเช้ากับมื้อเพล แต่ว่าถ้าเราใส่ของหลายๆอย่างรวมไปเนี่ย เท่าที่เราใส่ไปเนี่ย ท่านไม่สามารถที่จะไปฉันได้ เพราะมันจะมีสิ่งตัวอื่นปนเปื้อนอยู่ในข้าวค่ะ

아란야 밥만 넣어 드립니다. 밥만 넣어 드리는 것은 스님들이 두 끼니를 드실 수 있게 하기 위해서입니다. 아침 식사와 점심 식사입니다. 만약 여러 가지 것들을 같이 넣어 드리면 우리가 넣어 드린 것과 다른 것들이 밥에 뒤섞여서 지저분해지므로 스님들이 드실 수가 없게 됩니다.

พิธีกร ยังมีเรื่องของเสื้อผ้า ต่างมั้ยครับ เมื่อก่อนที่อยู่ที่นู้นกับมาอยู่ที่นี่

사회자 아직 옷에 대한 얘기가 남았는데요. 전에 살던 때와 여기 와서 살 때의 옷이 다른가요?

อรัญญา เสื้อผ้าคงเหมือนเดิม เราไม่มีอะไรเปลี่ยนแปลงมาก แต่ ณ ปัจจุบันเราประยุกต์เสื้อผ้าขึ้นมาให้ตามแฟชั่นเลย มันก็หรูหราขึ้น

아란야 옷은 전과 같을 겁니다. 우리는 별로 바꾼 것이 없습니다. 다만 우리의 현재 옷은 패션 유행에 따라 개량해서 더 화려해졌습니다.

พิธีกร ก็มีซื้อสำเร็จบ้าง

사회자 기성복을 사기도 하지요?

อรัญญา ถ้าเราทำบุญไปวัด จะไม่ค่อยซื้อสำเร็จ มันเป็นเสื้อผ้าที่เราต้องตัด ต้องไปตัดเอาค่ะ

아란야 우리가 공덕을 쌓으러 절에 갈 때에는 기성복을 잘 입지 않습니다. 반드시 전통적으로 재단한 옷을 입어야만 합니다.

พิธีกร อ๋อ ทุกวันนี้ก็ตัดเสื้อผ้าวิถีเดิมๆของเราอยู่ใช่มั้ยครับ

사회자 네. 오늘날도 전통적인 의상 재단 방식이 있군요?

อรัญญา ใช่ค่ะ

아란야 그렇습니다.

พิธีกร ซึ่งเดี๋ยวต้องขออนุญาตวันนี้ขอให้ครูพาเราไปชมนิดหนึ่ง

사회자 그러면 오늘은 선생님께서 저희들에게 구경시켜 주시기를 부탁드립니다.

อรัญญา พาไปดูค่ะ การเย็บเสื้อผ้าเขาเป็นยังไงบ้าง ไปเลยค่ะ

아란야 구경시켜 드릴게요. 전통 옷을 어떻게 만드는지 보러 갑시다.

พิธีกร เชิญเลยครับ

사회자 가시지요.

ภูเขาหินปูน

석회산

태국 피싸누록도에 있는 석회산은 자연 환경이 잘 보전되고 있는 관광지이다. 유명한 관광지이지만 이 지역의 주민들은 전통 생활방식의 변화 없이 농사일에 종사한다. 석회산은 저녁 시간에 박쥐를 볼 수 있는 겨울에 인기가 많다. 관광객들은 이땍 트랙터를 체험해 볼 수 있다.

https://www.youtube.com/watch?v=thF32q3Ldbl

แบบทดสอบก่อนเรียน1

พิธีกร สวัสดีครับ คุณผู้ชมครับ ผมต๊อบ ณพล พรมสุวรรณ พบกันครับในรายการธรรมชาติมหานคร ที่คุณผู้ชมเห็นอยู่ด้านหลังนี่คือภูเขาหินปูนนะครับ ซึ่งโดยปกติแล้วภูเขาหินปูนก็จะ ______ หลักนั่นก็คือแคลไซต์ อาจจะพบซากฟอสซิลได้บ้าง ก็จะทำให้เกิดเป็นรูปที่สวยงามแบบนี้ สังเกตเห็นเลยว่าจะมียอดซ้อนๆกัน ______ นะครับ และด้านในครับพอโดนน้ำ ______ เนี่ย ก็ทำให้เกิดเป็นโพรงแล้วก็หินงอกหินย้อยที่สวยงามด้วยครับ

พิธีกร ถ้าเกิดจะพูดถึงภูเขาหินปูนนะครับ บางคนคิดไปไกล คิดไปถึงกุ้ยหลินเมืองจีน ______ ครับ มาที่นี่ประเทศไทยก็มีนะครับ มีหลายที่ด้วย ส่วนที่ต๊อบพาคุณผู้ชมนะครับ มาที่นี่ก็คือบ้านมุง อำเภอเนินมะปราง จังหวัดพิษณุโลกครับ ที่นี่ก็มี ______ แถมตอนนี้นะครับ กำลังมีชื่อเสียงเรื่องการเป็นสถานที่ท่องเที่ยว ______ เพราะว่าชาวบ้านแถวนี้เอง ______ นะครับ ในการทำให้ที่นี่เป็นสถานที่ท่องเที่ยวแต่ว่ายังคงไว้อนุรักษ์ไว้ซึ่งวิถีชีวิตดั้งเดิมถือว่าเป็น ______ ที่น่าสนใจมากๆครับ

พิธีกร และสำหรับคนที่จะมาพาพวกเรานะครับ ไปเที่ยวชมธรรมชาติของบ้านมุง นะครับ เป็นอดีตกำนันที่บ้านมุงนี่เองครับ คุณพี่สังวาลย์ ศรีมวลครับ สวัสดีครับ พี่สังวาลย์ ที่บ้านมุงเนี่ย เข้ามาเห็นเลยนี่แบบเห็นเลยว่ามีความธรรมชาติอยู่เยอะ ตอนนี้เนี่ยที่นี่กำลังเป็นสถานที่ท่องเที่ยวที่สุดฮิต คนไทยนี้มาเที่ยวกันเยอะมาก แต่ว่าดูแล้วนี้ว่าลักษณะของชาวบ้านเค้า เป็นธรรมชาติมากๆเลย เขาทำไมถึงสามารถที่จะอยู่กัน ทั้งๆที่กำลังเป็นสถานที่ท่องเที่ยวที่ดังมากๆในขณะนี้

สังวาลย์ ส่วนใหญ่ชาวบ้าน ก็เลยต้องประกอบอาชีพเรื่องเกษตรกรรม เพราะว่า เรื่องการท่องเที่ยวมันก็มีทั้งคนในพื้นบ้านเขาก็ไปจัดที่พักที่โฮมสเตย์จัดอะไร แต่ว่า ก็คือต้องประกอบอาชีพเกษตรกรรมอยู่

พิธีกร เพราะฉะนั้นเนี่ย เขาก็เลยสามารถใช้ชีวิตตามปกติธรรมชาติของเขาได้ เรื่องของท่องเที่ยวนี้เข้ามา ก็จะมีการเสริมเติม อย่างเช่น บ้านพักก็เป็นบ้านพักของคนในพื้นที่ ทำเป็นรูปแบบโฮมสเตย์ มากจากเดิม

สังวาลย์ ครับ แต่ที่บางส่วนก็มี แล้วแต่พวกท่องเที่ยวจะมาเที่ยวเกี่ยวกับเรื่องจะพัก จะนอนแบบเสื่อผืนหมอนใบ ________ หรือจะนอนแบบห้องแอร์

คำศัพท์หรือประโยคที่น่าสนใจ1

หินปูน	석회암
ธรรมชาติมหานคร	대도시의 자연 **ธรรมชาติ** 자연 **มหา** 크다 **นคร** 도시
โดยปกติแล้ว	일반적으로, 보통
แร่ธาตุ	광물질
แคลไซต์	방해석 Calcite
ซากฟอสซิล	화석 **ซาก** 시체, 사체; 죽어 경직되다; 폐허, 흔적 **ฟอสซิล** 화석, fossil
ยอดซ้อนๆกัน	**ยอด** 정상, 정점, 첨단, 최고의 부분; 최고이다, 굉장하다, 최고로 좋다 **ซ้อนๆกัน** 겹치다, 포개다, 합치다
เท่ากัน	같다, 똑같다, 고루, 균질, 고르다
โดนน้ำ	물이 스며들다 **โดน** (피동을 나타내는 조동사 = **ถูก**)받다(당하다), …하게 하다, 시키다 **น้ำ** 물, 즙, 액; 부식하다
โพรง	구멍, 구덩이, 굴, 구덩이
หินงอกหินย้อย	종유석

กุ๊ยหลินเมืองจีน	중국의 계림(桂林)
แถม	게다가, 또는, 달리, 그 밖에 따로, 덤으로, 경품으로; (매매 · 교환)덤을 주다, 첨가하다, 덧붙이다
อนุรักษ์ธรรมชาติ	**อนุรักษ์** 보호하다, 보전하다; 방위하다, 보위하다 **ธรรมชาติ** 자연, 천연, 자연계
ร่วมมือร่วมใจ	가담하다, 돕다
คง	유지하다, 지속하다, 변함이 없다; 꾸준히, 참다, 영속적이다, 계속; 일정하다, 끊임이 없다, 계속하다
รูปแบบ	형식, 양식
อดีตกำนัน	전(煎) 면장
บรรยากาศ	분위기, 주위; 대기, 공기
โดยเฉพาะ	특히, 특별히, 유달리, 오로지
ไม่น่าเชื่อ	믿을 수 없다, 놀랍다, 헛되다, 어이없다, 어색하다
สุดฮิต	매우 인기가 있다
ดำเนินวิถีชีวิต	삶의 방식을 영위하다 **ดำเนิน** 살다; 진행하다, 실행하다, 진척시키다, 전개하다; 걷다, 가다 **วิถีชีวิต** 삶의 방식
สมัยก่อน	과거, 이전, 종전, 옛날
ทั้งๆที่	…라 할지라도, 비록…일지라도, 설령…일지라도
ดัง	[속어]유명하다, 명성을 떨치다, 이름이 널리 알려지다; 소리가 크다, 우렁차다, 소리를 크게 내다, 울리다; 콧대(날)
ในขณะนี้	현재에, 현재에는, 지금은
พื้นฐาน	기초, 기본, 근본; 기본의, 기초의

แท้จริง	진정이다, 확실하다, 사실이다
อาชีพเกษตรกรรม	농부 **อาชีพ** 직업, 생업, 생계 **เกษตรกรรม** 농업
ประกอบอาชีพ	직업에 종사하다
บางสิ่งบางอย่าง	어떤
พื้นบ้าน	토속적, 토착의
โฮมสเตย์	홈스테이, home stay
เพราะฉะนั้น	그러니까, 고로, 한즉
เสริมเติม	추가하다
แล้วแต่	…을 따르다, …에 따르다, …에 달려있다, …에 결정이 나다
เสื่อผืน	바닥에 깐 자리
หมอนใบ	나뭇잎으로 만든 베개
ห้องแอร์	에어컨이 있는 방

เนื้อหาและการแปล1

พิธีกร สวัสดีครับ คุณผู้ชมครับ ผมต๊อบ ณพล พรมสุวรรณ พบกันครับในรายการ**ธรรมชาติมหานคร** ที่คุณผู้ชมเห็นอยู่ด้านหลังนี่คือภูเขาหินปูนนะครับ ซึ่ง**โดยปกติแล้ว**ภูเขาหินปูนก็จะประกอบไปด้วย**แร่ธาตุ**หลักนั่นก็คือ**แคลไซต์** อาจจะพบ**ซากฟอสซิล**ได้บ้าง ก็จะทำให้เกิดเป็นรูปที่สวยงามแบบนี้ สังเกตเห็นเลยว่าจะมี**ยอดซ้อนๆกัน**แล้วก็สูงต่ำให้**เท่ากัน**แบบนี้นะครับ และด้านในครับพอ**โดนน้ำ** ไม่ว่าจะเป็นน้ำฝนหรือว่าน้ำใต้ดินเนี่ย ก็ทำให้เกิดเป็น**โพรง**แล้วก็**หินงอกหินย้อย**ที่สวยงามด้วยครับ

사회자 안녕하세요. 시청자 여러분, 저는 '대도시의 자연' 프로그램의 나폰 프롬쑤완(떱)입니다. 시청자 여러분이 보고 계시는 이 아래쪽은 석회산입니다. 일반적으로 석회산은 주로 광물질 방해석으로 구성되어 있습니다. 화석이 발견될지도 모릅니다. 그래서 이렇게 아름다운 모습이 만들어진 것이지요. 산 정상이 겹쳐져 있고 높낮이가 이처럼 균일한 것을 관찰할 수 있습니다. 내부에는 빗물이나 지하수에 의해 물이 스며들면 구멍이 생겨서 아름다운 종유석이 됩니다.

พิธีกร ถ้าเกิดจะพูดถึงภูเขาหินปูนนะครับ บางคนคิดไปไกล คิดไปถึง**กุ้ยหลินเมืองจีน**ครับ จริงๆไม่ต้องไปไกลครับ มาที่นี่ประเทศไทยก็มีนะครับ มีหลายที่ด้วย ส่วนที่ต๊อบพาคุณผู้ชมนะครับ มาที่นี่ก็คือบ้านมุง อำเภอเนินมะปราง จังหวัดพิษณุโลกครับ ที่นี่ก็มีภูเขาหินปูนที่สวยงามมากๆ **แถม**ตอนนี้นะครับ กำลังมีชื่อเสียงเรื่องการเป็นสถานที่ท่องเที่ยวเชิง**อนุรักษ์ธรรมชาติ** เพราะว่าชาวบ้านแถวนี้เองเขาก็**ร่วมมือร่วมใจ**กันนะครับ ในการทำให้ที่นี่เป็นสถานที่ท่องเที่ยวแต่ว่ายัง**คง**ไว้อนุรักษ์ไว้

ซึ่งวิถีชีวิตดั้งเดิมถือว่าเป็นรูปแบบของการท่องเที่ยวเชิงธรรมชาติที่น่าสนใจมากๆครับ

사회자 석회산에 대해 말하자면 어떤 분들은 멀리 생각해서 중국의 계림(桂林)을 떠올릴 수도 있습니다. 사실 멀리 갈 필요가 없습니다. 여기 태국에도 여러 지역이 있습니다. 제가 시청자 여러분들을 모시고 온 이곳은 피싸누록도 는마쁘랑군 뭉리입니다. 여기에는 아주 아름다운 석회산이 있기 때문입니다. 게다가 지금 자연 환경이 잘 보호된 관광지로 유명합니다. 왜냐하면 이 근처의 주민들은 협력하여 이 곳을 관광지화 하였지만 아직 잘 보존하고 있습니다. 전통적인 삶의 방식은 매우 흥미롭게 일상을 관광하는 방법으로 여겨집니다.

พิธีกร และสำหรับคนที่จะมาพาพวกเรานะครับ ไปเที่ยวชมธรรมชาติของบ้านมุงไม่ใช่ใครอื่นนะครับ เป็นอดีตกำนันที่บ้านมุงนี่เองครับ คุณพี่สังวาลย์ ศรีมวลครับ สวัสดีครับ พี่สังวาลย์ บรรยากาศดีมากเลยที่บ้านมุงเนี่ย เข้ามาเห็นเลยนี่แบบเห็นเลยว่ามีความธรรมชาติอยู่เยอะ โดยเฉพาะไม่น่าเชื่อว่าตอนนี้เนี่ย ที่นี่กำลังเป็นสถานที่ท่องเที่ยวที่สุดฮิต คนไทยนี้มาเที่ยวกันเยอะมาก แต่ว่าดูแล้วนี้ว่าลักษณะของชาวบ้านเค้ายังดำเนินวิถีชีวิตปกติมากๆเลย เป็นธรรมชาติมากๆเลย เขาทำไมถึงสามารถที่จะอยู่กันแบบปกติธรรมดาเหมือนสมัยก่อนได้ทั้งๆที่กำลังเป็นสถานที่ท่องเที่ยวที่ดังมากๆในขณะนี้

사회자 우리에게 뭉리의 자연을 구경시켜 주실 분은요. 다른 사람이 아니라 바로 뭉리의 전 면장이셨던 쌍완 씨무언씨입니다. 안녕하세요, 쌍완씨. 뭉리는 분위기가 매우 좋습니다. 와서 보니 자연스러운 것이 매우 많습니다. 특히 놀라운 것은 지금 이곳이 아주 인기있는 관광지라는 것입니다. 태국인들이 아주 많이 놀러 옵니다. 하지만 주민들의 모습은 아주 일상적인 생활 방식으로 지내고 있는 것으로 보입니다. 아주 자연스럽습니다. 현재 매우 인기가 있는 관광지임에도 불구하고 그들은 어떻게 예전과 같이 일상적 모습으로 살 수 있을까요?

สังวาลย์ ส่วนใหญ่ชาวบ้านมีพื้นฐานที่แท้จริงก็คือมีอาชีพเกษตรกรรม ก็เลยต้องประกอบอาชีพเรื่องเกษตรกรรม เพราะว่าบางสิ่งบางอย่างคนที่มีเรื่องการท่องเที่ยวมันก็มีทั้งคนในพื้นบ้านเขาก็ไปจัดที่พักที่โฮมสเตย์จัดอะไร แต่ว่าส่วนใหญ่ที่มีอาชีพคงเดิมก็คือต้องประกอบอาชีพเกษตรกรรมอยู่

쌍완 주민들의 대부분의 실제적인 삶의 기반은 농업입니다. 그래서 농사일에 종사해야만 합니다. 왜냐하면 관광과 관련된 어떤 일들은 주민들이 홈스테이나 숙소 등을 마련해야 하기 때문입니다. 하지만 전통적인 직업을 유지하고 있는 사람들의 대부분은 농사에 종사합니다.

พิธีกร เพราะฉะนั้นเนี่ย เขาก็เลยสามารถใช้ชีวิตตามปกติธรรมชาติของเขาได้ เรื่องของท่องเที่ยวนี้เข้ามา ถือเป็นการเข้ามาทีหลัง ก็จะมีการเสริมเติม อย่างเช่น บ้านพักก็เป็นบ้านพักของคนในพื้นที่ ทำเป็นรูปแบบโฮมสเตย์ ไม่มีอะไรเปลี่ยนแปลงไปมากจากเดิม

사회자 그래서 그들이 일상 생활을 유지할 수 있는 것이군요. 관광은 나중에 시작되어 추가된 일입니다. 예를 들면 숙소는 이 지역민들의 집을 홈스테이 형식으로 만든 것이군요. 이전에 비해 변화된 것이 별로 없네요.

สังวาลย์ ครับ แต่ที่บางส่วนก็มี แล้วแต่พวกท่องเที่ยวจะมาเที่ยวเกี่ยวกับเรื่องจะพัก จะนอนแบบเสื่อผืนหมอนใบ จะนอนแบบบ้านพักโฮมสเตย์ หรือจะนอนแบบห้องแอร์

쌍완 네. 어떤 부분은 변화했습니다. 바닥에 자리를 깔고 나뭇잎을 베고 자거나, 홈스테이로 자거나 에어컨이 있는 방에서 자거나 하는 등 관광객들이 놀러 와서 숙박과 관련된 일로 인해 변화했습니다.

แบบทดสอบก่อนเรียน2

พิธีกร จริงๆแล้วก็มี ______ อยู่แล้ว แต่ที่แน่ๆคือชาวบ้านมุง ______ เขาใช้ชีวิตอย่างนั้นแน่นอน ทุกคนมาได้สัมผัสกับธรรมชาติของชาวบ้านมุงอยู่แล้ว วันนี้เรามาฤดูอะไร ______ แล้วแต่ละฤดูที่นี่มีความแตกต่างกันมั้ยครับ

สังวาลย์ ถ้าหน้าหนาวเนี่ย จะมีผู้คนมาก ______ ______ มีอะไรออก คนส่วนใหญ่จะมานิยมมาดูค้างคาวกัน

พิธีกร มีค้างคาวออกมาด้วย ก็คือออกมาจากถ้ำด้านหลังเลยใช่มั้ยครับ เขาออกมาแต่ละวันเนี่ย ______ ______ หรือเปล่า

สังวาลย์ ประมาณสัก 6 โมงครึ่ง ______ เวลาก็ประมาณ โดยประมาณก็ 6 โมงครึ่ง

พิธีกร น่าสนใจมากๆ ซึ่งจริงๆแล้วนี้ก็ ______

สังวาลย์ ครับ

พิธีกร มั่นใจได้เลยว่านักท่องเที่ยวที่เขามาเที่ยวเนี่ย ก็เป็นเพราะว่าเขาอยากสัมผัสกับธรรมชาติ เพราะ ______ ______ เมื่อกี้สังเกตเห็นว่าวิถีชีวิตชาวบ้านเนี่ย เขาใช้รถคือเรียกว่าอะไรนะครับ อีแต๊กหรือเปล่าครับ

สังวาลย์ รถอีแต๊ก อีแต๋น

พิธีกร แล้วอย่างนี้เวลานักท่องเที่ยวมาเราสามารถที่จะนั่งรถอีแต๊กแบบนี้ดู

ธรรมชาติได้มั้ยครับ

สังวาลย์ ได้ครับ ถ้าคนที่อยากสัมผัสกับธรรมชาติที่แท้จริง โดยเฉพาะคนขับคนอะไรเขาสามารถ ได้ ถ้าหากว่าเราอยากดูธรรมชาติแบบคณะของเขา คุณสามารถขับรถยนต์ เข้าไปพื้นที่ได้

พิธีกร คือจะขับรถเข้าไปก็ได้ แต่ว่าที่พี่สังวาลย์แนะนำเนี่ย ไหนๆมาให้เจอกับธรรมชาติจริงๆ ก็ นั่งรถอีแต๊กสิครับ คุณผู้ชม นั่งรถอีแต๊กแล้วก็สัมผัสธรรมชาติได้คุยกับชาวบ้านด้วยนะครับ คุณผู้ชมครับ เพราะฉะนั้นวันนี้ขออนุญาตนะครับ พี่สังวาลย์หารถอีแต๊กให้ต๊อบ แล้วก็ทีมงานสักคันได้มั้ยครับ

สังวาลย์ ได้ๆครับ

พิธีกร ไปนั่งรถอีแต๊กกันครับ

คำศัพท์หรือประโยคที่น่าสนใจ2 ✔

แน่ๆ	정말, 분명히, 확실히, 진실로
แต่ละ	각각의, 개개의, 각…, 매…, …마다
แตกต่าง	상이하다, 다르다, 차별의
ยาม	시각, 시기, 시후(時候), 3시간을 1 **ยาม**으로 하고 하루를 8 **ยาม**으로 나눔.
ค้างคาว	박쥐
นิยม	좋아하다, 애호하다, 환영하다; 친하다, 친근하다; (접미사)…주의
ถ้ำ	굴, 동굴, 석굴, 터널
แต่ละวัน	매일, 날마다
ใกล้เคียงกัน	가깝다, 이웃하다, 인접하다; (숫자나 액수가)접근하다, 서로 근접하다
ตรงกัน	부합하다, 똑같다, 일치하다, 일직선 상에
มั่นใจ	확신하다, 확실하다, 당당하다
ความเป็นธรรมชาติ	자연스러움, 자연성, 소박
รถอีแต๊ก	태국 현지 농용 트랙터, 우리나라의 경운기와 비슷한 차량이다. = **รถอีแต๋น**
ถ้าหากว่า	만약, 만약…이라면
คณะ	단체, 무리, 회, 군(郡)
พื้นที่	토지, 면적, 지면
ไหนๆ	…하는 김에, 이왕에

เนื้อหาและการแปล2

พิธีกร จริงๆแล้วก็มีให้เลือกหลากหลายรูปแบบอยู่แล้ว แต่ที่แน่ๆคือชาวบ้านมุง เคยใช้ชีวิตยังไง เขาใช้ชีวิตอย่างนั้นแน่นอน ทุกคนมาได้สัมผัสกับธรรมชาติของชาวบ้านมุงอยู่แล้ว วันนี้เรามาฤดูอะไร ปลายฝนต้นหนาว แล้วแต่ละฤดูที่นี่มีความแตกต่างกันมั้ยครับ

사회자 사실 다양한 방식을 고를 수가 있군요. 하지만 분명한 것은 뭉리의 주민들이 어떻게 살고 있는가 하는가 하는 것입니다. 이러한 방식으로 실제로 살고 있다는 것입니다. 오는 사람들마다 뭉리 주민들의 자연을 경험합니다. 오늘 우리는 무슨 계절에 왔나요? 우기가 끝나가는 초겨울이네요. 계절마다 다른 점이 있나요?

สังวาลย์ ถ้าหน้าหนาวเนี่ย จะมีผู้คนมาก เพราะในช่วงยามเย็นจะมีค้างคาวมีอะไรออก คนส่วนใหญ่จะมานิยมมาดูค้างคาวกัน

쌍완 겨울에는 사람들이 많아요. 왜냐하면 저녁 때에 박쥐들이 나오거든요. 대부분 사람들이 박쥐를 보는 것을 좋아합니다.

พิธีกร มีค้างคาวออกมาด้วย ก็คือออกมาจากถ้ำด้านหลังเลยใช่มั้ยครับ เขาออกมาแต่ละวันเนี่ยเวลาใกล้เคียงกันมั้ยครับ หรือตรงกันหรือเปล่า

사회자 박쥐도 나오는군요. 동굴의 뒤쪽에서 나오지요? 박쥐는 매일 비슷한 시간에 나오나요? 아니면 똑같은 시간에 나오나요?

สังวาลย์ ประมาณสัก 6 โมงครึ่ง ตอนนี้ช่วงฝนตกจะออกเย็นนิดหนึ่ง เวลาก็ประมาณ โดยประมาณก็ 6 โมงครึ่ง

쌍완 대략 6시 반쯤입니다. 지금 우기에는 저녁 때 조금 지나서 나와요. 시간은 약 6시 반쯤입니다.

พิธีกร น่าสนใจมากๆ ซึ่งจริงๆแล้วนี้ก็สามารถที่จะมาเที่ยวกันได้ทุกฤดู

사회자 아주 흥미롭습니다. 사실은 모든 계절에 와서 관광을 할 수 있겠네요?

สังวาลย์ ครับ

쌍완 네.

พิธีกร มั่นใจได้เลยว่านักท่องเที่ยวที่เขามาเที่ยวเนี่ย ก็เป็นเพราะว่าเขาอยากสัมผัสกับธรรมชาติ เพราะที่นี่มีความเป็นธรรมชาติอยู่เยอะมากๆ เมื่อกี้สังเกตเห็นว่าวิถีชีวิตชาวบ้านเนี่ย เขาใช้รถคือเรียกว่าอะไรนะครับ อีแต๊กหรือเปล่าครับ

사회자 여기 놀러 오시는 관광객들은 자연을 체험하는 것을 원하기 때문이라고 확신할 수 있습니다. 왜냐하면 이 곳에는 자연적인 것이 아주 많이 있기 때문입니다. 좀 전에 보신 주민들의 삶의 모습에서 그들이 사용하는 차의 이름이 무엇이었지요? 이땍 트랙터였지요?

สังวาลย์ รถอีแต๊ก อีแต๋น

쌍완 이땍 또는 이땐 트랙터입니다.

พิธีกร แล้วอย่างนี้เวลานักท่องเที่ยวมาเราสามารถที่จะนั่งรถอีแต๊กแบบนี้ดูธรรมชาติได้มั้ยครับ

사회자 관광객들이 놀러 왔을 때 이 이땍 트랙터를 타고 자연 경관을 구경할 수 있을까요?

สังวาลย์ ได้ครับ ถ้าคนที่อยากสัมผัสกับธรรมชาติที่แท้จริง อยากจะคุยกับชุมชน โดยเฉพาะคนขับคนอะไรเขาสามารถให้ข้อมูลกับเรื่องการท่องเที่ยวได้ ถ้าหากว่าเราอยากดูธรรมชาติแบบคณะของเขาโดยไม่

ต้องข้อมูลจากทางพื้นที่คุณสามารถขับรถยนต์ เข้าไปพื้นที่ได้

쌍완 할 수 있습니다. 만약 진정한 자연 경관을 구경하고, 주민들과 담소를 나누고 싶은 사람이 있다면요. 특히 어떤 차를 운전하는 사람이든 관광 관련 정보를 줄 수 있습니다. 만약 관광객이 지역과 관련된 소개 없이 단체 관광을 하고 싶다면 차를 직접 몰고 관광할 수도 있습니다.

พิธีกร คือจะขับรถเข้าไปก็ได้ แต่ว่าที่พี่สังวาลย์แนะนำเนี่ย ไหนๆมาให้เจอกับธรรมชาติจริงๆ ก็ต้องใช้รถที่ชาวบ้านเขาใช้กันอยู่ นั่งรถอีแต๊กสิครับ คุณผู้ชม จะนั่งรถของเราทำไม นั่งรถอีแต๊กแล้วก็สัมผัสธรรมชาติได้คุยกับชาวบ้านด้วยนะครับ คุณผู้ชมครับ เพราะฉะนั้นวันนี้ขออนุญาตนะครับ พี่สังวาลย์หารถอีแต๊กให้ต๊อบ แล้วก็ทีมงานสักคันได้มั้ยครับ

사회자 차를 운전해서 가도 좋지만 쌍완씨가 설명해 주신 것처럼 오신 김에 진정한 자연을 만나고 싶다면 주민들이 타는 차인 이땍 트랙터를 타봐야 합니다. 시청자 여러분, 자기 차를 왜 탑니까? 이땍 트랙터를 타고 자연과 마주하면서 주민들과 담소를 나누어 보세요. 시청자 여러분. 그래서 쌍완씨에게 오늘 저와 저희 팀을 위해 이땍 트랙터 한 대를 구해 달라고 부탁하겠습니다.

สังวาลย์ ได้ๆครับ

쌍완 알겠습니다.

พิธีกร ไปนั่งรถอีแต๊กกันครับ

사회자 어서 가서 이땍 트랙터를 타 봅시다.

บทที่ 10

การแปลและการล่าม วีดิทัศน์ไทยของฉัน

10장 영상매체 통번역 실습

บทที่ 10

การแปลและการล่ามวีดิทัศน์ไทยของฉัน

10장 영상매체 통번역 실습

영상물 스크립트 작성, 번역 및 더빙하기

01 태국어 대본 만들기	**02** 영상물 확인	**03** 대사 스파팅 작업
04 스파팅 된 대본을 보며 한국어 번역	**05** 대본을 영상과 대조해 보며 화자의 입모양, 어투, 속도 등에 맞게 수정	**06** 더빙

이 실습은 주어진 태국 영상물을 조별로 더빙하는 것이다. 우선 각 조원들은 태국 영상물을 보면서 태국어를 받아 적어 태국어 대본을 완성시킨다. 이 때 만약 잘 들리지 않는 단어가 있다면 몇번이고 반복 청취하거나 비슷한 단어를 사전에서 찾아 확인한다. 이 과정을 통해 태국어 대본 초고가 완성되었다면 영상물을 다시 보면서 오류가 없는지 확인한다.

그 후 조원들은 태국어 대본을 보면서 대사 스파팅 작업을 한다. 대사 스파팅 작업이란 영상과 대본을 함께 보면서 배우의 호흡에 따라 끊어 대본에 / 표시를 하는 것을 말한다. 대본으로 보았을 때에는 대사가 이어지는 것 같아도 영상물에서는 화자가 호흡을 끊어서 발화하는 경우가 있기 때문이다.

대사 스파팅 작업이 끝나면 스파팅된 대본을 보면서 한국어로 번역한다. 한국어로 번역을 마친 후에는 번역된 대본을 보면서 태국 영상물과 대조해본다. 대조를 할 때에는 번역된 대본이 발화 중인 화자의 입모양, 어투, 속도 등에 잘 맞게 되었는지 확인한다. 만약 번역본이 발화보다 길거나 구어체가 아닌 문어체이거나 화자의 어투와 맞지 않을 경우 수정한다.

마지막으로 최종 수정된 대본을 보면서 태국어 영상물에 더빙을 한다. 더빙할 때에는 더빙 속도가 화자의 발화 속도와 일치하는지, 화법이 화자의 특성, 직업, 신분, 나이와 맞는지, 또는 비속어를 사용하지 않았는지 등에 주의한다.

〈수업 시간에 학생들이 직접 더빙한 태국 영상물을 보면서 발표하는 모습〉

영상물 스크립트 작성, 번역 및 동영상 제작하기

이 실습은 주어진 태국 영상물을 조별 활동을 통해 동영상으로 제작하는 것이다. 우선 태국 영상물을 보면서 태국어를 받아 적어 태국어 대본을 완성시킨다. 이 때 만약 잘 들리지 않는 단어가 있다면 몇번이고 반복 청취하거나 사전을 찾아본다. 태국어 대본이 완성되었다면 영상물을 다시 보면서 내가 만든 태국어 대본에 오류가 없는지 확인한다. 그 후 태국어 대본을 보면서 대사 스파팅 작업을 한다. 이 때 대사 스파팅 작업이란 영상과 대본을 함께 보면서 배우의 호흡에 따라 / 표시를 하면서 끊어주는 것을 의미한다. 대본으로 보았을 때에는 대사가 이어지는 것 같아도 영상물에서는 화자가 끊어서 발화하는 경우도 있기 때문이다. 그리고 태국어 대본을 한국어로 번역한다.

그 후 조원들은 영상물 속 등장인물의 역할을 배분하여 맡는다. 태국 영상물을 다시 보면서 대본의 장소와 상황을 촬영이 가능하도록 바꿀 수 있다. 이 때 스크립트는 수정하지 않는다. 각자 맞은 배역에 따라 주어진 태국어 대본을 연기하고 이를 스마트폰으로 촬영한다.

〈수업 시간에 학생들이 태국 영상물을 직접 연기하여 동영상으로 제작한 모습〉

영상으로 즐기는 태국어

초판 인쇄	2019년 8월 16일
초판 발행	2019년 8월 22일

지은이	이정윤
발행인	김인철
총괄 · 기획	가정준 Director, University Knowledge Press
편집장	신선호 Executive Knowledge Contents Creator
기획 · 물류	이현진 Planning Expert
사전 · 도서편집	정준희 Contents Creator
도서편집	이병철 Contents Creator
	이근영 Contents Creator
	장혜린 Contents Creator
재무관리	강현주 Managing Creator
발행처	한국외국어대학교 지식출판콘텐츠원 02450 서울특별시 동대문구 이문로 107 전화 02)2173-2493~7 팩스 02)2173-3363 홈페이지 http://press.hufs.ac.kr 전자우편 press@hufs.ac.kr 출판등록 제6-6호(1969. 4. 30)
디자인 · 편집	(주)이환디앤비 02)2254-4301
인쇄 · 제본	네오프린텍 02)718-3111

ISBN 979-11-5901-598-4 93730 정가 30,000원

*잘못된 책은 교환하여 드립니다.

HUiNE은 한국외국어대학교 지식출판콘텐츠원의 어학도서, 사회과학도서, 지역학 도서 Sub Brand이다. 한국외대의 영문명인 HUFS, 현명한 국제전문가 양성(International +Intelligent)의 의미를 담고 있으며, 휴인(携引)의 뜻인 '이끌다, 끌고 나가다'라는 의미처럼 출판계를 이끄는 리더로서, 혁신의 이미지를 담고 있다.

영상으로 즐기는
태국어